학생문화
사———
해방에서
4월혁명
까지

학생문화사, 해방에서 4월혁명까지

한국 근현대 학교 풍경과 학생의 일상 06

초판 1쇄 인쇄 2018년 6월 20일 ＼**초판 1쇄 발행** 2018년 6월 25일
지은이 김은경 ＼**펴낸이** 이영선 ＼**편집 이사** 강영선 김선정
주간 김문정 ＼**편집장** 임경훈 ＼**편집** 김종훈 이현정 ＼**디자인** 김회량 정경아
독자본부 김일신 김진규 김연수 박정래 손미경 김동욱

펴낸곳 서해문집 ＼**출판등록** 1989년 3월 16일(제406-2005-000047호)
주소 경기도 파주시 광인사길 217(파주출판도시) ＼**전화** (031)955-7470 ＼**팩스** (031)955-7469
홈페이지 www.booksea.co.kr ＼**이메일** shmj21@hanmail.net

김은경 © 2018
ISBN 978-89-7483-942-0 94910
ISBN 978-89-7483-896-6 (세트)
값 25,000원

이 도서의 국립중앙도서관 출판예정도서목록(CIP)은 서지정보유통지원시스템 홈페이지(http://seoji.nl.go.kr)와
국가자료공동목록시스템(http://www.nl.go.kr/kolisnet)에서 이용하실 수 있습니다.(CIP제어번호: CIP2018018128)

이 저서는 2013년 대한민국 교육부와 한국학중앙연구원(한국학진흥사업단)의
한국학총서 사업의 지원을 받아 수행된 연구임(AKS-2013-KSS-1230003)

進賢
한국학

한국 근현대
학교 풍경과
학생의 일상
06

김은경
지음

학생문화사 — 해방에서 4월혁명 까지

서해문집

오늘날 한국의 교육은 1876년 국교 확대 이전 전통시대 교육과는 판
이하다. 19세기 후반부터 오늘날에 이르기까지 일본을 거치거나 직접
들어온 서구의 교육이 미친 영향이 적지 않기 때문이다.

　이러한 교육은 한국인의 물질적 생활방식을 바꾸었을 뿐더러 가치
관마저 송두리째 바꿨다. 그것은 오늘날 학교의 풍경과 학생들의 일
상생활에서 엿볼 수 있다. 매일 일정한 시각에 등교해 교사의 주도로
학년마다 서로 다르게 표준화된 교과서를 학습하고 입시를 준비하거
나 취직에 필요한 역량을 키운다. 또한 복장과 용모 지도에서 볼 수
있듯이 여전히 남아 있는 일제 잔재와 군사문화의 일부가 학생들의
일상생활을 통제한다.

　그러나 한국의 교육은 서구의 교육과는 동일하지 않다. 그것은 단

적으로 해방 후 한국교육의 양적 성장에서 잘 드러난다. 초등교육은 물론 중등교육·고등교육의 비약적인 팽창은 세계교육사에서 유례를 찾아볼 수 없을 정도로 엄청난 규모를 보여 준다. 그리하여 이러한 경이적인 팽창은 한국의 경제성장에 기여했을 뿐만 아니라 사회 전반에 걸친 압축적 근대화에 견인차 역할을 수행했다. 아울러 이러한 성장은 직간접적으로 국민들의 의식에도 영향을 미쳐 산업화와 함께 민주화의 동력이 되었다.

그런데 오늘날 한국교육은 급속한 양적 성장을 거친 결과 만만치 않은 과제를 안고 있다. 사회의 양극화와 더불어 교육의 양극화가 극심해져 교육이 계층 이동의 사다리이자 자아실현의 디딤돌이 되기는커녕 사회의 양극화를 부채질하고 학생들의 삶을 황폐화시키고 있다. 고등학생은 물론 초등학생·중학생들도 입시 준비에 온 힘을 기울임으로써 학생은 물론 학부모, 학교, 지역사회의 일상생활이 입시전쟁에 종속되어 버렸다.

도대체 1876년 국교 확대 이후 한국의 교육에서 어떠한 변화가 일어났기에 오늘날 이러한 현상이 일어났는가. 한국의 교육열은 어디에서 그 기원을 찾아야 하는가. 고학력자의 실업률이 나날이 증가함에도 이른바 학벌주의가 여전히 기승을 부리는 이유는 무엇인가. 그럼에도 야학으로 대표되는 제도권 바깥 교육이 비약적인 경제성장에도 끈질기게 살아남으며 한국교육에서 차지하는 비중이 낮지 않음은 무슨 까닭인가. 또 이러한 비제도권 교육은 한국의 압축적 근대화에 어떻게 영향을 미쳤으며, 비제도권 교육의 양적·질적 변동 속에서 학생들의 일상생활은 어떻게 변화했는가. 그 과정 속에서 학생들은 어떻게 자신의 꿈을 실현했으며, 한편으로는 어떻게 좌절했는가. 아울러 한국의 교육 현상은 유교를 역사적·사상적 기반으로 하는 동아시아 각국의 교육 현상과 어떻게 같고 또 다른가.

이 총서는 이러한 문제의식에서 역사학자·교육학자 10명이 의기투합해 저술한 결과물로서 다음과 같은 점에 중점을 두었다. 먼저 근현대 학교의 풍경과 학생의 일상생활을 공통 소재로 삼아 전통과 근대의 충돌, 일제하 근대성의 착근과 일본화 과정, 해방 후 식민지 유제의 지속과 변용을 구체적으로 고찰함으로써 한국적 근대성의 실체를 구명하고자 했다. 더 나아가 한국의 교육을 동아시아 각국의 근현대교육과 비교하고 연관시킴으로써 상호작용과 반작용을 드러내고 그 의미를 추출하고자 했다.

따라서 이 총서는 기존의 연구 성과를 디딤돌로 삼되 새로운 구성 방식과 방법론에 입각해 다음과 같은 부면에 유의하며 각 권을 구성했다. 첫째, 한국 근현대교육제도의 변천 과정을 통시적으로 고찰하면서 오늘날 한국교육을 형성한 기반에 주목했다. 기존의 한국 근현대 교육사에 대한 저술은 특정 시기·분야에 국한되거나 1~2권 안에 개괄적으로 정리하는 것이 보통이었다. 그러나 이러한 저술은 한국근현대교육의 흐름을 파악하는 데 도움을 줄 수는 있으나 자료에 입각해 통시적이고 종합적으로 이해하기에는 아쉬운 점이 적지 않았다.

특히 대부분의 저술이 초등교육에 국한된 나머지 중등교육과 고등교육, 비제도권 교육에 대한 서술은 매우 소략했다. 그리하여 이 총서에서는 기존 저술의 이러한 한계를 극복하기 위해 일반 대중의 눈높이를 염두에 두면서 초등교육은 물론 중등교육·고등교육을 심도 있게 다루었다. 다만 대중적 학술총서의 취지를 살려 분량을 고려하고 초등교육·중등교육·고등교육 각각의 기원과 의미에 중점을 둔 까닭에 개괄적인 통사 서술 방식에서 벗어나 특정 시기를 중심으로 구체적으로 서술했다.

둘째, 이 총서의 가장 큰 특징은 기존 연구에서 거의 다루지 않은 학생들의 일상을 미시적으로 탐색하면서 한국적 근대의 실체를 구명하는 데 있다. 따라서 이 작업은 교육제도와 교육정책에 치중된 기존 연구 방식에서 벗어나 삶의 총체성이라 할 일상 문제를 교육 영역으로 적극 끌어들였다고 하겠다. 물론 학생의 일상은 교육사 전체에서 개관하면 매우 작은 부분일 수 있다. 그러나 이들 학생의 일상은 국가와 자본, 사회와 경제 같은 거대한 환경에 따라 규정될뿐더러 학생이 이러한 환경과 상호작용하면서 자신의 체험을 내면화함으로써 새로운 세계를 열어가는 기반이라는 점에서 그 의미가 적지 않다. 그리하여 한국 근현대 시기 학생의 일상에 대한 서술은 일상의 사소한 경험이 사회 구조 속에서 빚어지는 모습과 특정한 역사 조건 속에서 인간 삶이 체현되는 과정으로 귀결된다. 나아가 이러한 서술은 오늘날 한국인의 심성을 만들어낸 역사적·사회적 조건을 구명하는 계기를 제공할 것이다. 이에 이 총서는 문화연구 방법론을 활용하기 위해 기존 역사 자료 외에도 문학 작품을 비롯해 미시적인 생활 세계를 담은 구술 채록과 증언 자료, 사진, 삽화 등을 적극 활용했다.

셋째, 이 총서의 마무리 저술에서는 학제 작업의 장점을 살려 일본·타이완과 같은 동아시아 국가의 교육과 비교·연관함으로써 동아시아적 시야 속에서 한국 근현대교육의 위상과 의미를 짚어보고자 했다. 왜냐하면 일본과 타이완, 한국은 유교를 기반으로 하면서도 각각 제국주의와 식민지라는 서로 다른 처지에서 전통과 다르면서도 공히 자본주의 체제를 내면화하면서 급속한 경제성장과 정치적 권위주의의 병존, 1990년대 이후의 민주화 여정에서 볼 수 있듯이 서구와 서로 다른 동아시아적 특색을 구비했기 때문이다. 따라서 동아시아 속에서 비교·연관을 통한 한국 교육에 대한 재검토는 이후 한국 교육의 방향을 국민국가 차원에서 벗어나 동아시아적·지구적인 차원에서 모색하는 데 중요한 시사점을 제공할 것이다.

그럼에도 이 총서는 기존 연구 성과를 밑거름으로 삼아 집필되었기 때문에 각 권마다 편차를 보인다. 지금에서야 새롭게 주목받기 시작한 일상생활 영역과 오래 전부터 연구돼 온 영역 간의 괴리로 인해 연구 내용과 자료가 시기마다, 학교급마다, 분야마다 균질하지 않기 때문이다. 다만 총서의 취지와 주제를 적극 살리기 위해 이러한 차이를 메우려고 노력했다는 점도 부기하고자 한다. 그리하여 이 총서가 한국 근현대교육사를 한때 학생이었던 독자의 눈과 처지에서 체계적으로 이해할뿐더러 학생의 일상과 교육의 상호작용을 구체적으로 묘사하는 데 중요한 문화 콘텐츠로 활용되기를 기대한다. 또한 이 총서는 총 10권으로 방대하지만 독자들이 이러한 방대한 총서를 통해 한국 근현대교육사의 속내를 엿보는 가운데 한국교육의 지나온 발자취를 성찰하면서 오늘날 한국교육이 나아가야 할 방향을 모색하는 데 기꺼이 동참해 주기를 고대한다. 이 자리를 빌려 이 총서를 발간할 수 있도록 지원해 준 한국학중앙연구원 한국학진흥사업단에 감사의 말씀을 드린다.

끝으로 총서 작업을 해오는 과정에서 저자들에 못지않게 교열을 비롯해 사진·삽화의 선정과 배치 등 온갖 궂은일을 도맡아 주신 출판사 편집진의 노고에 감사의 뜻을 표한다. 아울러 독자들의 따뜻한 관심과 차가운 질정을 빈다.

저자들을 대표해 김태웅이 쓰다

최루탄이 눈에 박힌 채 주검으로 마산 앞바다에 떠오른 김주열의 이미지는 강렬했다. 이는 이승만 정권의 폭압성을 상징하면서 동시에 독재에 반대하여 거리에 나선 학생의 저항을 상징했다. 한국 현대사에서 중·고등학생이 정치혁명의 전면에 나선 때를 꼽으라면 4월혁명이 유일하다. 4월혁명은 대구와 마산 항쟁이 말해주듯, 중고생에 의해 촉발된 사건이라 해도 과언이 아니며 이들의 참여와 희생이 컸다. 항쟁 과정에서 희생된 학생은 55명으로 약 30퍼센트에 달했다. 이렇게 많은 학생이 거리로 나오게 된 이유는 무엇일까? 그 문화적 토양은 무엇인가?

이 책에서는 1945년 8월 해방부터 1960년 4월혁명기까지 학생 역사를 '문화'의 시각에서 살펴 이에 답하고자 한다. 해방, 분단, 정부 수립, 전쟁, 독재, 혁명 등 정치적 격변기 속에서 학생의 일상이 어떻게 구성됐으며, 그들의 일상문화는 어떻게 정치와 조우했는지가 주된 관심사다.

해방과 정부 수립 후 학생은 일제강점기의 황국신민화 교육 대신 형식적이나마 (자유)민주주의를 표방한 교육을 받았고, 처음으로 의무교육을 받았다. 다른 한편, 강한 반공 규율과 일상적인 동원 체제 아래 놓여 있었다. 학생은 국가권력과 지배담론이 미치지 않는 '진공지대'에 있지 않았고, 그렇다고 이에 무조건 순응하지도 않았다. "우리는 민족을 사랑하고 민족을 위하여 누구보다도 눈물을 많이 흘릴 학도요, 조국을 괴뢰가 짓밟으려 하면 조국의 수호신으로 가버릴 학도이다"라는¹ 결의문을 보면 민족, 조국, 반공, 민주 등의 가치가 학생의 의식 속에 혼재돼 있음을 알 수 있다. 이것들이 착종돼 있는 모순지대는 학생의 일상이 놓인 지반이다.

학생의 미시적인 일상을 문화를 통해 탐색하더라도 시대를 관통했던 거대담론을 시야에서 배제할 수 없다. 반대로, 거시적인 사회변동을 고려하더라도 주체의 행위와 그 의미를 사회구조로 환원해서도 안 된다. 학생을 섣불리 영웅화하거나 미화하지 않고, 때로는 국가담론에 포섭되면서도 다른 한편으로 그에 저항하는 양면성을 봐야 한다.

이 책은 일상사와 문화사의 문제의식을 공유한다. 일상(사) 연구는 시대가 규정하는 구조 속에서 사람들이 체제의 요구에 어떻게 적응 또는 저항하며 무엇을 수용하고 거부하는지를 드러내려 한다. 이와 함께 일상에서 벌어지는 인간의 행위가 체제와 구조 자체를 변화시키며 구성한다는 점을 긍정한다.[2] 이런 점에서 일상은 근대 규율을 성찰하고 그에 대한 주체의 행위를 탐색하는데 매우 유용한 범주다. 여기서 일상은 탐색 대상이면서 방법이고 시각이다.

문화도 마찬가지다. 문화는 학생의 일상문화를 탐색한다는 점에서 탐구 대상이며, 학생의 역사를 문화를 통해 살핀다는 점에서 이 책의 시각이다. 문화가 무엇인지 하나로 정의하기 어렵지만, 클리포드 기어츠Clifford James Geertz의 고전적인 문화 개념은 여전히 유용하다. 그에 따르면 문화는 행위로 기록된 문서이며 사회적으로 설정된 일련의 의미 구조다. 사람들은 그러한 의미 체계에 의거해 소통하고 삶을 영위한다. 그에게 문화 개념은 본질적으로 기호론적이어서 그에 대한 분석은 법칙을 추구하는 실험 과학과 다르다. 문화는 해석 가능한 부호로 연결된 체계이므로 문화 분석은 인과적 설명 방식과 달리, 맥락 안에서 사건·행위·제도 등을 이해하며 '두꺼운 묘사(thick description)'를 통해 그 다층적인 의미에 다가간다.[3] 문화는 하나의 본질을 가지고 있지 않기 때문에 그 역사를 통해서만 설명할 수 있다는 주장도 일리가 있지만, 대개 문화사의 공통된 관심이 상징 분석이나 의미 해석에 있다는 점을 부정하기는 어렵다.[4]

이 책은 기존의 교육정책사와 다른 접근 방식을 취한다. 학생의 일상문화에 관심을 두고 여가와 놀이, 독서, 취미, 은어, 저항문화, 감정 등을 포괄해 그 의미를 '두껍게' 해석할 것이다. 또 구술사를 통해 일상의 미시적 경험을 재구성하고, '지방' 학생의 경험에 주목할 것이다.[5] 인류학적인 구술사처럼 구술 주체성을 전면에 드러내는 데는 한계가 있지만, 구술자가 학생으로서 '경험한 세계'와 그 해석을 존중하고자 한다. 이는 공식적인 정부 문서나 문자 사료의 한계를 넘어 '두꺼운 역사(thick history)'를 가능하게 하는 방편이 될 것이다.

이 책에서는 해방과 분단, 정부 수립, 한국전쟁, 독재, 4월혁명이라는 거시적인 정치 변동 속에서 학생의 일상을 고찰하는 한편, '비일상'을 만들어낸 문화를 미시적으로 탐색해 한국 학생문화사를 재구성할 것이다. 그를 위해 다음과 같은 점에 중점을 두고자 한다.

첫째, 학생의 경험과 문화를 학교 안에 가두지 않고 국가, 학교, 가정의 관계 속에서 고찰할 것이다. 근대 규율 권력은 '근대국민국가-학교제도-가족제도'의 긴밀한 관계 속에서 그 작동 방식을 고찰해야 한다. 국민국가와 학교제도를 분리할 수 없으며, 학교제도가 가족제도의 지반 위에서 작동하는 현실을 부정하기 어렵기 때문이다. 무엇보다 학생의 경험의 장이 국가-학교-가정이기 때문이다. 이런 맥락에서 학생 주체 형성에 영향을 미친 국가, 학교, 대중매체, 가정 등에 주목할 것이다.

둘째, 학생의 위치성(positionality)에 주목할 것이다. 위치성은 고정된 지위가 아니라 계급, 인종, 세대, 지역, 젠더 등 다양한 요인에 의해 구성되는 사회적 자리매김이다. 이에 주목하는 이유는 개인의 행위를 사회구조에 대한 즉자적 반응으로 단순화하지 않고 구조와 개별 주체를 통합적으로 인식할 수 있기 때문이다. 학생의 사회적 위치성을 탐색하려면 다음을 고려해야 한다. 이 시기 학생은 식민 잔재가 재생산되는 교육 환경에서 정치 동원과 통제를 일상적으로 경험했다. 여기에 더해 학력 경쟁 리그에 올라 학벌이라는 문화자본을 얻기 위해 분투하고 경쟁해야 했다. 집안일을 돕거나 학비를 벌기 위해 노동했고, 그럼에도 생활의 안정성이 낮아 비학생과 경계가 그리 크지 않았다. 또 차별적인 젠더 규범으로 인해 교육을 통해 사회화되는 방식이 성별에 따라 달랐다. 이런 요인에 따라 학생은 특정 위치에 자리매김되고(positioned) 일상이 조직되었다. 하지만 학생이 자신을 사회 속에 자리매김하는(positioning) 방식은 그것과 꼭 일치하지는 않았을 것이다. 따라서 학생의 자기 인식과 문화정치적 실천을 눈여겨볼 필요가 있다. 이 책에서는 이 점에 유의해 학생이 국가권력에 의해 관리되거나 또는 저항하는 역사적 문맥을 검토할 것이다.

셋째, 그동안 '주변화'되었던 학생의 경험을 포괄할 것이다. 서울 엘리트 남학생의 경험을 전체 학생의 경험으로 일반화하지 않고 '지방' 학생과 여학생뿐 아니라, 학생과 비학생의 경계에 있던 '학생'도 시야에 넣고 그들의 경험을 역사화할 것이다. 자퇴생, 소년원에 간 '불량' 학생, 학교에 가기 어려웠던 혼혈아·사생아·고아·장애아 등을 교육사의 장으로 불러올 것이다.

각 장의 내용은 다음과 같다.

1장에서는 정부 수립 후 교육이 확산되고 의무교육이 시행되는 과정과 문제점에 대해 서술한다. 의무교육제의 시행으로 달라진 교육 환경과 그 효과를 검토하고, 교육 이념으로 제기된 '민주', '민족'의 논리를 살펴본다. 교육 목표로 설정된 공민과 그 윤리로 강조된 도의와 반공의 내용을 고찰한다. 또 국어, 사회생활, 가사 등의 교과서와 부교재인《반공독본》등의 내용을 검토한다. 입학 필수 서류였던 호적부를 통해 가족제도와 학교제도의 공모 관계를 살펴보고, 이로써 학교에 가지 못했던 아동의 현실을 그릴 것이다.

2장에서는 정치사회의 변동에 따른 교육 현장의 변화와 현실 경험을 담을 것이다. 먼저 한글 교육 시행, 귀환 학생과 월남 학생, 데모와 맹휴 등을 중심으로 변화된 교실의 분위기를 살펴본다. 그리고 한국전쟁기 학생의 전쟁 체험을 고찰한 뒤, 일제강점기부터 지속된 학교 규율, 여학교의 현모양처교육 등을 분석한다.

3장에서는 학생의 일상을 학업, 노동, 취미의 세 측면에서 살펴본다. 집안일과 생계 활동에서 자유롭지 못했던 학생의 노동 현실을 드러낸다. 또한 학생의 인적관계망, 학교 밖 문화공간과 일탈, 학생 은어와 학생범죄, 교양과 취미 등을 미시적으로 탐색한다. 특히 각 학교의 교사校史와 교지를 활용해 학생의 인식과 문화에 접근하고자 한다.

4장에서는 4월혁명 시기 중고생이 혁명의 주체로 등장하게 된 배경과 항쟁 과정, 항쟁 이후의 문화적 특징에 대해 서술한다. 학생의 저항을 거리에서 벌인 반독재 데모에 한정하지 않고, '혁명정신'을 계승하는 문화적 활동까지 포괄한다. 특히 10대의 정치를 일상과의 관계에서 분석하고 10대의 혁명을 감정이라는 코드를 통해 접근한다. 이를 통해 학생의 신념·체험·감정을 통합적으로 역사화하려 한다.

수전 손택Susan Sontag의 말을 빌리면, 해석은 죽은 과거를 탈출하는 해방의 행위가 되기도 하고, 반대로 비열한 훼방이 되기도 한다. 해방 후 학생문화를 해석한 이 글이 전자에 해당하기를 바란다.

2018년 6월
김은경

차례

I

의무교육 시대의 겉과 속

2

정치의 파고, 학교를 휘감다

3

일상의 중심, 공부와 노동과 취미

4

혁명보다 먼저 일어서다

의무교육 시대의
겉과 속

1
교육,
권리이자
의무가 되다

2
'민주'교육이냐,
'민족'교육이냐

I

I

교육,
　권리이자 의무가
되다

의무교육의 시행

1945년 8월 15일 식민권력이 무너지고 해방이 되자 신사회 건설에 대한 희망과 기대가 넘쳤다. 여러 정당과 사회단체는 교육을 자주독립국가 건설의 토대로 인식하고 이를 주요 정책으로 삼았다. 하나같이 '의무교육'과 '교육 균등'을 내걸었고 좌익계와 중도 세력은 물론 일부 우익계 정당도 교육비의 '국고 부담'을 주장했다.[1]

이러한 주장이 해방 후 처음 등장한 것은 아니었다. 대한제국 시기 근대계몽주의 지식인은 의무교육의 필요성을 주장했고,[2] 1919년 상하이上海 대한민국임시정부는 〈대한민국임시헌장〉에서 "대한민국의 인민은 교육 납세 및 병역의 의무가 있음"(제6조)을 명시했다.[3] 이와 다른 의도에서 일제는 아시아태평양전쟁 수행을 위해 징병제를 실시하면서 조선인의 의무교육을 추진했다. 전쟁터에서 문자를 해독할 수 있고 황민화 교육을 받은 '신민'이 필요했기 때문이다.[4] 이렇게 해방 후 의무교육론은 다양한 역사적 배경에서 등장했고, 대중의 호응도 컸다.[5]

1945년 9월 8일 삼팔선 이남에 진주한 미군은 군정을 선포하고 정책 결정을 위해 조선인에게 자문했다. 조선교육심의회는 교육 분야에서 가장 영향력 있는 조선인 전문가 그룹이었다. 미군정 학무국은 초기부터 의무교육 시행 의지를 밝혔고,[6] 조선교육심의회는 1946년 9월 신학기부터 의무교육을 실시해 6년 안에 의무교육제를 완성하는 것을 목표로 〈조선의무교육제도실시안〉을 결의해 학무국에 건의했다.[7] 또 식민지적 복선형 학제를 6-3-3-4(초등 6년, 중학 3년, 고등 3년, 대학 4년)의 단선형으로 할 것을 주장했다.[8]

"2세 국민들의 완전한 교육과 학령 아동을 전부 학교에 수용한다는 것은 국가적 큰 의무"[9]라는 인식과 공감대가 확산됐다. 그러나 교실과 교사가 턱없이 부족했고, 이를 해결할 재원을 마련하지 못해 미군정기 의무교육 시행은 계속 지연됐다.

대한민국 정부가 수립된 후 의무교육이 비로소 법제화됐다. 그 근거는 〈헌법〉 제16조 "모든 국민은 균등하게 교육을 받을 권리가 있다. 적어도 초등교육은 의무적이며 무상으로 한다. 모든 교육기관은 국가의 감독을 받으며 교육제도는 법률로써 정한다"[10]라는 조항이었다. 유진오 헌법기초위원회 전문위원은 헌법안 제안 설명에서 교육의 국가 책임을 강조하는 한편, 교육이 국민의 권리이자 의무라고 밝혔다.

제16조에서는 〈교육에 대한 국민의 권리〉를 규정하였습니다. 이전에는 교육을 오로지 자유라고 해서 국가권력으로써 간섭하지 못하게 하는 것만이 민주주의라고 생각하였습니다마는 우리 〈헌법〉에는 그런 태도는 취하지 아니하고 교육에 대해서 국가가 지대한 관심을 가졌으며 교육을 받는 것은 국민의 권리임을 밝히는 동시에, 특별히 초등교육은 의무적으로 해 가지고서 모든 사람에게 반드시 초등교육을 받도록 규정하고 모든 교육기관은 국가의 감독하에 두고 교육제도를 법률로써 정하는 이런 체제를 취해 본 것이올시다.[11]

〈헌법〉이 의무교육에 대한 포괄적인 규정을 담고 있다면, 1949년 12월 31일 법률 제86호로 제정·공포된 〈교육법〉은 더 구체적인 조항을 명시했다. 〈교육법〉 제1조에서 "모든 국민으로 하여금 인격을 완성하고 자주적 생활 능력과 공민으로서의 자질을 구유하게 하여 민주국가 발전에 봉사하며 인류 공영의 이상 실현에 기여하게 함"이라고 그 목적을 밝히고, 제8조에서 "모든 국민은 6년의 초등교육을 받을 권리가 있다. 국가와 지방 공공 단체는 전 항의 초등교육을 위하여 필요한 학교를 설치, 경영하여야 하며, 학령 아동의 친권자 또는 후견인은 그 보호하는 아동에게 초등교육을 받게 할 의무가 있다"라고 했

〈그림 1〉 덕수국민학교 수업 모습, 1958(국가기록원 소장)

다. 학령기 아동의 보호자가 이를 어기면 3만 원 이하의 벌금형을 받게 되며, 사업주가 학령 아동을 고용해 의무교육에 지장을 주는 것을 금지한다고 적시했다.[12]

"국가가 국민의 행복과 국가의 존속 발전을 위하여 적령 아동을 무보상으로 일정 기간을 강제적으로 교육하는 것"이[13] 의무교육의 근본 의의라는 지적처럼, 의무교육은 '국민의 행복'뿐만 아니라, 국민국가의 존립을 위해 국가적 관심사가 됐다. 근대교육에서 국가의 책임과 개입이 강화된 것은 근대국가의 통치성과 관련이 깊다.

〈교육법〉에 근거해 1950년 6월 1일부터 의무교육이 시행됐지만,

얼마 못 가 전쟁이 나는 바람에 제대로 추진되지 못했다. 생계 터전이 전장으로 바뀌고 가족이 헤어지거나 사망하는 비극이 계속되면서 학교에 가는 것은 우선순위에서 밀려났다. 급기야 1951년에는 취학 아동 수가 급감했고, 약 22퍼센트의 국민학교[14] 학생이 복교하지 못했다.[15] 학교 교실도 피해가 심해 전시 교육이 파행적으로 운영됐다.

전쟁이 끝나고 의무교육제도가 빠르게 자리 잡기 시작해 취학 아동 수가 급증했다. 사회 각 분야에서 재건 사업이 진행되는 가운데 교육계도 학교 복구와 제도 정비를 서둘렀다. 휴전 후에도 사상전思想戰이 계속 되었기에 반공교육을 늦출 수 없었다.

한편 취학 아동 수가 늘어난 데는 전후 교육열의 고조 현상이 한몫했다. 전쟁으로 반상班常 관념이 해체되고 전통적인 지주 세력이 농지개혁으로 몰락의 길을 걷는 가운데 학력은 가장 확실하게 믿을 만한 자원이 됐다. 이에 입신출세주의와 결합한 가족주의가 강화됐고 이것이 교육열을 부채질했다.

50명의 세무서 서기 모집에 1200여 명이 몰려들 만큼 취업이 어려운 상황에서도[16] 이른바 명문 학교 출신자의 취업률이 좋아서 "취직 시험 성적을 보면 제일 좋다는 학교 졸업생이 역시 제일 좋고, 제일 나쁘다는 학교의 졸업생이 제일 나쁜 것이 당연"하다는[17] 평가가 상식으로 굳어졌다. 학력 자본을 배경으로 출세하려는 사회적 욕망이 증대하면서 국민학교 취학률과 상급 학교 진학률이 높아졌다.

1954년 정부는 '의무교육완성 6개년계획(1954~1959)'을 수립하여

〈표 1〉 국민학교 취학 아동 상황표 (1948~1958)

연도	취학 아동 수(명)	취학률(%)	비교
1948	2,405,301	74.8	100
1950	2,658,420	81.8	110.5
1951	2,073,844	69.8	86.2
1952	2,399,776	80	99.8
1953	2,247,057	75.7	93.4
1954	2,664,460	81.5	110.8
1955	2,930,327	87	121.8
1956	3,216,217	90.5	133.7
1957	3,503,967	93.4	145.7
1958	3,790,352	94.2	157.5

출전: 문교부, 《문교개관》, 1958, 53쪽.

1959년까지 전체 학령 아동의 96퍼센트를 취학시키겠다는 목표를 세웠다. 이를 위해 부족한 교실과 학교를 세우고 재정 확보를 위한 법률을 마련했다. 그리하여 1945년 무렵 53~54퍼센트였던 취학률이[18] 1956년에 처음으로 90퍼센트를 넘었고, 1959년에는 96.4퍼센트를 기록했다.[19]

교실과 교사가 부족해 2부제, 3부제로 수업이 진행되는 열악한 상황에서도 취학 아동이 늘어났고, 상급 학교에 진학하는 학생 수가 많아졌다. 초등교육을 받은 여학생의 비율이 40퍼센트 내외로 크게 늘어난 것도 눈에 띄는 변화다. 해방 후 초·중등학교 학생 수의 변화는 〈표 2〉와 같다.

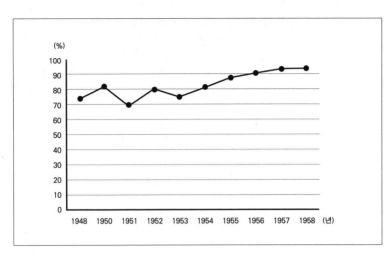

〈그림 2〉 국민학교 아동 취학률 (1948~1958)

여러 통계를 통해 의무교육이 시행되고 난 뒤 교육인구가 큰 폭으로 증가했다는 사실을 확인할 수 있다. 그러면 초등교육을 받은 인구가 늘어나고 문맹자가 줄어든 것을 어떻게 해석할 수 있을까? 일제강점기 교육제도는 민족적 차별이 사회적 차별로 전이되는 통로 구실을 했다. 정부수립 후 모든 국민이 평등하게 교육 기회를 갖게 된 것은 큰 의미가 있다. 하지만 그 정치적 의미와 효과는 좀 더 생각해볼 필요가 있다.

교육인구의 증가는 '국민 형성' 차원에서 이해할 수 있다.[20] '국민'은 영어 단어 '네이션nation'을 번역해 사용한 뒤 보편화된 역사적 개념어다. 국민은 전근대의 '백성'이나 '민民'과 다르다.[21]

〈표 2〉 초·중등학교 학생 수 변화 추이 (1945~1958)

학교		연도	학교 수	학생 수				
				남	%	여	%	합계
국민학교		1945	2,834	825,013	60.4	541,011	39.6	1,366,024
		1955	4,220	1,695,625	57.9	1,234,702	42.1	2,930,327
		1958	4,474	2,134,693	56.3	1,655,659	43.7	3,790,352
중학교		1945	–	–		–		–
		1955	949	357,322	75.2	118,020	24.8	475,342
		1958	1018	309,176	77.7	88,625	22.3	397,801
고등학교	인문계	1945	97	26,622	52.9	23,721	47.1	50,343
		1955	311	101,251	71.5	40,451	28.5	141,702
		1958	345	105,679	66.4	53,411	33.6	159,090
	실업계	1945	58	24,250	97.2	692	2.8	24,942
		1955	249	109,649	97	3,360	3	113,009
		1958	276	102,173	94	6,469	6	108,642

출전: 한국교육십년사간행회, 《한국교육십년사》, 풍문사, 1960, 512~515쪽.
참고: 1945년 중학교 통계는 인문계 고등학교에 합산함.

　근대국민국가는 국민의 형성을 존립 조건으로 하며, 국민의 형성은 구성원이 동일한 정체성을 공유함으로써 이루어진다.[22] 국민 통합은 국가 통치의 전제이자 권력의 효과이기도 한데, 이는 공용어(국어)의 사용과 깊이 연관돼 있다. 소쉬르Ferdinand de Saussure의 언어 이론을 비판하며 언어와 상징 권력의 관계를 분석한 피에르 부르디외Pierre Bourdieu는 '표준어가 지배하는 통합된 언어 시장'에 주목하여 이를 국가의 성립 과정 속에서 고찰했다. 그에 따르면 "언어공동체 자체는 정치적 지배의 산물"이다. 그리고 정치 지배는 "지배적 언어의 보편적 인정을 강요할 수 있는 제도에 의해 끊임없이 재생산"된다.

지배 언어를 보편화하고 규범으로 강제하는 대표적 제도는 두말할 것 없이 학교다. 교육 시스템이 표준어 사용을 강요할 뿐 아니라, 민중의 표현 양식을 평가절하해 '은어'나 '횡설수설'의 수준으로 격하한다는 지적은 국가가 주도하는 공교육이나 의무교육의 정치성을 짐작게 한다.[23] 요컨대 표준어를 언어 규범으로 한 의무교육은 국민의 형성을 가능하게 하고, 이는 국민국가 수립의 밑받침으로 작용한다.

의무교육의 시행과 문맹 인구의 감소는 국가의 지배 이데올로기를 내면화하는 규율 주체의 탄생을 가능하게 한다.[24] 정부는 학교를 통해 정부 정책을 전달하고 실현했기 때문에 학생 수의 증가는 국가의 지배 이념을 자연스럽게 습득하고 내면화하는 주체의 확대를 의미한다.

하지만 의무교육의 효과는 단지 국가권력의 지배력 강화만을 의미하지 않는다. 교육은 사회적 소수자에게 자신의 경험을 언어화하고 재현할 수단을 제공한다. 그동안 문자언어로 기록된 경험과 역사는 주로 남성 지배 계층의 것이었다. 피지배층, 하층민, 여성의 경험과 의식을 추적할 수 있는 자료는 파편화된 조각뿐이다. 이들도 형식적이나마 '평등하게' 교육을 받게 된 것은 사회적으로 '보이지 않던' 존재가 드러나고, '들리지 않던' 목소리를 들을 수 있는 기회가 생겼다는 것을 의미한다. 이는 대항 담론 공간이 확장될 수 있는 가능성을 열었다. 일제강점기 교육받은 신여성의 사회적 발언이 전통적 지식에 균열을 냈던 것은 그 좋은 예다.

부족한 교실, 요정을 학교로

교육의 중요성에 대한 공감대가 커졌지만, 이를 제대로 실행할 수 있는 물적 기반은 매우 취약했다. 교육에 필요한 최소한의 기반 시설과 인적 자원, 물품 등이 절대 부족했다. 이런 사정은 전쟁으로 더 열악해져 큰 골칫거리가 됐다.

교실 부족은 가장 심각한 문제였다. 의무교육제 시행과 더불어 해외에서 귀환한 동포와 북한에서 남하한 월남민으로 학교와 교실이 더 부족해졌다. 학생 수가 많은 국민학교 저학년은 2부제를 시행하는 학교가 많았고, 3부제, 4부제까지 하는 곳도 있었다.

재정난으로 빠른 시일 안에 학교 건물을 신축하는 것이 어려워지자 제헌국회는 요정이나 적산 건물을 교육 시설로 대체하자는 안을 통과시켰다. 건의안의 상정 이유는 당시 사정을 짐작하게 한다.

현하 우리 조국 재건의 중대기를 당하여 초등교육 시설을 급속히 확충함이 필요한 것은 췌언贅言을 불요不要한 바로써 그 현상을 보면 적령 아동 중 지원자만을 수용하기에도 기설 교사의 배 이상 부족으로 2부제는 물론이요, 3부제까지 실시하는 고경에 있는 바이다. 이 문제의 해결은 현하 국

〈표 3〉 한국전쟁 후 국민학교 교실 부족 상황

연도	보통 교실 수				특별 교실 수			건축 교실 합계
	필요 교실	기존 교실	부족 교실	건축 계획	소요 교실	부족 교실	건축 계획	
1954	42,803	22,607	20,196	5,924	3,497	3,497	–	5,924
1955	45,164	28,531	16,633	5,929	3,709	3,709	–	5,929
1956	48,165	34,460	13,705	6,569	3,929	3,929	–	6,569
1957	50,866	41,029	9,837	6,269	4,140	4,140	–	6,269
1958	53,349	47,298	6,051	6,051	4,370	4,370	–	6,051
1959	54,470	53,349	1,121	1,131	4,523	4,533	4,523	5,654

출전: 문교40년사편찬위원회, 《문교40년사》, 문교부, 1988, 152쪽.

내 사정으로 보아 당분간 교사 증축 방법은 도저히 실시하기 곤란한 실정에 있으므로 정부는 이 문제의 중대성에 비추어 일부 특수 인사의 유흥 오락장으로 이용되고 있는 적산 대건물인 요정은 물론 기타 지역적으로 적당하다고 인정되는 적산 대건물을 단호한 응급조치로서 초등교육 시설에 사용하고 그 시설의 확충과 속급速急한 국민 개학皆學의 실현을 요청함.[25]

그리하여 일부 학교는 적산가옥이나 요정을 교실로 사용했고,[26] 미군 기숙사를 교실로 개방해 부족분을 충당했다.[27] 그러나 1950년 6월 한국전쟁 발발로 기존 교육 시설마저 상당수 파괴되어 교실 부족 문제는 더욱 심각해졌다. 전쟁 피해를 본 교실 수는 2만 3000여 개로 전체의 72.2퍼센트에 달했다.[28]

정부는 ICA(국제협조처) 원조 자금 등으로 예산을 배정해 교실을 신축했으며, 각 학교에 교실 신축비를 보조해주거나 건축 자재를 나누어주었다. 전후 재건 사업 전개에 따라 1957년을 기점으로 국민학교의 부족 교실 수가 크게 줄어 1959년에 1100여 개 수준이 됐다. 그러나 중·고등학교를 포함해 전체 학교의 교실 상황은 여전히 열악했다. 1957년에도 전국 각급 학교의 부족 교실 수는 3만여 개에 달했고, 국민학교 학생은 2부제, 3부제 수업 방식에서 벗어나지 못했다.[29]

오래되고 낡은 교실은 수업 환경을 해치는 요인이었다. 문교부가 교사 월급을 인상하고 국민학교 저학년 아동에게 교과서를 무상으로 공급해 명실공히 의무교육을 제 궤도에 올려놓겠다고 공언한 1960년에도 교실이 턱없이 부족해 4부제까지 시행하는 학교가 있었고, 확보된 교실마저 3분의 1은 수리를 필요로 하는 노후 교실이었다. 그중에서 2000여 개는 '비가 새고 눈보라가 날리는' 심각한 상황이었다.[30] 농촌 지역 학교는 사정이 더 좋지 않았다.

학생에게 공급할 교과서가 부족한 것 역시 큰 문제였다. 1948년 초 교과서가 국민학교는 전체 필요량의 5퍼센트, 중등학교는 2퍼센트에 불과해 정상적인 수업 운영이 어려웠다.[31] 1950년대 말 국민학교에서 사용하는 국정교과서조차 전국적으로 평균 공급률이 46.5퍼센트에 불과했다.[32]

해방 직후 일제강점기 교과서의 사용을 금지해 우리말 교과서를 편찬하는 일이 시급했으나 교과서 필자를 구하기 어렵고 물자가 부족해 이마저 쉽지 않았다. 교과서 용지 부족 문제는 한동안 해결되지 못했다. 어렵사리 교재를 집필했더라도 용지가 없어 인쇄가 지연되는 일이 많았다.[33] 종이 질이 좋지 않아 책으로 만들어도 구멍이 나기 일쑤였다.

교과서 생산과 유통을 둘러싼 사건도 끊이지 않았다. 1949년 ECA(경제협조처)에서 문교 당국에 전달한 시가 약 10억 원에 달하는 1700여 톤의 교과서 인쇄용지가 온데간데 없이 사라진 사건이 발생했다.[34] 국정교과서 공급 업자의 자금난으로 교과서를 인쇄해놓고도 배부하지 못한 일도 있었다.[35]

학교에는 학생을 가르칠 교사가 모자랐다. 해방 후 일본인 교사가 본국으로 돌아가면서 교육자의 공백이 생겼고, 무엇보다 교과에 대한 전문 지식과 자질을 갖춘 교원이 많지 않았다. 중학교를 채 마치지 못한 사람이 중학교에서 교편을 잡았고,[36] 한국어를 가르칠 수 있는 교사가 적어 일본어와 뒤섞어 수업하는 일이 흔했다. 미술 교사가 공민 과목을 겸했고 영어 교사가 지리를 가르쳤다. 사정이 이렇다 보니 학생은 "실력 없는 선생 삼태기로 받아내자"라며[37] 반발했다.

열악한 경제적 처우는 교원의 안정성을 위협했다. 교사의 월급이 너무 적어 이직하는 사람이 속출했고, 이로 인해 교사 부족은 더 심각해졌다. 이직하지 않은 교사도 생계 문제로 결근하는 일이 잦아 사회문제가 되었다.[38] '결근 교원 많은 텅 빈 소학교실, 선생님은 쌀 사러 시골로, 전 학동들은 놀다가 귀가!'라는 신문 기사 제목은 당시 상황을 짐작하게 한다. 쌀을 구하러 간 교사의 딱한 사정을 들어보자.

교원의 대우는 전보다 다소 좋아졌으나, 그 봉급으로는 생활이 참으로 곤란합니다. 물론 생활 곤란은 교원만이 아니지만 교육자의 양심으로 학교에서는 어린아이들이 선생님이 나오기를 기다리고 칠판을 바라고 있을 줄은 아나, 눈물을 머금고 양심을 꺾어가며 쌀을 사기 위하여 결근을 하지 않으면 아니 되게 되는 일이 있습니다.[39]

학무국장은 교원 생활의 안정화를 위해 학교의 소비조합을 활용하는 등 대책을 강구하겠다고 했지만, 실제로 대우가 크게 개선되지 못했다. 학생이 낸 교과서 대금을 가로채거나 학용품 구입을 알선해 수수료를 챙기고 참고서를 강매하는[40] 등 비리 사건은 교사의 어려운 형편과 무관하지 않다.

정부는 교육 시설 복구와 환경 개선을 위해 미국 원조금을 배정하고 교육세를 받았다. 또 교육구敎育區를 지정해 각 지자체에서 일부를 충당하게 했고, 극장의 입장세를 교육구에 배분하는 정책을 추진했다.[41] 하지만 일선 학교에서는 이를 체감하기 어려워 국고로 충당해야 할 재정 부족분을 사친회나 자모회에 의존해 해결했다.

문교부 당국이 "학교 운영비와 교원 후생비 등을 부담함으로써 의무교육의 정상화에 기여"했다고 평가할 정도로 사친회는 그 역할이 컸다. 사친회의 지원액은 연간 125억 환에 달하는 엄청난 규모였다.

1957년 공무원 월급이 2만 환 오르자 국민학교 사친회비를 폐지하자는 의견이 제기됐다. 정부는 전국 국민학교 교원에게 월 6000환의 보건 수당을 지급하고, 농어촌 국민학교는 사친회비를 폐지하며 도시에서는 최고 한도액을 정해 학부모의 부담을 감면하는 대책을 마련했다.[42] 그러나 보건수당을 지불할 국고가 부족해 다시 사친회비를 부활하려 했고, 일부 시에서는 사친회비 인상 계획을 발표했다.[43] 교육세와 각종 잡부금을 징수하면서 사친회비까지 부과하는 것은 이치에 맞지 않다는 비판 여론에 밀려 결국 국민학교 사친회비 폐지 정책이 유지됐다.

사친회비 폐지로 엉뚱하게 잡부금이 늘어났다. 잡부금은 여전히 학교 운영 경비나 교원 후생비로 사용됐다. 학교에서 교묘히 법을 피해 이전 관행을 유지한 것은 분명 잘못이지만, 정부의 예산 배정이 가장 근원적인 문제였다. "정부에서는 마치 무상교육이라는 것을 포기한 듯한 예산 편성을 하고 있으니 잡부금 횡행의 폐단이 실로 여기에 근원하는 것"이라는[44] 지적은 정확한 평가였다. 교육세, 잡부금, 사친회비 문제는 당시 의무교육의 빈약한 현실을 적나라하게 드러냈다.

2

'민주'교육이냐,
'민족'교육이냐

민주주의 교육론과 미국식 자유민주주의

해방 후 교육 분야에서 가장 시급한 과제는 일제 파시즘 교육을 극복하고 새 시대의 교육 이념과 제도를 수립하는 것이었다. 이에 부응하기 위해 교육개혁운동이 전개됐다.[45] 이념적 지향을 달리하는 세 집단이 이를 주도했다. 자유민주주의에 기초하여 새교육운동을 추진했던 세력, 민족의 단일성을 앞세워 민족교육을 강조했던 세력, 사회주의 이념에 근거하여 진보적 민주주의 교육운동을 벌였던 세력이 그들이다. 새교육론자는 교육 방법의 민주화와 교수법 개선운동을 중시했고, 민족주의 교육론자는 민족 중심성과 민족의 하나됨을 강조했고, 진보적 민주주의 교육론자는 교육을 통해 사회적 평등을 실현하고자 했다.[46] 미군정기 이 세 집단이 서로 경합했으나 정부 수립 이후 진보적 민주주의 교육론이 퇴조했다.[47]

새교육운동을 이끈 이들은 미국 유학 경험이 있는 친미파 인사가 다수였다. 미군정기 학무과장과 남조선과도입법의원 문교부 장관을 역임한 오천석, 연희대학교 총장이었던 백낙준, 초대 문교부 장관 유억겸 등이 대표적 인물이었다. 이들은 미군정기 교육행정에 참여해 큰 영향을 미쳤다. 특히 '조선교육위원회(The Korean Committee on Education)'와 '조선교육심의회(National Committee on Education Planning)'에 참여하여 미군정의 교육정책 수립과 시행에 자문역을 담당했다.[48] 또 각종 연구 발표회나 교육자 강습회에 강사로 참여하여 민주주의교육 방법을 소개했다.

오천석은 새교육운동이 '전통적 교육을 지양하고 민주주의 이념 위에 교육을 세우려는 운동'이며,[49] 억압적이고 획일적인 교육을 배격하고 개인의 자율성을 중시하는 민주주의 지향의 운동이라고 했다. 학교 현장에서 이를 실현하기 위해 교사 중심에서 아동 중심으로 수업 방식을 전환해야 하고, 교과서 중심에서 생활 중심으로 바꿔야 한다고 역설했다.

첫째, 우리는 전통적 교육의 계급주의, 차별주의를 배격했다.
둘째, 우리는 인간을 도구화하는 것으로 목적을 삼는 교육에 반항하였던 것이다.

셋째, 우리는 옛 교육의 특색인 억압주의적 교육에 반기를 들고, 자유에 기반을 둔 교육을 기도한 것이다.

넷째, 우리는 모든 어린이를 오뚝이 모양으로 똑같이 다루는 획일주의적 교육을 거부하고, 각 사람의 개인차를 인정하고, 그 개성을 살려 북돋는 교육을 내세웠던 것이다.

다섯째, 우리는 과거의 문화적 유산을 전달하는 것으로 목적을 삼는 지식 중심의 교육, 현재의 실생활과 유리된 서적 중심의 교육을 배격하고, 사람 전체의 발달 향상을 목표로 하는, 현실과 따뜻한 교섭을 가진 산 교육을 지향했다.[50]

이는 존 듀이John Dewey의 교육론을 이론적 토대로 삼은 것으로, 미국과 유럽에서 유행하던 '진보주의교육(Progressive Education)'이나 '새교육(New Education)'과 비슷했다. 핵심 주장은 독립 인격체인 아동의 개성을 존중하는 '개성 존중', 전체주의교육을 벗어나 자율성과 자발성을 확대하는 '자율성 신장', 의무교육과 남녀공학제 등을 통해 교육 기회를 확대하는 '교육 기회 확대' 등이었다.[51]

이런 분위기에서 1946년 9월 사회생활과가 신설됐다. 일제강점기 파시즘 교육의 정수인 수신修身을 폐지하고 정치, 경제, 법, 윤리 등을 포괄하는 사회 과목을 도입한 것이다. 원래 사회과(social studies)는 1916년 미국교육학회 사회과 특별위원회가 사회과를 교과과정에 포함하자고 제안한 데서 출발했다. 제안서는 사회과가 구성원의 사회적

효율성을 높이는 데 기여해야 하며, 미국의 국가 이념을 충분히 이해하고 진정한 충성심을 갖게 하는 것이 교육의 목적이라고 했다.[52] 새 교육운동론자도 민주 사회 구성원 교육을 중시하고 획일주의를 비판했지만, 교육과 정치 이념을 분리하지 않았다.

남녀공학 논의도 새 바람 속에서 시작됐다. 일부 국립사범대학 부속학교에서 시범으로 남녀공학을 실시했고, 예외적이지만 농촌 실업 고등학교에서도 소수의 여학생을 수용했다. 하지만 찬반양론이 거셌다. 찬성론자는 남녀공학을 하면 '남존여비의 묵은 관념이 타파되고' '현대적 남성, 현대적 여성이 된다'는 장점을 부각했고, 반대론자는 '여성의 우아한 점이 적어지고 남성은 씩씩한 기상을 잃게 되며', '남학생의 지적 수준 저하를 초래'한다고 지적했다.[53] 무엇보다 남녀 학생을 한데 모아두면 풍기가 문란해진다고 우려했지만, 이는 기우에 불과했다. 논의만 무성할 뿐 널리 확산되지 못했기 때문이다. 남녀공학이 제대로 시행되지 못했더라도 그러한 논의와 시도는 당시 교육계의 새로운 분위기를 상징적으로 보여준다.

한편 새교육론은 몇몇 학교에서 교육 방식의 변화 가능성을 내비쳤다. 새교육론을 현실에 적용하는 데 무리가 있었지만, 현장의 교육 주체가 이를 능동적으로 받아들였기 때문이다. 새교육운동을 주도했던 학교 중 상당수가 연구학교로 지정되어 재정과 행정 지원을 받았는데, 서울대학교사범대학부속국민학교를 비롯한 연구학교는 교육과정을 자기 학교에 맞게 개혁할 수 있는 권한이 있었다. 교장과 교사는 교과 운영과 내용에 자율권을 가지고 융통성 있게 시간을 배분하여 통합적으로 교과를 운영했고, 아동의 자발성에 무게를 두는 방향을 고민했다.[54]

새교육운동 세력은 미군정기 교육계를 주도하며 초기 교육정책의 입안과 실행에 큰 역할을 했다. 이들의 교육 방침은 "전체주의교육에서 민주주의교육으로의 전환을 사회생활과 중심의 교수법 개선을 통해 이루어보려는 경향"으로 요약할 수 있는데, 실제로 "강의식 분과교육에 젖은 일선 교사에게는 이해하기 곤란한" 것이어서 "사회생활과의 정체를 잡고자 우왕좌왕"하는 일이 많았다.[55]

새교육론은 미국의 교육과정을 그대로 축약한 것에 불과하다는 비판을 받았다. 현실을 고려하지 않고 미국식 교육 시스템을 무분별하게 도입하려 했기 때문이다. 이들은 파시즘교육을 비판하며 민주주의교육을 주장했지만, 그들이 생각한 모델이 '아메리카'였음을 부인하기 어렵다. 2부제, 3부제로 운영되는 열악한 교육 여건과 민주주의를 교육할 수 있는 교사가 거의 없는 상황에서 토론 위주의 아동 중심 교육은 허상에 불과했다. 이런 이유로 새교육론은 사회가 당면한 현실과 미국식 이상 교육을 조화롭게 구현하는 데 성공하지 못했다. 또 분단과 전쟁, 독재로 이어진 불행한 정치 현실도 이러한 '이상'을 실현하기 어려운 조건으로 작용했다.

민족주의 교육론과 전체주의

안호상을 비롯해 손진태, 최현배, 심태진 등이 참여한 조선교육연구회는 민족주의교육을 강조했다. 이들은 '민족 전통'을 내세워 국가와 민족의 통합을 중시했다. 그 핵심에 초대 교육부 장관이었던 안호상이 있었다.[56]

안호상은 '민족지상民族至上 국가지상國家至上'을 모토로 해방 후 대표적 우익 청년 단체로 활동한 민족청년단에 이념적 기초를 제공했고, 이승만 정권의 초기 지배 이데올로기였던 일민주의一民主義를 창시했다.[57] 문교부 장관에 취임한 뒤 '민주적 민족교육'을 주창하며 일민주의를 교육의 기본 이념으로 삼았다.[58] 일민주의의 내용을 보자.

온 사람(全人)인 낱 사람(개인)과 한 백성인 한 민족과 또 한 백성인 온 백성(전 인류)을 지향하는 **우리 교육을 구미식 개인 자본주의적 민주교육과 소련식 계급 공산주의적 민주교육과 구별하기 위하여 민주적 민족교육 혹은 일민교육이라 했다.** 그리고 일민주의는 인간주의와 민주주의로서 된 민족주의로서 다섯 가지 의미를 가졌는데, ① 일민족일민一民族一民, ② 일국일민一國一民, ③ 세계일민世界一民, ④ 만민동일萬民同一, ⑤ 인민제일人民第一 등이며, 이 주의와 사상은 교육의 기회 균등을 철저히 실현하기에 노력한다.[59]

그는 구미식 민주교육(개인주의, 자본주의)과 소련식 민주교육(계급주의,

공산주의)을 모두 배격하며 민족 주체성을 과도하게 강조했다. 우리는 단일 혈통의 '배달민족'으로 민족의 시조 단군을 숭상해야 하고 새 시대의 교육은 "우리나라 사람을 만들어야 한다"라고 했다.[60] 그의 초역사적 민족관은 마치 신앙과 같아 교육 이념으로 적당하지 않았다. 무엇보다 사회 구성원의 다양함과 개성을 무시하고 국가와 민족의 단일성과 통합성을 강조하는 전체주의적 면이 있었다. 때로 '민주적'이라는 수사를 사용했지만, 그에게 '민주'는 내용이 없는 '빈' 어휘였다.

이처럼 민족주의 교육론자는 민주주의와 거리를 두었다. 민주주의가 외국에서 들어온 것이라 생각했기 때문에 비판적이기까지 했다. 이런 이유로 '반미사상'으로 지목되기도 했다.[61]

지난 3년 동안 우리는 미국의 민주주의를 배웠고, 소련의 민주주의를 들었다. 그러나 그것들은 모두 우리에게 반드시 맞는 것은 아님을 깨달았다. 그래서 우리는 우리에게 가장 적절하다고 생각하는 민주주의를 세우게 됐다. 그것은 민족적인 민주주의이며, 그것이 교육상에서는 민주주의적 민족교육이란 표어로 나타나게 된 것이다.[62]

문교부 차관 손진태는 안호상과 같은 논리를 폈다. 민주주의는 외래 사상이므로 우리에게 맞는 민주적 민족교육이 필요하다고 했다. 손진태는 원론적인 수준에서 우리에게 맞는 민주주의가 필요하다고 주장했지만, 그의 주장에서 자유·평등·인권과 같은 민주주의의 기본 원리를 교육 현실에서 어떻게 구현할지 고민한 흔적을 찾아보기 어렵다. 그 대신 "민족이 주"이고 "개인은 민족에 속하는" 제2의 가치를 갖는다고 하여[63] 안호상처럼 민족을 우선시하고 집단적 가치를 중시했다.

〈그림 3〉 조선교육연구회가 발행한 잡지 《조선교육》(1948)

해방과 정부 수립을 거치면서 민주주의는 신생 국가가 도달해야 할 이상향으로 당연하게 수용됐지만, 다른 한편 그것은 무절제나 방종으로 인식되기도 했다. "민주주의교육이 실시됨에 따라 학원에는 도에 넘는 자유사상이 팽창하고" 있다는 교사의 탄식처럼[64] 일상에서 민주주의 문제는 기성세대의 권위와 사회질서를 파괴하는 분별없는 행동쯤으로 받아들여졌다.

민주적 민족교육론은 새 시대의 전망을 제시하지 못했고 국수주의적인 성격이 강했다. 학생의 자율성과 다양성을 지지하기보다 개인을 민족과 국가에 종속시키고 개인의 정체성을 국가로 수렴하려 했다. 그런 점에서 일제의 파시즘교육을 극복하지 못했고 전체주의와 다를 바 없었다. 전체주의를 바탕으로 한 유기체론이나, 계급 불평등을 무

시하고 무조건 '하나 됨'과 '동일성'을 주장한 것은 일제가 민족 차별
을 은폐하고 동화정책을 실시한 것과 매우 흡사했다.[65] 그들의 주장과
달리, 민주적 민족교육론은 민주적이지도 민족적이지도 않았다. 이는
일민주의의 퇴조와 함께 영향력이 약화됐지만, 국민 정체성 형성을
위해 민족과 전통을 강조하는 교육론은 계속 이어졌다.[66]

3

새 시대의
학생상과
교과서

공민과 공민의 윤리

학교교육이 목표로 삼은 인간상은 어떤 것이었을까? 1949년 제정된 〈교육법〉은 "교육은 홍익인간의 이념 아래 모든 국민으로 하여금 인격을 완성하고, 자주적 생활 능력과 공민으로서의 자질을 구유具有하게 하여 민주국가 발전에 봉사하여 인류 공영의 이상 실현에 기여하게 함을 목적으로 한다"라고 했다.

　미군정과 대한민국 정부는 교육의 이념과 목표로 '공민의 자질을 갖추는 것'을 제시했다. 당시 공민은 어떤 의미였을까? 이 어휘는 조선시대나 일제강점기에도 쓰였지만 그 뜻이 달랐다. 조선시대에는 공전公田을 경작하는 농민의 의미였고,[67] 일제강점기에는 '독립으로 생활하는 자유민'이나 '부, 군, 읍, 면을 구성하는 주민 중 공민권을 가진 사람'이라는 의미로, 지역의 시정에 참여할 권리를 지닌 사람을 일컬었다. 1932년 '공민'이 교과목으로 만들어진 뒤에는 '충량한 신민臣民'을 의미하기도 했다.[68]

정부 수립 후 공민 교과서에 서술된 공민은 이전 시기와 달랐다. 그것은 '신민'이 아님은 물론이고 지역 정치에 참여할 권리가 있는 주체도 아니었다. 서구 근대사회의 시민과 유사했지만, 완전히 같지도 않았다.

자각을 가지고 사회에 대한 자기의 책임을 수행하며, 사회로부터 자기의 정당한 권리를 보호받는 개인을 공민이라 한다. (…) 옛날 전제정치 시대에는 국민의 대부분이 이러한 자각을 가지지 못하고 위에서 내리는 명령에만 복종한 일도 있었지마는, 민주정치를 하는 데는 국민 모두가 공민으로서의 자격을 갖추고 사회를 위하여 적극적으로 활동하여야만 사회 전체가 순조롭게 진보할 수 있다. **국가가 헌법으로서 모든 국민에게 의무교육을 실시할 것을 규정한 것은 모든 국민에게 공민으로서의 자격을 갖추게 하려는 데에 목적이 있는 것이다.**[69]

금일 공민이라고 하면 만 20세 이상의 남녀를 가리켜 말하는 것으로, 정신병자나 20세 이하 사람에게는 공민의 자격을 인정하지 않지만, 이것은 법률상 규정이요, 우리는 누구나 다 사회국가의 은덕을 입고 있는 탓에 우리가 할 수 있는 일이라면 하여야 할 의무가 있습니다. 이런 의미에서 우리는 다 같이 이 사회의 공민입니다.[70]

교과서에서 설명하는 공민은 공동체의 일원으로 '사회에 대한 자기의 책임을 수행하며 사회로부터 자기의 정당한 권리를 보호받는 개인'이다. 두 번째 인용문에서는 '만 20세 이상의 남녀'가 공민이며, '정신병자나 20세 이하'는 공민이 아니라고 했다. 이를 종합해보면, 공민은 금치산자와 같은 법적 무능력자를 제외한 20세 이상의 성인 남녀로, 국가와 사회에 권리와 의무를 가진 국민이다.

얼핏 보면 공민은 프랑스혁명 후 '인간과 시민의 권리선언'에 등장한 '시민(citizen)', 즉 모든 법 앞에 동등한 자격과 위상을 가지는 개인으로서 근대사회의 주체 개념과 흡사하다. 그러나 해방 후 남한은 '국민'을, 북한은 '인민'을 사용하여 정치사회적 주체로서의 시민은 독자적인 함의를 확보하기 어려웠다.[71] 그런 점에서 공민은 시민과 정확히 일치하는 개념이 아니었다.

공민교육은 강한 반공주의와 함께 민족과 국가의 정체성을 강조하는 도의道義에 초점을 두었다. 대한민국 구성원의 제1자격 조건으로 반공이 우선시되면서 공민은 민주주의 사회에서 권리와 의무를 가진 자유로운 시민이라는 의미가 아니라, '반공국가 대한민국의 국민'이라는 뜻으로 통용됐다. 반공을 제1의 정체성으로 하는, 공산주의의 대립항으로서만 민주주의를 체득하는 '국민'이어야 했던 것이다.

해방과 정부 수립 후 교육은 일제의 파시즘교육을 탈피하고 형식적이나마 민주주의를 내걸었다. 그러나 당시 교육이 바람직하게 생각하는 주체는 '모든 일을 자기 판단에 따라 스스로 할 수 있는 자율적인 개인'이 아니라, 공산주의를 배격하고 반공 이념을 내장한 국민이었다. 민주 사회의 구성원인 시민과 반공 국가의 국민, 그 사이 어디쯤에 공민이 위치하고 있었다. 이 '오묘한' 주체는 국민과 경합에서 경쟁력을 잃었다. 이것이 교과서에서 공민이 사라진 이유가 아닐까.

기억의 공장 기억의 터, 교과서

교과서는 국가의 집단기억인 공적 기억을 만드는 장치이며, 그 공적 기억이 머무는 장소다.[72] 사적 기억에 대비되는 공적 기억은 국가의 지배 이데올로기를 유포하고 공식 역사를 구성한다. '우리는 모두 단군의 자손이며 단일한 혈통'이라는 상상은 교과서 교육을 통해 집단 기억이 되며, 확정된 사실로서 현실에서 힘을 발휘한다. 이처럼 교과서는 단지 지식과 기술을 전달하는 매개가 아니라 국민 통합과 정체성 형성에 기여한다.

이러한 이유로 국가는 직접 교과서를 생산하거나 민간에서 만든 것을 검정 또는 인정하는 시스템을 구축했다.[73] 교과서의 국정, 검인정 병용 정책의 토대는 미군정기에 마련됐다. 1946년 후반 문교부는 국민학교 교과서를 모두 국정으로 하고, 중학교는 국어를 제외한 나머지를 검인정으로 했다. 정부 수립 후 교과서 검정 정책을 강화했다. 1948년 10월 민족정기를 해칠 우려가 있는 친일 인사의 저서는 일체 사용하지 말라고 지시했고, 1949년 7월에는 부교재를 제외하고 국민학교와 중학교의 교과서는 반드시 국정교과서를 사용하라는 지침을 내렸다. 또 문교부는 1949년 9월 교과서 내용에 직접 관여해 좌익 성향의 필자가 쓴 글을 색출해서 삭제했다. 여기서 그치지 않고 검인정 교과서를 전부 재검하여 문제가 있는 교재를 수정 또는 폐기했다. 이로 인해 소비에트연방의 정치와 경제 기구를 다룬 일부 지리 교과서 등의 내용이 삭제되거나 검인정이 취소됐다.[74]

이승만 정권은 교과서의 다양성을 인정하지 않고 국가의 이념과 정책에 부합하는 교과서를 만들어 권력의 통제 아래 두고자 했다. 그러나 시스템을 제대로 갖추지 못해 정부가 교과서의 생산·유통·소비를 완전히 장악하기 어려운 모순에 빠져 있었다. 의무교육 시행과 교육열 증가로 학생 수가 늘어났지만, 그 수요를 충당할 수 있는 교과서 공급 시스템이 구비되지 못했기 때문이다. 정부는 국정교과서와 검인정교과서만 사용하도록 했지만, 실제 정부의 기준을 충족한 검인정교과서는 소수에 불과했다. 교과서를 만들 수 있는 종이 부족, 종이질과 인쇄 상태의 열악함, 집필진 부족 등은 교과서 문제를 가중시켰다.[75]

그럼 교과서는 어떤 내용을 담았을까? 그 특징을 대략 살펴보자. 1954년 발표된 '교육과정 시간 배당 기준령'에 나온 중·고등학교 교

<표 4> 중·고등학교 교육 시간 배당표

과목 \ 과정 학년		중학교			고등학교		
		1	2	3	1	2	3
필수 교과	국어	140(4)	140(4)	140(4)	140(4)	140(4)	105(3)
	수학	140(4)	105(3)	105(3)	140(4)		
	사회생활 사회	175(5)	175(5)	140(4)	105(3)	105(3)	35(1)
	사회생활 도덕				35(1)	35(1)	35(1)
	사회생활 국사					105(3)	
	과학	140(4)	140(4)	105(3)	140(4)		
	체육	70(2)	70(2)	70(2)	35(1)	35(1)	35(1)
	음악	70(2)	35(1)	35(1)	140(4)		
	미술	70(2)	35(1)	35(1)			
	실업가정	175(5)	175(5)	175(5)	105(3)	105(3)	105(3)
	소계	980(28)	875(25)	805(23)	770(22)	490(14)	420(12)

출전: 《관보》 호외, 1954년 4월 20일, 2~3쪽.
참고: 괄호 안의 숫자는 매주 평균 수업 시간.

육 시간 배분은 〈표 4〉와 같다.

중학교는 사회생활과 실업가정의 시수가 가장 많았고, 고등학교는 사회·도덕·국사를 포함한 사회생활의 비중이 높았다. 사회와 실업가정 과목의 비중이 컸던 것은 도의교육과 기술교육을 중시한 문교 시책 때문이었다.

교육과정에 따라 편찬된 교과서의 내용과 특징은 다음과 같다. 첫째, 해방 직후 편찬된 교과서와 정부 수립과 전쟁 후 나온 교과서는 약간 차이가 있었다. 대체로 전자가 다양한 정치적 전망을 제시하며 역동적인 사회상을 반영한 데 반해, 후자는 반공과 도의를 더 강조했다. 1946~1947년에 출간된 교과서는 카이로선언과 포츠담선언의 의의를 비중 있게 서술했고,[76] 1949년 《중등사회生活과: 경제生活》(공민 3년)은 '우리나라 여성의 지위', '여성 문제', '민주주의 국가에 있어서의 여성의 자각' 등 여성 관련 독립 항목을 세 개나 실었다. "오늘날 여자나 남자나 다름없이 똑같은 선거권을 가지게 됐으며, 또 똑같이 국회의원도 되며 대통령도 될 수 있는 피선거권도 가지고 있다. 그뿐만 아니라 어떠한 직장에도 남자와 똑같이 봉사할 수 있는 기회를 가지고 있다. 그만큼 여자도 남자와 어깨를 나란히 하여 그 능력에 따라 어떠한 일도 할 수 있게 됐다"라며 변화된 현실을 언급하고 여성의 권리 신장을 위해 남녀가 노력할 것을 주장했다.[77] 하지만 전쟁 이후에는 여성의 지위와 권리에 대해 비중 있게 다룬 것을 찾아보기 어렵다.

전쟁 전 교과서에 헌법의 경제 조항과 관련된 서술이 있는 점도 흥미롭다. 〈제헌헌법〉은 대한민국 경제 질서가 '사회정의의 실현과 균형 있는 국민경제의 발전'을 지향한다고 밝히고, 사기업 노동자의 이익분배권을 보장하고 중요 기간산업을 국유화한다고 명시했다.[78]

제1장 제18조: 영리를 목적으로 하는 사기업에 있어서는 근로자는 법률의 정하는 바에 의하여 이익의 분배에 균점할 권리가 있다.

제6장 제84조: 대한민국의 경제 질서는 모든 국민에게 생활의 기본적 수요를 충족할 수 있게 하는 사회정의의 실현과 균형 있는 국민경제의 발전을 기함을 기본으로 삼는다. 각인의 경제상 자유는 이 한계 내에서 보장한다.

제6장 제85조: 광물, 기타 중요한 지하자원, 수산자원, 수력과 경제상 이용할 수 있는 자연력은 국유로 한다.

제6장 제87조: 중요한 운수, 통신, 금융, 보험, 전기, 수리, 수도, 가스 및 공공성을 가진 기업은 국영 또는 공영으로 한다.[79]

이에 따라 정부수립 초기 교과서는 사회주의를 비판하면서도 〈제헌헌법〉의 지향을 반영했다. 자유로운 경제활동을 지지하지만 "국가기관이 재물의 분배를 공정히 하여 무산자를 보호하고, 모든 국민으로 하여금 생활의 안정을 얻게 해야 한다"라고 했다. 특히 경제활동의 자유가 사회정의에 어긋나지 않아야 한다며 '자유의 범위'를 밝힌 점이 눈에 띈다.

국민의 생활난을 없애고 사회문제를 해결하기 위하여서는 국민 각자의 자유로운 경제활동을 조장하되, **국가기관이 재물의 분배를 공정히 하여 무산자를 보호하고, 모든 국민으로 하여금 생활의 안정을 얻게 해야 한다.** 그러므로 우리나라 〈헌법〉에는 "대한민국의 경제 질서는 모든 국민에게 생활의 기본적 수요를 충족할 수 있게 하는 사회정의의 실현과 균형 있는 국민경

제의 발전을 기함을 기본으로 삼
는다. 각인의 경제상 자유는 이 한
계 내에서 보장한다"라고 되어 있
다. 사유재산을 인정하여 국민의
생활 안정을 얻게 하고, 그러는 한
**경제활동의 자유를 인정하되 사회
정의에 어그러짐이 없게 한 것**이
다.[80]

〈그림 4〉 최초 국정교과서《바둑이와
철수(국어1-1)》, 1948(대한민국역사박물관
소장)

둘째, 국어 교과서는 문학 작품
을 통해 지배 이데올로기를 유포
했다.《바둑이와 철수》는 1948년
10월 대한민국 문교부가 간행한 제1호 국정 국어 교과서다. 이 교과
서는 1학년 학생이 이해하기 쉽게 만들었다. 유명한 문인의 작품을
수록하거나 일상생활에서 쉽게 접할 수 있는 소재로 교과서를 구성
했다. 하지만 일상 소재를 사용했다고 해서 국어 교과서가 탈정치적
이었던 것은 아니다.

정부 수립 이후 국어 교과서는 좌파나 월북 작가를 퇴출했다. 일제
강점기 대표 문인이었던 임화, 이기영, 홍명희, 정지용 등은 이데올로
기 문제로 교과서에서 퇴출됐고 대중의 기억 밖으로 사라져갔다. 사
회주의자의 작품을 대신한 것은 서정적이거나 민족주의적이거나 반

공적인 작품이었다. 〈청노루〉(박목월), 〈산유화〉(김소월)처럼 자연의 아름다움과 순수함을 읊은 시, 〈논개〉(변영로), 〈순국 소녀 유관순 추념사〉(설의식)와 같이 민족 수호를 강조한 글, 〈애국가의 힘〉(정비석), 〈남으로 가는 길〉(김동리)과 같이 반공적인 작품이 그것이다.

셋째, 사회생활 교과서는 생활교육을 강조했는데, 일상생활을 통제하는 규율 교육이 주를 이루었다. 일상생활 규범은 매우 세세한 것까지 포함됐다. 특히 윗사람을 대할 때 예절을 강조했는데, 물건을 주고받는 법, 인사하는 법, 시중드는 법, 상장을 받는 법 등을 소개했다.

상장, 졸업장 등을 윗사람으로부터 받을 때에는 약 3보 앞에서 경례하고 나아가서 두 손으로 받아 눈높이에 위치하여 받들어 들고 3보 물러서서 한 번 본 뒤에 왼편 겨드랑이에 끼고 경례하고 물러난다. 받기 전후에 손님에게 경례하는 것도 좋다.[81]

할아버지나 아버지가 아직 일어나시지 아니하셨으면 갈아입으실 옷을 아랫목에 따뜻이 파묻어놓고 화롯불을 틀어놓은 후 방에 훈기가 돌 때에 자리옷을 벗으시고 평옷으로 갈아입으시도록 한다. 따뜻한 물을 드리어 세수하시게 하나 아침에 일어나는 대로 담배나 차를 잡수시는 습관이 계신 분에게는 그대로 준비하여 시중을 들어드리고 세수 도구를 갖추어서 세수하시게 한다.[82]

식사 때도 지켜야 할 예절이 많았다. 어른에게 음식을 먼저 권하고, 음식을 먹을 때는 국물을 먼저 먹고 소리를 내지 않으며, 배가 부르다고 배를 만지지 말라는 내용을 상세하게 열거했다.

① 식사하기 전에 손을 씻고, 용의를 단정히 하여 똑바른 자태로 앉아야 한다.

② 어른과 한자리에서 식사할 때에는 어른에게 먼저 권하고 어른이 먼저 수저를 든 뒤에 수저를 들어야 한다.

③ 젓가락, 숟가락을 그릇에 부딪쳐서 소리를 내거나 국물이나 차를 마실 때에 후루룩 소리를 내거나 음식을 씹을 때 입을 벌려서 씹는 소리를 찍찍 내거나 잡담을 하거나 하는 것은 모두 천한 태도이니 하지 말아야 한다.

④ 반찬을 집었다가 다시 놓고 딴 그릇으로 옮겨 가거나 젓가락을 들고 어느 반찬을 집을까 하고 한참 망설이거나 맛있는 반찬이라고 처음부터 끝까지 한 가지만 집어먹는 것은 좋지 못하다.

⑤ 몸을 꼿꼿이 하고 음식을 입에까지 갖다 넣어야 한다. 고개를 숙여서 음식 그릇까지 입을 대고 먹거나 고개를 들고 젓가락을 높이 쳐들어 위에서 입에 넣는 것은 모두 좋지 못하다.

⑥ 밥을 먹을 때에는 처음 국이나 김칫국물을 먼저 떠먹고, 국과 밥을 먹어 가면서 다른 반찬 그릇에 대지 말고 먹어야 한다.

⑦ 먹고 난 다음 그릇에 휴지를 넣거나 소독저를 꺾어 넣는 것은 좋지 못

한 버릇이며, 배가 부르다고 배를 만지거나 기지개를 켜거나 트림을 하는 것도 좋지 못한 습관이니 삼가야 한다.

⑧ 음식을 입에 많이 넣은 채 말을 하지 말고 만일 이야기할 필요가 있을 때에는 입에 든 음식을 먹고 난 다음에 고요히 나직나직하게 이야기하여야 한다. 또 식사 도중에는 될 수 있으면 자리를 뜨지 않는 것이 좋으나 가정에서 어른의 시중을 들기 위하여 일어서는 것은 좋다.

⑨ 어른을 모시고 식사할 때에는 어른이 다 잡수신 뒤에 수저를 놓는 것이 예의다. 그러나 학교 시간 관계도 있고 물시중, 뒷설거지 등이 있기 때문에 먼저 식사를 마치는 것은 좋다.[83]

일상의 규율화는 도덕교육의 가장 큰 특징이었다. 가정 윤리와 학교생활 윤리는 구성원의 평등한 관계보다 상하의 수직적인 관계를 강조했다. 학교와 가정에서 서열을 정해 아랫사람이 윗사람(교사, 가부장, 연장자)에게 복종하는 것을 보편 윤리로 제시했다. 이는 최종적으로 국가와 민족으로 수렴되는 구조였다. 도덕 교과서는 개인의 일상을 세세하게 규정하고 통제하는 규범을 인간의 보편 윤리로 설명하고, 이를 국민 윤리로 치환하는 전략을 취해 지배 규율을 내면화하도록 했다. 동방예의지국 어린이의 예의범절로 포장된 윤리는 사실 매우 정치적이었다.

일상 규범은 전후 도의교육과 함께 강화됐다. 1951년 2월 26일 백낙준 문교부 장관은 〈전시 하 교육 특별조치 요강〉을 제정 발표해 비상조치를 강구하는 한편, '지식교육, 기술교육, 도의교육, 국제교육'을 전시 문교 방침으로 정했다. 도의교육은 국가 사회가 요청하는 국민적인 과제이므로 정신·윤리교육을 강화한다는 것이었다.

> 고래로 동양 문명은 정신문명−도의 문명이요, 서양 문명은 물질문명이라고 분류해온 터이지마는 오늘날 우리 젊은 세대의 심리 상태 그 경향 등을 냉정히 살펴보면 도의문명의 본바닥 사람이노라 자랑할 만한 아무것도 남지 못하였음을 고백하지 않을 수 없다. 이에서 **우리는 국토 재건, 문화 재건 혹은 교육 재건에 앞서서 선행 조건으로서 '인간 재건'을 내세우는 바이며, 도의교육을 특히 강조**할 소이연所以然을 발견하는 바이다.[84]

이 글은 동양은 정신문명·도의문명의 본거지인데, 젊은 세대의 도의심이 땅에 떨어졌으니 국토 재건, 문화 재건, 교육 재건에 앞서 도의교육을 통한 인간 재건이 필요하다고 주장한다. 문교부 편수관 최병칠은 "도의교육이나 수신교육이 목표하는 바와 같이 학생으로 하여금 도덕적 가치를 실현케 함에 있다"고 전제한 뒤, "수신교육이 황국 신민을 만들기 위한 봉건 도덕의 전수를 목적으로 한 데 대하여 도의교육은 우리 민주국가의 새로운 사회질서를 수립함에 있다"라고[85] 애써서 차이를 강조했다.

그러나 도의가 강조한 '동양도덕'과 '정신문명'은 도덕과 문명이 아니라, 국가 이념을 의미했다.[86] 도의는 그 어휘의 뉘앙스처럼 '동양적'

<표 5> 반공교육의 목표

영역	교육 목표
정치	공산주의의 불합리성 인식 – 민주주의에 대한 신념을 확고히 함
	6·25사변의 원인과 파괴된 현실의 원인을 이해
경제	공산주의 경제 이론의 불합리성을 새기게 함
	유물론적 사고방식이 인간 생활을 불행하게 함을 새기게 함
사회	공산주의 사회관계는 비평화적, 파괴적이어서 정의에 어긋남을 새기게 함
	공산주의 사회에서는 인권이 유린되고 정의에 어긋나는 행위가 감행됨을 새기게 함
문화	공산주의 독재국가는 인간의 정신적 가치를 전연 인정하지 않음을 이해시킴
	공산주의 독재국가의 모략 선전에 현혹되지 않는 확고한 신념을 도야함

출전: 서울특별시교육회, 《대한교육연감》, 1956, 495~497쪽.

인 수사로 가득했지만, 내용적으로 그것은 국가정신이나 민족정신에
다름 아니었다.

그렇기 때문에 도의는 반공주의와 깊이 연루되어 있었다. 이는 "반
공 사상을 투철히 기르고, 민주 도의 생활을 확립함으로써 통일 독립
의 선봉이 되게 한다"라는 장학 방침에 잘 나타나 있다. 도의교육은
서구의 정신문명(민주주의, 자유주의, 개인주의)과 대별되는 동양문명을 내
세워 반공주의, 민족주의, 국가주의를 결합한 것으로, 국가 정체성과
민족 정체성을 강화하고 규율하는 규범이었다.

넷째, 반공은 전 교과에서 모두 강조됐지만 사회생활 과목에서 특
히 두드러졌다. 〈표 5〉에서 볼 수 있듯이 반공교육의 목표는 '공산주

의의 불합리성을 인식하고' '민주주의에 대한 신념을 확고히' 하는 것
이었다. 정치, 경제, 사회, 문화 등 전 영역에서 공산주의는 민주주의
와 반대되는 독재체제로서 평화를 위협하는 폭력적인 이념이라고 설
명했다.

사회 교과서는 반공교육의 근거지였다. 주로 공산주의의 불합리성
과 폭력성을 강조하고 대신 민주주의의 우월성을 설명하는 내용이 많
았다.[87]

> 공산군은 200만 명에 달하는 사람을 죽이거나 상하게 하고, 66만이라는
> 숫자의 집을 불태웠다. 문화시설은 거의 파괴되고, 집 잃은 동포가 수백만
> 이나 됐다.[88]

> 옛날 모진 임금이나 지금의 공산 두목들은 자기만은 무한정의 자유를 누
> 리지마는 일반 시민에게는 아무런 자유도 주지 않는다. (…) 그러나 민주
> 주의를 믿는 자유로운 나라에서는 아무도 자유를 독차지하려고는 하지 않
> 는다. 그 대신 똑같이 자유를 나누어 가짐으로써 서로서로 유쾌하고 아름
> 답게 지내기를 원하는 것이다.[89]

1951년 문교부는 〈전시 하 교육 특별조치 요강〉을 발표하고 전시
특별 교재를 발간했다. 국민학교용 교과서 《전시생활》과 부교재 《반공
독본》, 중등학교용 교과서 《전시독본》을 발행해 각급 학교에 배포했

〈표 6〉《전시학습지도요항》의 지도 방침과《전시생활》의 주요 학습 내용

교재명	《전시학습지도요항》	《전시생활》
1-1 비행기	• 전쟁에 쓰는 비행기, 탱크, 군함, 대포 같은 여러 가지 기계를 알아보자 • 유엔 아저씨들은 어데서 무엇을 하러 왔을까? • 어떻게 하면 군경 아저씨들을 기쁘게 할 수 있을까?	• 폭격기, 젯트기, 정찰기, 잠자리비행기에 대한 소개 • 중공군을 쳐부수러 간다는 내용 • 미국 비행기의 구별 방법, 유엔군의 여러 국기에 색칠하기, 위문편지 쓰기
1-3 군함	• 전쟁에 쓰는 비행기, 탱크, 군함, 대포 같은 여러 가지 기계를 알아보자 • 위문문, 위문품을 어떻게 보내면 될까?	• 군함의 종류 소개, 국군의 원산 상륙에 대한 내용, 해병대에 대한 설명 • 위문품과 위문편지 쓰기, 동요〈우리들도 나아가자〉
2-2 우리는 반드시 이긴다	• 철도나 도로가 전쟁에 어떻게 필요한가? • 이번 사변에서 피해를 입지 않고 남아 있는 도시와 그 생활 상태를 조사하여 보자 • 우리나라 항구는 이번 사변에 얼마나 도움이 되었는가? • 전쟁에 나타난 신무기를 알아보자 • 우리를 돕는 나라 • 해방 후 남한과 북한이 걸어온 길을 연구하여보자 • 우리는 유엔을 어떻게 대해야 할까?	• 피난 기차에서 겪은 일 • 대구에서의 피난 생활 • 부산에서의 전쟁 상황 모습 • 새 무기 • 유엔은 우리를 돕는다 • 세계의 경찰 • 두 가지 나라 • 대한은 빛난다
2-3 씩씩한 우리 겨레	• 사변 후의 무용담을 모아보자 • 철도나 도로가 전쟁에 어떻게 필요한가? • 전쟁과 보급의 관계를 알아보자 • 전재민을 어떻게 구호했으면 좋을까? • 전쟁에 이기기 위해서 우리가 할 수 있는 일을 상의하여 지키자	• 신호병의 이야기 – 용감한 군인상 • 필승의 신념을 동요로 나타냄 • 길의 역할에 대한 이야기 • 우리들이 전쟁에 이기기 위해 할 수 있는 일 • 길을 고친 일
3-1 우리나라와 국제연합	• 한국사변 • 민주주의 국가와 공산주의 국가 • 유엔, 한국사변과 유엔, 우리를 돕는 나라들, 우리나라와 유엔	• 한국전쟁이 진행된 과정 • 공산주의와 민주주의 국가의 특징 • 국제연합의 역할

| 3-3
우리도 싸운
다 | • 전후의 국민생활을 어떻게 해야 되
나?
• 우리나라의 부흥을 위하여 내가 할 일
을 설계하고 실천하자
• 국민으로서의 의무를 다하기 위하여
어떠한 생활을 하여야 하나? | • 승리를 위해 우리들이 할 수 있는 일
토의하기 |

출전: 강창순, 〈한국전쟁기(1950~1953) 사회과 교육 실천에 관한 연구〉, 한국교원대 석사학위논문,
2001, 29~30쪽에서 재인용.

다. 전시 교재는 아동용 교재라고 믿기 어려울 정도로 전투와 반공에
초점을 두었다. 삐라의 메시지나 이미지와 흡사한 교재도 많았다.[90]

1951년 문교부가 발행한 《전시학습지도요항》의 지도 방침, 전시
교재 《전시생활》의 주요 내용을 살펴보면 〈표 6〉과 같다.

부교재 《반공독본》도 '우리나라 건국이념과 민족 전통을 투철히 알
려서 공산주의가 우리 민족과는 어느 모로 보든지 불구대천의 반대임
을 명확히 이해하게 할 것'을 교수 지침으로 내세우며, '반공, 멸공 생
활'을 철저히 할 것을 강조했다. 전시 교재는 주로 편지, 일기, 생활문
형식이 많았는데,[91] 아동의 체험을 담은 일기는 반공 메시지와 함께
동정과 공감을 불러일으켰다.

아버지가 숨어 계시던 안국동에서 빨갱이에게 붙잡혀 끌려가셨다는 소식
을 듣고, 온 집안 식구는 하늘이 무너지는 것 같아 모두 통곡을 하였습니
다. 괴뢰군은 지긋지긋한 총부리로 시민을 노리고, 길가는 사람들의 걸음

소리도 무서움에 떨고, 시민은 모두 얼굴이 창백하였습니다. 죽을 끓여서 하루하루를 살아 나가는 설움보다도, 마음대로 말도 못하는 공포심이 더 슬펐습니다. 공산당은 농촌을 돌아다니며 곡식과 가축을 모조리 약탈하여 가고, 콩, 조, 오이까지 하나하나 세어가는 까닭에 불쌍한 농민은 더 한층 비참한 생활에 빠져버렸습니다. 아버지를 잃은 우리들은 어머니마저 빼앗기고 말았습니다.[92]

전시 교재는 호전적인 가사의 동요를 포함했다. 노래는 교실뿐 아니라 거리로 확산돼 가장 효과적으로 반공 선전을 했다. "지방 유지가 백번 강연하는 것보다도 심리전 장교가 천번 공작하는 것보다도 아이들이 부르는 군가를 통해서 부락민은 점차 사상적으로 유도되어갔다"라는 평가처럼,[93] 노래를 통해 자연스레 반공 이념을 체득하도록 했다. 반공 노래는 삐라로 살포되기도 했다.[94]

〈중공 격멸의 노래〉
통일 독립되려는 우리 민국에
침략자 중공 오랑캐 떼가
징 치고 피리 불며 밀려 내려왔네
아! 대한의 아들딸들아 일어나거라
조국의 한 치 땅도 더러운 발아래 짓밟힐가 보냐
무찌르자 쳐부수자 중공 오랑캐(소련 앞잡이)[95]

다섯째, 가사 교과서는 여학생을 현모양처로 교육하는 데 중점을 두었다. 여학생을 미래의 주부로 상정하여 가정 개량과 가사 노동을 가르쳤다. 가사 노동을 계통화하고 계획화하여 그 표본을 제시했다.

가사 교과서는 가정 개량을 비중 있게 다루었는데, 가정생활의 불편함을 개선하는 데 초점을 두기보다 서양식 가정을 이상적인 모델로 소개하는 데 치중했다. 커튼이 드리워진 침실을 삽화로 제시하고 가구 배치와 벽지나 커튼 선택 방법 등 집안 꾸미기를 주부의 일로 가르쳤다.

이것이 당시 현실과 매우 동떨어진 것이었음은 물론이다. 또 문제는 '명랑한' 집안 분위기를 위해 커튼과 벽지를 바꾸고 침실을 아름답

〈표 7〉 주부의 하루 일과표

시각	주부의 일	시각	주부의 일
6:00	일어난다, 화장, 식사 준비	16:00	저녁 준비
7:30	식사	17:00	상 차리기
8:00	설거지	18:00	저녁 식사
9:00	소제, 정돈	19:00	부엌 정리, 식후 단란
10:00	빨래, 신문, 라디오, 독서, 바느질	20:00	목욕
12:00	점심 준비	21:00	가계부 정리
13:00	바느질, 라디오, 방문, 목욕 준비	22:00	문단속, 취침
15:00	차남 복습 감독, 장 홍정(장보기)		

출전: 표경조·주월영, 《이상적인 가정생활 (고 Ⅲ)》, 장왕사, 1956, 221쪽.

게 꾸미는 일은 소비를 전제로 한 것인데, 여성에게 그 일을 맡겨 여성을 소비 주체로 만들었다는 점이다. '나는 소비한다, 고로 존재한다'는 소비하는 여성 주체는 이런 교육을 통해 만들어졌다.

이것은 '스위트홈'에 대한 환상을 강화하고 왜곡된 가정상을 만들었다. 학교는 가부장의 권위를 존중하고 상하위계를 중시하는 가족 규

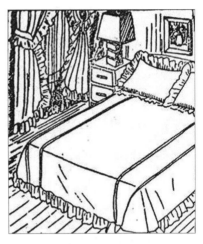

〈그림 5〉 가사 교과서의 실내장식
삽화(표경조·주월영, 《이상적인 가정생활 (고 II)》, 장왕사, 1960, 76쪽)

범을 고유한 '동양도덕'이자 윤리로 가르치는 한편, 가정을 서구식으로 개량하라고 했다. 가족 구성원의 평등한 질서를 무시하고 재래의 가족관계를 '순풍미속'으로 미화하면서 집의 외양은 서구식으로 바꾸라는 것은 스위트홈 담론의 불편한 진실이었다.[96] 케이크 안에 된장을 넣은 것처럼 모순적 방침은 '전통'과 '근대'가 기묘하게 결합된 한국적 모더니티를 보여준다.

또 미용을 독립 단원으로 편성했다. 미용은 '몸을 단정히 하는 부덕의 하나'이자 '부인의 문화생활의 조건'이라고 강조했다.[97] 머리 감기, 머리 염색, 파마, 화장법 등을 소개하고, 한국 여성의 육체미를 보기

<표 8> 한국 여성의 육체미

아름답게 보이는 점	약간 보기 싫다고 생각되는 점
피부가 부드럽고 탄력성이 있으며, 결이 섬세하고 매끄럽다	얼굴빛이 누르다
표정이 섬세한 얼굴	신장에 비하여 머리가 크다
작고 예쁜 입	비교적 다리가 짧다
좁고 탄탄한 어깨	허리가 늘씬하지 못하다
정숙하고 얌전한 동작	외부에 나타난 뼈대가 굵고 두꺼워 보인다
작은 손과 발	광대뼈 있는 데가 넓다
아름다운 젖통	가슴이 넓적하다
	복부에 곡선이 없다
	궁둥이가 작다

출전: 이홍수·윤일섭·유희경·박종환,《고등학교 실업가정과: 모범 고등가정 III》, 서울고시학회, 1958, 183~184쪽.

좋은 점과 싫은 점으로 나누어 제시했다. 교과서는 신장에 비해 머리가 크거나 다리가 짧은 것, 허리가 늘씬하지 못한 것 등을 부정적으로 언급했다. 여성의 몸에 대한 차별적 묘사가 '몸을 단정히 하는 부덕'의 지표로 제시됐다는 점이 놀랍다.

4

국민국가,
학교 그리고
가족

학교와 가족제도의 공모: 입학의 필수 조건, 호적부

흔히 가족은 자연 발생적인 것으로 인식되지만, 제도로서 가족은 사회문화적 구성물이며 국가 사회와 밀접한 관련이 있다. 근대국민국가 시대의 가족은 '낭만적 사랑'을 기초로 탄생한 '애정 공동체'이자 '국민'을 만드는 기관이다. 그렇기에 부모와 미성년 자녀로 구성된 '정상 가족' 규범은 '정상 국가'를 지탱하는 토대로 간주됐다.

국민은 한 국가의 영토 내에 있는 모든 구성원을 가리키는 개념이 아니라 대한민국 〈헌법〉에서 명시한 의무와 권리를 갖는 '주권적 주체'를 말한다. 국민의 자격은 천부天賦가 아니다. 그것은 하늘이 부여하는 것이 아니라, 대한민국의 〈국적법〉과 〈호적법〉의 규정을 받는

다.[98]

〈호적법〉에는 "호적은 시, 읍, 면의 구역 내에 본적을 정하는 자에 대하여 호주를 기준으로 하여 가별家別로 이를 편제한다"(〈호적법〉 제2장 제8조)라고 되어 있다.[99] 호적은 개인의 출생, 혼인, 입양, 사망 등 변동 사항을 가족제도의 틀 안에서 기록해 신분 관계를 증명하는 것이다. 이는 국가의 인구 통치 방편으로 기획됐다. 다음 인용문은 호적 정비의 중요성을 강조한 것인데, 〈호적법〉과 '국민 됨'의 관계를 잘 보여준다.

호적은 국민의 중요한 신분 관계를 증명하는 공정 증서이며, 국민은 반드시 호적이 있어야 하는 것이므로 우리 국민의 신분 관계는 그 본적지에 가서 호적을 일람하면 분명하여지는 것이다. 따라서 국가의 3대 요소의 1인 국민의 파악은 호적에 의하여서만이 가능한 것이다 (…) 우리는 국가 초창草創이어서 질서를 세워야 하고 치안을 바로잡아야 하고 신분 관계를 분명히 하여야 하며 또 우리는 전쟁 중이어서 전력을 만들어야 하고 장병을 전장에 보내야만 하는 엄연한 현실이 있기 때문이다.[100]

이 글의 필자인 법원행정처 법정국장은 호적이 '국민의 중요한 신분 관계를 증명하는 공정 증서'이며, '국민의 파악은 호적에 의해서만' 가능하다고 주장하고 있다. 호적 정비 사업을 '멸공의 탄환'이라 부르며 이것이 '전력戰力의 증강'을 가져온다고 했다. 이처럼 호적은 국민과 비국민을 가르는 일을 했다.

호적이 국민의 신분을 증명하는 것이었기에 그것이 일상에서 발휘하는 힘은 컸다. 학교에 입학할 때, 취직할 때, 각종 증명서 발급과 행정 신고를 할 때 호적 초본은 반드시 제출해야 하는 서류였다. 입학할 때 호적부를 내는 것은 일제강점기부터 시작됐다. 국가 정책을 관철하는 데 학교와 호적부는 매우 중요한 연결고리였기 때문이다. 조선총독부의 창씨개명 정책은 그 대표적인 예다. 많은 반발과 불편함에도 신고 기한 내에 약 80퍼센트가 개명을 했던 데는 학교의 역할이 컸다. 조선총독부가 '창씨를 하지 않는 자의 자제는 각 학급 학교에 입학, 진학하는 것을 거부한다'는 방침을 내려 창씨개명을 강제했기 때문이다.[101]

일제강점기에 시작된 관행은 해방 후에도 이어졌다. 그리하여 호적에 오르지 못한 혼외 출생자, 고아, 〈국적법〉상 외국인 아동 등은 학교에 가기 힘들었다. 일부 지역에서 잡부금 미납자에게 호적 관련 서류를 발급해주지 않았던 것으로 보아,[102] 가난한 집 아동도 입학 서류를 구비하는 일이 쉽지 않았을 것이다. 또 혼인신고를 하지 않은 사실혼 부부의 자녀는 출생신고조차 안 되어 있어 입학하는 데 문제가 있었다. 전쟁으로 호적 자료가 유실되거나 누락된 후 가호적을 만들지 못한 가정의 자녀도 어려움을 겪었다.

문: 군에서 제대한 기혼 남자입니다. 큰아이가 국민학교 입학 연령에 이르

렀는데 아직 혼인 출생 제반 신고를 못하고 있습니다. 원인은 6·25 때 본적지의 호적이 면 청사 소각으로 소실한 후 면에서 소관 법원에서 호적 사무를 복귀해올 때 저의 호적이 누락되었습니다. 그동안 여러 차례 면 계원에게 사유를 말했지만 여러 가지 이유를 붙여 지연시켜오다가 이즈음은 개인이 직접 해야 할 일이라고만 말합니다. 좋은 방법을 말씀해주십시오.

‒ 무적無籍 고민생

답: 누구나 호적이 있어야 혼인신고도 하고 출생신고도 할 수 있는데 6·25사변으로 면사무소에 비치된 호적이 불타서 없어졌다면 법원에 취적就籍 허가를 얻어서 새로 호적을 만들 도리밖에 없습니다. 취적 허가 신청은 멸실 당시의 본적지 면장이 발행하는 재적증명서를 첨부해서 본적지 관할 법원에 제출해야 합니다. 멸실 호적 재제再製 사무에 관해서는 수복 직후 대법원장의 통첩에 의해서 호적 사무를 취급하는 각 시읍면장이 다시 호적을 만들고 있으니 자세한 것은 본적지 면장에게 문의하십시오. ‒ 변호사 민병훈[103]

호적이 없는 아동이 학교에 가려면 우선 부모가 법적으로 혼인 관계에 있어야 했고, 그렇지 않으면 편법을 동원하거나 입양을 통해 호적부에 이름을 올려야 했다. 원칙적으로 호적이 없는 아동은 따로 호적을 만들 수 있었다. "부 또는 모의 호적에 입적할 자를 제외하고 호적의 기재가 없는 자에 대하여 새로 호적의 기재를 하여야 할 때에는 신호적을 편제한다"(〈호적법〉 제3장 제20조)라는 조항에 근거해 호적부가 없는 아동은 새 호적을 만들 수 있었다. 미성년자나 금치산자가 신고할 때는 친권자나 후견인이 대신 법적 절차를 밟아야 하지만, 이마저 여의치 않으면 미성년자도 신고를 할 수 있었다(〈호적법〉 제4장 제30조). 하지만 호적부가 없는 아동과 그 친권자가 법 규정과 절차에 밝지 못해 아이가 학교에 가지 못한 사례가 많았다.

입학할 때 호적 관계 서류를 제출하는 일은 복잡하고 번거로웠다. 입학생은 원서와 함께 거주지 읍·면·동 사무소에서 호적 대조를 받아 증명 서류를 제출해야 했다. 입학시험 시기를 앞두고 시험 수속에 필요한 호적 초본 발급으로 각 구청은 혼잡을 빚는 일이 잦아 일부 지역에서는 합격 후에 호적 초본을 제출하는 방안을 마련했다.[104]

호적부와 관련된 부정이나 실수도 많았다. 담당 공무원이 일일이 손으로 써서 호적부를 작성했기 때문에 담당자가 실수로 출생신고를 잘못하거나 성명을 잘못 표기해 문제가 생기는 일이 흔했다. 또 부모가 원하는 시기에 아이를 학교에 보내려고 담당자를 매수한 사건이 종종 발생했다. 다음 기사는 딸의 조기 입학을 위해 호적을 조작한 사례다.

첫딸을 둔 어머니, 아버지는 어서어서 그 딸을 초등·중등·대학 교육을 마치고 될 수만 있다면 대학원 혹은 외국 유학까지 마치고 직업 부인으로서도 성공하고 결혼도 훌륭하게 시키자는 대망하에 되도록 속히 취학시켜야 된다는 결론을 얻어 그 아이가 만 5세가 될 때에 입학시키기를 원했다. 만

5세가 못 되니 입학 자격이 못 되므로 억지로 자격을 만들기 위해서 호적을 고치기로 작정하고 구청 호적계원을 찾아가서 적당히 문서를 위조하기에 성공하고 1년 먼저 입학할 수 있게 되었음을 젊은 부부는 한없이 기뻐했다.[105]

〈호적법〉은 식민 유산인 호주제와 함께 폐지되지 않았다. 호적은 친족법상의 신분 관계를 밝히는 서류인 동시에 국민의 신분을 증명하는 '공정 증서'였다. 국가가 학교를 통해 '정상 가족'을 만들고 그 규범을 규율화하는 데 호적은 매개 역할을 했다. 국가 교육기관인 학교에 입학할 때 호적이 필수 서류였던 까닭은 이 때문이다. 그 탓에 친족법에 편제되지 못한 아동은 학교에 가기 어려웠다.

학교에 가지 못한 아이들: 고아, 사생아, 혼혈아

대한민국 공교육 시스템 밖에는 어떤 아동이 있었을까? 의무교육 시대가 왔지만 학교에 가고 싶어도 갈 수 없는 아동이 있었다. 혼외 출생자나 사실혼 부부의 자녀, 고아, 혼혈아, 〈국적법〉상 외국인 자녀 등은 쉽게 입학할 수 없었다. 가장 큰 걸림돌은 호적부였다. 1969년 무호적자 자진 신고에서 드러난 사실을 보면, 서울시에서 호적이 없는 사람은 2만 4141명이었다.[106]

전쟁으로 크게 늘어난 고아는 고아원에 수용되거나 여기저기 떠도는 생활을 했다.[107] 생존이 절박한 상황에서 교육은 우선순위에서 밀려나기 일쑤였다. 호적은 이들을 더 힘들게 했다. 고아는 입양 수속을 밟거나 독립 호적을 만들 수 있었지만, 실제로는 호적이 없는 아동이 많았다. 고아원에 수용된 아동이 입양이 되면 정부 지원금의 규모가 줄어들어 고아원 경영자가 이를 꺼렸던데다가[108] 호적부를 만드는 비용이 부담이었기 때문이다. 1967년 통계를 보면 전국 고아원의 고아 가운데 약 60퍼센트가 호적이 없었다.

우리가 여태껏 알기로는 사회사업 시설에 수용되어 있는 고아들은 독립 호적을 만든다든지 입양 수속을 한다든지 해야 대개가 취적이 되는 줄로만 알고 있었는데, 보사부 집계에 의하면 **67년 말 현재 전국 고아원에 수용된 약 6만 8000명 고아 중 그 60퍼센트가량이 호적을 갖지 않고 있는 실정**이라 하니 실로 놀랄 만한 일이 아닐 수 없는 것이다. 보사부의 말로는 머지않아 수용 고아들에 대해서는 완전 취적이 되도록 하겠다고는 하나 취적 수속비가 워낙 비싸서 고아원 경영자들에게는 그것도 짐이 된다고 하니 무슨 딴 대책이 마련되어야 할 것이 앞서야 하겠다.[109]

집 없이 거리를 헤매고 있는 고아, 아버지는 술 중독으로 죽고 어머니는 쥐약으로 자살한 고아를 발견하고 3개월간을 남몰래 먹을 것과 입을 것을 마련하고 극진히 길러오던 두 미군 하사관이 **이제 적령이 된 그 아이를 막상 국민학교에 입학시키려다가 '호적' 관계 서류가 없어 여기저기 관계 기관**

에 선처를 호소하였으나 뜻대로 되지 않아 고민하고 있다. … 이 두 미군은 고아 소년을 '맥'이라고 이름 짓고 소년을 근처 영등포국민학교에 데리고 가서 입학 수속을 하려 했다. 그러나 학교에서는 기류계, 생년월일, 호적 등이 없다고 그대로 거절하며 시청에 가서 문의하라고 했다. 계부 밑에서 자란 미군은 자신이 미국에 돌아가더라도 그 소년을 대학까지 졸업할 수 있는 돈을 한국 정부에 맡기고 가겠다고 했다.[110]

이러한 어려움 때문에 고아는 대부분 정규 학교에 가지 않고 따로 고아원에서 교육을 받았다. 하지만 교육 프로그램을 운영하는 고아원은 일부였고, 그마저도 정식 교육기관이 아니었기에 상급 학교에 진학할 때 애를 먹었다. 1953년 정부는 고아원에 인근 국민학교의 분교를 설치하는 등 자구책을 마련했지만, 혜택을 받을 수 있는 아동은 소수에 불과했다.

전재戰災고아들에게도 향학의 문이 드디어 열렸다. 즉 과거부터 공사립 고아원에서 교육을 받아오던 전재고아들은 정상적인 초등교육을 받고도 원외 진학을 희망할 경우에 학교 당국은 고아원 내의 수업 자격은 인정하지 않는다 하여, 특히 중등학교에 입학할 수 없게 되어 사회부 당국은 문교부 당국에 여사한 폐단을 일소하며 전재고아들에게도 향학의 문을 열어달라고 청하였든 것인데, 이번 문교부 당국은 다음과 같이 조치를 취했다고 한다. 문교부 당국은 각 공사립 고아원 원내 학교를 심사한 다음 근방 국민학교의 분교를 위 당 고아원 내에 설치함으로써 고아들의 정상적인 국민 학교 졸업 자격을 인증하게 됐다고 한다. 이 조치에 의하여 문교 당국은 제1차로 시내 행복산고아원 내에 토성국민학교 분교를 설치할 심사를 완 료했다고 한다.[111]

'사생아私生兒'도 입학에 어려움을 겪었다. 사생아는 가족법의 '사 생자私生子'와 동일한 용어로 혼외 출생자를 의미한다. 일제강점기 구 민법과 정부 수립 후 제정된 신민법은 모두 남성이 혼외 출생자를 자 기 자식으로 인정하면 서자로 입적할 수 있었기에 사생아는 상대적으 로 여성의 혼외 출생자가 많았다.[112]

일제강점기부터 이들은 호적 문제로 학교에 갈 기회를 박탈당했다. 이 때문에 정규 학교에 다니지 못하거나 거짓으로 다른 사람의 호적 에 올려 입학 서류를 꾸미기도 했다. 1932년 한 신문은 '죄 없는 자식 까지 사생자라 하여 이를 천대하고 차별하는 것은 봉건적 폐풍의 유 물'이라고 꼬집었지만, 그 후로도 수십 년 동안 폐풍은 계속됐다.

사생자가 되어 남의 호적을 얻어 가지고 학교에 입학했더니 이것을 안 학 교 당국은 거짓말을 했다고 권고 퇴학. 학교는 거짓을 꾸몄다고 퇴학시켰 으나 그 실은 사생아라고 퇴학시킨 것이 분명. (…) 사생아라고 호적등본 을 해 보내면 입학 때에 거절했을 것이 명료. 그러면 이 사생아는 학교에 도 들어갈 수 없단 말인가? 정식 결혼은 하고 그 자식까지 돌아보지 않은 부父의 책임은 물론 중하지만 죄 없는 자식까지 사생자라 하여 이를 천대하고 차별하는 것은 봉건적 폐풍의 유물."[113]

사실혼 부부의 자녀도 법적으로 사생아와 다를 바 없었다. 1923년 구민법은 법률혼주의를 채택하여 사실혼 관계를 인정하지 않았다.[114] 결혼식을 해도 혼인신고를 하지 않으면 부부로 인정받지 못했고, 결혼식은 안 해도 혼인신고를 하면 공식 부부가 되어 그 자녀가 법의 보호를 받을 수 있었다. 1950년대까지도 신고를 하지 않고 그냥 사는 부부가 많아 이로 인해 여러 문제가 발생했다. 혼인신고를 하지 않으면 출생신고도 할 수 없기 때문에 그 자녀가 취학할 수 없었다. 물론 뒤늦게라도 혼인과 출생신고를 하면 문제가 없었지만, 사실혼 부부가 같이 살다가 헤어지거나 갑자기 남편이 사망하면 해결 방안이 없었다. 이 경우 혼인신고 자체가 불가능하기 때문에 그 자녀는 어머니의 혼외 출생자가 되어버렸다. 다음 사례는 사실혼 부부의 자녀가 처한 어려움을 보여준다.

문: 결혼생활 18년 만에 남편이 사망하여 지금까지 혼인신고를 하지 않았는데, 아들의 입학을 위해 혼인신고를 지금 할 수 있는지요? 그리고 사생아의 출생신고 절차는 어떤지요?
답: 원칙적으로 혼인신고는 할 수 없습니다. 그러나 6·25동란 때 입대한 사람으로 입대할 때 자기의 혼인신고를 다른 사람에게 위탁한 사실이 있

는 사람은 지금이라도 가능합니다. 사생아의 출생신고는 모의 혼인외자婚姻外子로 해당 구청에 출생신고를 하시고 그 후에 검사를 상대로 부父의 혼인외자에 대한 인지認知의 소訴를 가정법원에 제기하면 됩니다.[115]

문: 아버지가 결혼한 지 몇 날 안 되어 6·25동란으로 출정하는 동시 피난 생활로 인하여 86년[116] 7월 전사 통지를 받을 때까지 혼인신고도 못했고, 또 소생이 84년[117]에 출생하였으나 출생신고도 못한 채 어머니는 재가해 버리고 저는 호적이 없는데, 어떻게 하면 호적에 오를 수 있을까요?
답: 모친이 재가를 안 했다면 법원에 '혼인신고 확인 소송'을 제기하여 서자로서 입적하는 방법도 있으나 현재 상태로 할 수 있는 길은 군의 외가 쪽의 양해 밑에 '사생아'로 입적하는 수밖에 없습니다.[118]

동성동본 부부의 자녀도 사정은 마찬가지였다. 〈민법〉의 동성동본 금혼 규정 때문에 부모가 자녀의 출생신고를 꺼리는 일이 많았다. 원칙적으로 동성동본인 남녀가 결혼을 하면 혼인신고를 할 수 없지만, 아이는 혼인 외 출생자로 아버지의 성을 따서 출생신고를 할 수 있었다. 하지만 '국내에 있는 동성동본의 혼인자로서 자녀를 낳았으나 혼인계와 출생계를 못 내고 있는 이가 무려 1만여 명에 달한다'는 기사처럼,[119] 혼인신고와 출생신고를 안 한 사람이 적지 않았다. 혼인 외 출생자로 호적부에 오를 수밖에 없는 현실이 달가울 리 없었을 것이다. 이런 이유로 동성동본 부부의 자녀는 입학에 어려움이 있었다.

한국전쟁 후 급증한 혼혈아는 호적이 없는 아동이 많았다. 이들은 사회적 차별, 경제적 열악함, 호적 등의 문제로 학교에 가는 것이 쉽지 않았다. 부계 혈연주의가 강한 한국에서 혼혈아는 사회적 배제와 혐오를 받으며 오랫동안 '내부의 외부자'로 존재했다. 1961년 서울시의 장애아 조사에서 신체장애아를 지체장애아(절단 및 마비), 시청각장애아(맹·농아), 정신장애아(정신병·정신박약·간질병), 언어장애아(말더듬이·언청이)로 분류하고, 혼혈아를 '사회적 장애아'로 분류할 정도로[120] 이들을 사회적 결함이 있는 존재로 인식했다.

혼혈아는 해방 후 미군이 진주하면서 등장해 한국전쟁을 계기로 크게 늘었다. 전쟁 중이던 1952년 전국의 혼혈아 수는 356명이었고,[121] 1959년 1000명을 넘어섰다. 혼혈아의 수와 거주지를 조사한 통계를 보면 〈표 9〉와 같다.

이 표를 보면 미세한 차이지만 남아가 여아보다 일반 가정에 거주하는 비율이 약간 높다. 혼혈아를 피부색에 따라 분류해 조사한 것은 매우 차별적인 방식인데, 이것이 시사하는 점도 있다. 상대적으로 백인계 아동보다 흑인계 아동이 시설에 수용된 비율이 높다. 차별과 배제의 대상이었던 혼혈 아동이 젠더와 인종에 따라 또다시 위계화됐다는 것은 되새겨야 할 문제다. 가부장주의와 인종차별주의가 착종된 모순 지대에 놓여 있던 혼혈아는 사회적 멸시 속에서 큰 고통과 어려움을 겪었다.

정부는 이들에게 온정을 베풀어달라고 호소했지만, 지원 대책은

〈표 9〉혼혈아 실태 (1955~1960)

(단위: 명)

		총수			일반 가정		영유아원		모자원		기타 기관	
		총수	남	여	남	여	남	여	남	여	남	여
인종	백인계	746	384	362	333	293	14	33	–	–	37	36
	흑인계	285	157	128	96	72	27	22	–	–	34	34
	기타	44	27	17	27	17	–	–	–	–	–	–
	총수 (1960년)	1,075	568	507	456	382	41	55	–	–	71	70
연도	1955	439	244	195	183	144	60	51	1	–	–	–
	1956	538	266	272	168	183	98	89	–	–	–	–
	1957	355	192	163	99	84	42	44	51	35	–	–
	1958	701	372	329	284	239	81	80	–	–	7	10
	1959	1,023	555	468	472	377	81	89	–	–	2	2
	1960	1,075	568	507	456	382	41	55	–	–	71	70

출전: 보건사회부,《보건사회통계연보》, 1960, 402~403쪽.

많지 않았다. 역점 사업이라면 이들을 해외로 보내는 입양 정책뿐이었다.[122] 주로 아버지가 미군인 경우가 많아 다수의 아동이 미국으로 입양되었다. 1955년 59명에 불과하던 아동은 1960년에 열 배가 넘었다. 누적 인원을 따져보면 6년간 3525명이 대한민국을 떠났다.[123]

정부는 혼혈아만 수용하는 고아원을 만들었고,[124] 민간단체는 '혼혈아학교' 설립을 추진했다.[125] 전문가는 차별을 피하고 학습 능력이 '일반 학생'과 다른 혼혈아를 위해 학교를 따로 만드는 것이 필요하다고 했다. 학교를 만들더라도 호적 문제는 골칫거리였다.

문교부 정鄭 보통교육국장실에 나타난 한 신사가 '혼혈아학교를 하나 세워볼 생각'이라고 명함을 내놓고 나갔다. 정 국장, "좋긴 하지만 곤란한 문젠데" 하곤 씁쓰레한 표정. 정 국장의 곤란한 사연인즉, **"첫째, 호적부터 만들어야지요. 다음은 호적을 만들자면 성姓이 있어야 하는데, 그것도 없으니 딱하고. 모계母系를 따른다면 몰라도 (그것도 안 될 말이지만) 우리나라 호적에 '스미스'니 '와싱튼'이니 할 수도 없고.** 사생아로 취급한다면 문교부가 창성創姓 사무까지 봐야 한다."[126]

초기에 정부는 대한민국 〈헌법〉과 〈국적법〉을 근거로 혼혈아가 의무교육을 받아야 하며 별도의 학교는 인정할 수 없다는 입장이었다.[127] 1959년 3월 문교부는 '전국에 1146명으로 헤아리는 백, 흑, 황색 혼혈아 중에서 초등학교 취학 연령에 달하는 어린이로서 대한민국의 국적을 가진 어린이는 지체 없이 인근 학교에 취학시켜서 일반 어린이와 차별 없이 국민교육의 의무를 다할 것'이라고 밝혔다.[128] 그리고 이에 대한 법적 해석을 덧붙였다. 〈국적법〉에 따라 우리나라에서 출생한 혼혈아는 〈헌법〉 제16조의 규정대로 의무교육을 받아야 한다고 했다.[129] 1948년 12월 공포된 〈국적법〉은 다음과 같이 국민의 요건을 규정했다.[130]

제1조: 본 법은 대한민국의 국민 되는 요건을 규정한다.

제2조: 다음 각 호의 일―에 해당하는 자는 대한민국의 국민이다.

1. 출생한 당시에 부父가 대한민국의 국민인 자

2. 출생하기 전에 부가 사망한 때에는 사망한 당시에 대한민국의 국민이 던 자

3. 부가 분명하지 아니한 때 또는 국적이 없는 때에는 모母가 대한민국의 국민인 자

4. 부모가 모두 분명하지 아니한 때 또는 국적이 없는 때에는 대한민국에 서 출생한 자

대한민국에서 발견된 기아棄兒는 대한민국에서 출생한 것으로 추정한 다.

〈국적법〉은 아버지가 대한민국의 국민인 사람의 자녀를 국민으로 규정했기 때문에 어머니가 대한민국 국민이어도 아버지가 외국인이 면 그 자녀는 국민이 될 수 없었다. 아버지가 분명하지 않을 때 대한 민국 국민인 어머니의 국적을 따를 수 있었고, 부모가 모두 분명하지 않을 때는 출생지를 따랐다. 혼혈아는 어머니의 국적을 따르거나 출 생지를 따르면 대한민국의 국민이 될 수 있었다.

문제는 호적이었다. 혼혈아는 어머니의 호주가 동의하면 어머니의 성과 본을 따서 입적할 수 있었고, 독립 호적을 만들 수도 있었다. 하 지만 이들의 어머니가 자신의 가족(호주)과 연락을 끊고 지내거나 혼

혈아 자식을 숨기려 했기 때문에 이마저도 쉽지 않았다.[131] 더구나 혼혈아의 어머니는 많이 배우지 못하고 경제적으로 열악한 처지에 놓인 여성이 많아 아이를 입적시키고 교육하는 데 소극적이었다. 혼혈 아동에 대한 교육은 그 어머니 교육과 병행해야 된다는 주장이 제기됐지만,[132] 현실적으로 실현하기 어려웠다.

미군 진주와 6·25동란의 유산인 혼혈아는 올해로 성년을 맞는다. 그러나 많은 혼혈아들의 출생이 모호한 것처럼 그 수도 분명하지 않다. 보사부에서 도별 보고에 기초를 둔 작년 말 통계에 의하면 전국의 혼혈아 수는 1378명, 대부분이 미국계. 그러나 국내 사회사업가들은 그 수를 2500~3000명, 외원外援 기관에서는 5000명 내외로 보고 있다. 이처럼 실태 파악이 어려운 것은 **혼혈아가 대부분 사생아로 무적無籍 아동이 많고, 그 어머니의 생활 근거가 유동적이며, 한국 사회가 혼혈아를 백안시하여 어머니는 그들 자녀에 관한 조사에 응하기 싫어한다는 사실** 등에 기인한다.[133]

이런 이유로 혼혈아는 호적이 없는 무적자가 많았고, 학교 문턱은 그만큼 높았다.[134] 물론 자녀를 학교에 보내기 위해 갖은 방법을 강구해 호적을 만든 사례도 없지 않다.[135]

임춘자 씨의 아들 태수 군이 용산국민학교에서 306명의 여러 어린이들과 함께 '가갸거겨'를 배우고 있었다. 태수 군은 아직 성姓조차 가지지 못하고

<그림 6> 해외로 입양되는 혼혈아, 1956(국가기록원 소장)

있어서 외조부의 성을 임시로 빌려 김태수로 학적부에 올려 있었다.

혼혈아에 대한 사회의 차별과 배제는 교실에서도 예외가 아니었다. 혼혈아는 학교에 다니더라도 놀림이나 따돌림을 받기 일쑤여서 아예 입학을 기피하거나 자퇴하는 비율이 높았다. 1959년 한 신문은 경상북도에서 취학 연령 혼혈아 59명 중 두 명만 학교에 다니는 이유가

'깜둥이니 흰둥이니 하고 손가락질을 하는 일반의 이단시 경향으로 보호자가 아이를 취학시키지 않는 까닭'이라고 분석했다.[136] 또 2009년 실태 조사에서도 혼혈인(한국전쟁 이후부터 1982년 이전까지 출생자)은 '학교에서 받는 차별과 따돌림'을 가장 큰 고충으로 꼽았다.[137]

이처럼 국가의 국민교육 기관인 학교는 가족제도와 긴밀한 관계에 있었고, 이는 가족-호적의 '사각 지대'에 놓여 있던 아동의 입학을 어렵게 했다. 호적부에 오르지 못한 아동은 비인가 학교에 다니거나 아예 입학을 포기(당)했다. 이로 인해 더욱 문화자본이 취약한 처지에 놓였다. 국가-학교-가족의 공모 시스템은 '고아', '사생아', '혼혈아'라는 사회적 낙인과 차별을 제도적으로 뒷받침했다.

정치의 파고,
학교를 휘감다

1
해방의 에너지,
교실 분위기를
바꾸다

I

해방의 에너지,
교실 분위기를
바꾸다

한글을 국어로

1945년 9월 8일 삼팔선 이남에 진주한 미군은 군정을 선포하고 9월 17일 〈일반명령 제4호〉를 발표해 교육에 관한 조치를 내렸다. 미군이 사용하는 일부를 제외하고 대부분 학교는 다시 학생을 맞았다. 해방의 기쁨과 신교육의 희망이 뒤섞여 교실은 활기를 되찾았다.

어린 학생은 해방 직후 낯선 상황에 '정신이 멍멍해지는 충격'을 느꼈다. 해방의 기쁨을 표출해도 되는 건지 표출해선 안 되는 건지 헷갈렸다.[1] 선생님에게 어제까지 듣던 얘기와 정반대 얘기를 들으며 눈앞에 벌어진 상황을 어림짐작했다. 거리에는 수많은 어른이 쏟아져 나와 "좋다"를 연발하며 덩실덩실 춤을 추는 광경이 펼쳐졌다. 학교에서도 종이 태극기를 들고 시가행진을 했다. '반자이萬歲(만세)' 대신 "우리말로 만세를 부르니 기분도 달랐고 낯선 진정성 같은 것"이 느껴졌다.[2] 비로소 해방을 만끽했다.

뒤바뀐 세상 소식을 가장 빠르게 전한 것은 소문과 삐라였다. 미 공군은 한글과 일본어 삐라를 뿌려 일본의 무조건 항복과 미군정 실시를 알렸다. 사실과 뒤엉킨 소문도 전국을 뒤덮었다. '친일 순사가 모조리 도망을 쳤다', '시내 일본인이 한곳에 갇혀 있다', '학생이 일본 신사를 파괴했다', '학부모가 몽둥이를 들고 친일파 교장을 찾아갔는데 교장이 속옷 바람으로 야반도주를 했다'[3] 등등의 얘기가 돌았다.

무엇보다 언어의 변화는 권력의 변화를 실감하게 했다. 해방 직후 교실의 풍경을 보자.

그때는 해방이니 독립이니 생소한 낱말을 사용하며 그전과는 정반대되는 얘기를 하여 무엇인가 세상이 크게 달라졌다는 실감을 다시 갖게 됐다. 조회가 끝난 후 우리는 교실로 돌아왔다. 담임인 니시하라西原 선생이 들어와 칠판에 커다랗게 이종환李鍾煥이라고 한자로 판서를 하더니 이종환이라 발음을 하고 나서 이것이 나의 이름이니 그리 알라고 했다. 그러고는 각자 집에서 부르는 이름과 성을 대라고 했다. 돌아가며 출석부 번호 순서대로 자기의 성명을 밝혔다. 이렇게 기이한 통성명을 통한 이름 찾기가 해방 이후 우리가 치른 첫 의식儀式이었다.[4]

일본어를 국어로 공부하던 학생은 이제 한글을 배우게 됐다. 가정에서는 조선말을 써왔지만, 막상 학교에서 한글로 읽고 쓰는 것을 배우자니 어려움이 적지 않았다. 특히 1941년 조선어 과목 폐지 이후 입학한 학생은 새로 한글을 배워야 했다.

문제는 교과서였다. 해방 뒤 일본어 교재를 불태웠지만 이를 대체할 한글 교재가 없었다. 조선어학회는 새로운 임시 교재를 편찬할 목적으로 '국어교과서편찬위원회'를 만들었다. 미군정은 9월 16일 교육 자문기구 '한국교육위원회'를 발족했고, 다음 날 조선어교육 실시를 명했다. 당장 사용할 조선어 교재가 없어 학교에서는 조선어학회의 기관지인《한글》이나 진단학회 등이 개발한 교과서를 임시로 썼다. 그 뒤 처음 사용하게 된 교과서가 1945년 11월 초 조선어학회가 발행한《한글 첫걸음》이었다. 잇달아《초등 국어 교본》이 발행됐다.[5]

일본인은 물러갔지만 일본말은 바로 사라지지 않았다. 출석을 부르면 "하이はい"가 "네"보다 먼저 튀어나왔다. 일본어를 대체하는 우리말이 없을 때는 더 곤란했다. '차려'라는 구령은 우리말이 없어 일본식 한자어 '氣著(차려)'에 우리말 음 '기착'을 달아 썼다. 우리말과 일본말을 조합한 신조어도 등장했다. 아이들은 돈이라는 뜻의 '가네かね(金)'를 활용해 "돈이 때굴때굴 궁글러 가네"라거나, 곰을 가리키는 '구마くま(熊)'를 넣어서 "곰이 어슬렁어슬렁 걸어오는 구마"라며 말놀이를 했다.[6]

그러나 말의 뒤섞임 현상은 어린아이의 말놀이쯤으로 쉽게 넘길

〈표 10〉 일본어 잔재와 우리말

일본말	우리말	비고
견물見物	구경, 구경꾼	
견지見地	관점	
결석계缺席屆	결석 신청서	
계단階段	층층대, 층계	
고급高級	상등	
고장故障	탈	
공급하다供給ス	대어주다, 바라지하다	
공람供覽	보여드림	
괴뢰傀儡	꼭두각시, 허수아비	
교번소交番所	순검막	순검이 일을 보던 막
국판菊版	책의 판 크기	
급사給仕	사환	
기도企圖	계획	
시도로모도로ジドロモドロ	귀둥대둥, 횡설수설	
시종始終	늘, 항상	
이지메イジメ	괴롭힘, 들볶음	

출전: 문교부, 《우리말 도로 찾기》, 1948.

일이 아니었다. 새로운 국민국가를 형성하고 민족 정체성을 수립하는 과정에서 국어의 제도화는 꼭 필요한 과제였다. 언어는 현실을 투명하게 반영하는 도구가 아니라 현실 권력과 밀접한 관련이 있기 때문이다. 이에 일상에 밴 일본말을 뿌리 뽑고 우리말을 사용하자는 운동이 전개됐고, 일본어를 대체하는《우리말 도로 찾기》가 발간됐다. 하지만 오랜 관행이 쉽게 사라지지 않았다. 현재까지 일본식 표현인지 모르고 사용되는 어휘가 상당하다.

귀환 학생, 월남 학생

해방이 되자 해외에 거주하던 조선 사람이 돌아왔다. 주로 강제징병·징용자, 독립운동가, 생업으로 이주한 사람 등이었다. 1945년 8월 15일부터 12월 말까지 귀국한 사람은 정식 수속을 밟은 사람만 122만 627명이었다. 일본에서 온 사람이 111만 9574명(91.7퍼센트)으로 가장 많았고, 중국과 만주 6만 9944명(5.7퍼센트), 필리핀과 남양군도 1만 4162명(1.2퍼센트)이었다.[7] 그 후에도 귀환 행렬이 계속되어 귀환자가 300만 명에 달했다.

　귀환자는 주로 배를 타고 인천이나 부산에 도착했다. 그러나 모든 일이 쉽게 풀리진 않았다. 수송선이 마련될 때까지 여러 날 대기하다가 수많은 인파에 뒤섞여 배를 타야 했다. 일부 부유한 사람은 자기 돈으로 배를 구해 따로 귀국했지만, 소수 가족 단위로 이동했기 때문에 더 위험한 상황에 처했다. 작은 배를 탔다가 사고가 나거나, 소매치기나 도둑놈이 끓는 상황에서 돈 보따리를 빼앗기기 일쑤였다.

　우리 배를 하나 사가지고 오사카에서 출발해서 오다가 우리 배가 침수하기 시작했어요. 그래가지고 대마도 가가지고 거기서 좌초해버렸죠. 그리고 우리가 사온 배는 결국 못 쓰고 (…) 그래도 또 돈이 있으니까 우리가 거기서 돈을 주고 부산까지 왔는데, 부산 오자마자 그 덤비는 뭐라 그럴까? 바다 도둑놈들이 있어 가지고 돈도 많이 잃었어요. - 박영대

귀환자는 호열자(콜레라), 파라티푸스, 말라리아 등 전염병에 노출되어 있었고 일부는 사망하거나 위독한 상태에 빠졌다.[8] 이런 일이 잦아 입항하면 바로 검역을 받았고, 임시로 수용소에 머문 뒤 자기 정착지로 돌아가는 절차를 밟았다. 검역 과정이 까다로워 배 안에서 방역을 마칠 때까지 며칠 머무는 경우가 많았다.

수용 시설에서 나오더라도 당장 거주할 데가 마땅찮아 길거리에서 노숙하는 이도 있었다. 미군정은 1946년 3월 서울 남산 밑 일본육군 병영 자리(현 장충단공원)에 전재민구호연합회 본부 수용소를 설치했는데, 불과 3개월 만에 수용 가능 인원을 넘어섰다. 원래 수용소는 직업과 거처를 마련하기 전까지 임시로 머무는 곳이지만, 이것이 여의치 않은 사람들이 나가지 않았기 때문이다. 다시 마포구 대흥동에 제2수용소를 만들었으나 이곳도 곧 포화 상태가 됐다. 수용소는 비좁고 병에 걸린 사람이 많았으며 위생 상태도 엉망이었다.[9]

미군정은 새 주택을 건설하고 적산 건물을 알선해 싸게 임대한다는 방침을 세웠지만, 이 역시 재정 부족과 모리배의 장난으로 제대로 실현되지 못했다.[10] 미군정의 구호만 기대할 수 없었기에 해외 귀환자

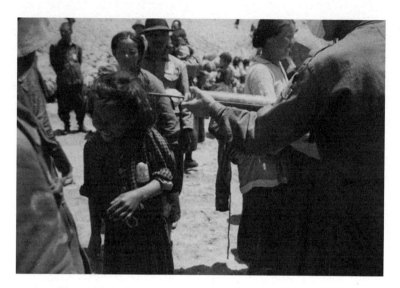

〈그림 7〉 인천으로 귀환한 소녀에게 소독약을 뿌리는 모습, 1948(미국국립문서기록보관청 소장)

와 월남민을 돕기 위한 민간 원조 단체가 생겨났고, 학생 구호를 위해 '조선학생후원회'가 발족했다. 조선학생후원회는 식사부, 보건부, 문예부, 모범학사 등의 기구를 만들고 가입 회원에게 생활을 지원하겠다고 밝혔다.[11]

거주지에 정착한 귀환 학생은 학교에 들어갔지만, 교실 부족으로 어려움을 겪거나 우리말이 서툴러 고생을 했다. 이런 사정 때문에 1946년 미군정청 문교부는 특별히 귀환 학생의 편의를 봐주겠다는 담화를 발표했다. '계속하여 귀국하는 학생을 위하여 2부제나 혹은 야학부도 설치할 계획'이며 신학기에 입학할 수 있도록 주선하겠다고 했다.[12]

일부 지역에서는 해외 귀환 학생을 과거 일본인 학교에 배정했다. 일본 학생이 떠난 빈 학교에 이들을 보낸 것이다. 일본인 학교는 조선인이 다녔던 학교보다 시내 중심지에 있었고 수영장 등 좋은 시설을 갖추고 있었다. 하지만 이 학생들은 일방적인 배정으로 학교 선택권을 보장받지 못했고 갑자기 학교를 옮기는 불편을 감수해야 했다.

아버님이 원래 서석국민학교를 다니셨기 때문에, 거길 졸업하셨기 때문에 아들도 거기 후배로 만들려고 서석국민학교를 넣었어요. (…) 1학년 조금 있다가 중앙국민학교라고 있거든요. 그쪽으로 다 옮겼어요. 왜 옮기게 됐는고 하니 일본 사람들이 있다가, 일본 사람들 학교가 중앙국민학교거든요. 거기가 일본 사람들 다 철수해버리니까 학교가 비어버리잖아요. 말하자면 중국에서 왔거나 아니면 일본에서 왔거나, 소위 외국에서 온 사람들을 다 모집을 해다가 중앙국민학교에 넣어서 수를 채웠어요. - 박신철

귀환 학생의 가장 큰 어려움은 언어였다. 일본이나 중국에서 태어난 학생은 우리말이 서툴러 놀림을 받거나 학교 수업을 따라가기 어려웠다. 특히 일본에 살았던 아이들은 집과 학교에서 모두 일본말을 썼기에 한국에 돌아와 적응하는 데 시간이 걸렸다. 학교 수업뿐 아니라 친구와 대화도 쉽지 않았다. 이런 어려움 때문에 일부는 학교에 가지 않고 집에서 자습을 하거나 교회에서 한글을 배워 정규 학교에 진학했다.

우리말 좀 서툴렀죠. 그래서 국민학교도 제대로 졸업하는 둥 마는 둥 그래 했어요. 그래서 잘 어울리지를 못했죠. 대구 수창국민학교 들어갈 때만 하더라도 말이 서툰 기야. 우리말이 어려웠던 모양이야. 수창국민학교, 그때 내가 3학년으로 편입하려고 그랬거든요. 학교 갔다가 말도 제대로 안 통하니까 집에 와서 자습을 했죠. 집에서 자습해가지고 중학교 들어가고, 경북고등학교도 그래 들어갔어요. - 박영대

북한에서 내려온 월남 학생도 전재 학생으로서 어려움을 겪었다. 해방 후부터 전쟁 전까지 월남한 사람 수는 통계마다 큰 차이가 있다. 1945년에 월남한 인구는 약 25만 명으로 추정되며, 1946년부터 1948년까지 약 46만 4000명이 삼팔선을 넘어 남쪽으로 왔다.[13] 월남인은 북한 출신도 있지만 중국이나 만주에서 거주하다가 북한을 거쳐 남쪽으로 온 사람도 있었다.[14] 한국전쟁 중 월남한 사람은 대략 60만 명으로 추정된다.

초기에는 '북조선임시인민위원회'의 토지개혁과 재산 몰수에 불만을 가지고 내려온 사람이 많았다. 1947년 이후에는 정치사상적 이유 외에 생활난, 귀향, 취업, 상업 활동, 학업 등 다양한 동기로 월남했다.[15] 전쟁 중에는 '1·4후퇴' 때 공습을 피하려고 남하한 사람이 대부분이었다.[16]

1·4후퇴 때 많은 이산가족이 발생했다. 북한에 가족을 두고 급히 피신했다가 다시 고향에 돌아가지 못했고, 군용선(LST)을 타려다가 인

산인해를 이룬 부두에서 생이별을 했다. 같이 길을 나선 형제자매가 폭격에 사망하거나 헤어졌고, 갓난아이를 업은 어머니는 자식을 찾아 발길을 되돌렸다가 소식이 두절됐다. 소설이나 영화보다 현실이 훨씬 참혹했다.

둘째 동생 창호는 대동강도 함께 건넜으나 하도 사람들이 밀려서 먼저 선교리로 가라고 억지로 쫓아 보낸 것이 마지막이 되었고, 막내를 등에 업었던 어머니는 (…) 당신 아들이 역전에서 울고 다니더라고 했더니 그 길로 선교리로 되밟아 올라가는 것을 보았다고 하나 만나지 못하고 말았다. 그리고 손아래 동생 낙홍이는 폭격을 맞아 죽은 것이 확실하나 아버지의 어정쩡한 말씀만 들었을 뿐이지 확인할 길은 없었다.[17]

가족과 헤어진 수많은 '흥남부두의 금순이'는 낯선 땅에서 극심한 고통을 겪어야 했다. 학교는커녕 혹한에 거주할 데가 없어 이곳저곳을 떠돌았고 굶주리는 일이 예사였다. 한 신문 기사는 월남 여학생의 참혹한 생활상을 이렇게 전했다.

시내 종로경찰서 김형진 서장은 사복으로 관내를 순시 중 길에서 만난 친지로부터 우연히 들은 38 이북 여자 고학생들이 시내 원동에 집을 한 채 빌려가지고 공동 자취로 추위와 싸우며 있다는 말을 듣고 곧 그곳을 찾았다. 가보니 17~18세 되는 여학생 십 수 명이 냉방에서 강밀밥을 먹고 있는 것을 보고 동정심에 곧 밖으로 나가 백미 두 말과 소고기 다섯 근을 사서 보내준 일이 있었는데, 이게 요즈음 일반에게 알려지게 됐다.[18]

자력으로 생존하기 어려운 월남 학생은 우익 정치인과 정치 단체 그리고 종교 단체의 도움을 받았다. 1946년 남조선국민대표민주의원 함상훈 공보부장은 "서북 학생으로서 남조선 학교에 입학 또는 전학을 하려 하나 증명서가 없어서 수속하지 못하는 사람은 본원의 추천이나 군정청 문교부의 증명으로서 가능하다"라며 입학 수속을 밟는 데 편의를 제공하겠다고 밝혔다.[19] 우익계 지원 단체인 전재학생원호회, 서북학생원호회 등은 학생 단체와 함께 '전재학생원호회연합회' 결성을 결의하고, 학생의 식량을 적량 배급·확보할 것, 생필품과 학용품을 배급할 것, 적산 건물에 학생 기숙사를 만들 것, 고학생의 직업을 알선할 것, 학생 실비 식당과 실비 병원을 설치할 것 등 여덟 개 조항을 서울시에 요구했다.[20] 후원회는 학생의 생활 안정을 동포애에 호소했다.

시내 광화문통 구 동아일보 사옥 내에 있는 서북학생후원회에서는 다음과 같이 외치고 있다. 여름방학이 되어 기숙사로부터 거리로 나오게 된 서북 학생에게 직업을 주고 또한 금품을 주어 그들을 기아에서 구출함으로써 새 학기에 다 같이 씩씩하게 취학하도록 일반의 눈물겨운 동포애를 바라고 있다.[21]

〈그림 8〉 삼팔선을 넘어 월남하는 가족(미국국립문서기록보관청 소장)

　반공주의 성향이 큰 월남 학생은 우익계 정치 세력의 도움을 받는 한편, 그들의 정치적 지원군 역할을 했다. 특정 정치색이 없는 학생도 우익계 인사가 후원 조직을 만들어 숙식을 지원했던 탓에 우익 조직에 가담해 활동했다. 월남 학생은 학자금과 생활비를 보조받으며 정치 활동의 전면에 나섰다. 주로 전문학교 학생이 주도했고 중등학교 이하 어린 학생은 학생 조직에 가담하거나 서북청년회 학생부에 소속되어 각종 정치 시위에 동원되었다.

데모와 맹휴의 일상화: 교실에 살포된 삐라

해방 직후 여운형의 건국동맹 세력과 안재홍 등을 중심으로 조선건국 준비위원회(건준)를 결성했다. 건준은 일본군의 무장 해제와 치안 유지활동뿐 아니라 신정부 수립 전망을 가지고 있었다. 전국에 걸쳐 건준 지부가 빠른 속도로 조직됐다. 8월 16일부터 질서 유지와 자치를 위해 건준 치안대가 활동했는데, 중앙건국치안대 산하에는 지방치안대, 학도대, 청년대, 자위대, 노동대 등이 있었다.[22] 학생도 이에 가담했다. 독립국가 건설이라는 시대의 과제에 부응해야 한다는 인식이 팽배했다.

해방되고 영주동 파출소, 그때는 영주 교번소交番所라고 했지요. 교번소에서 학생치안대를 했어요. 치안대 본부는 초량에 봉래각에 있었는데, '학생치안대'라는 완장을 차고 교번소 앞에 서 있기도 했지요. 학생치안대가 지키는 창고에는 별별 물건들이 다 있었는데… 돼지 껍데기로 만든 군화, 담배, 모르핀 주사약 (…) 지키는 게 허술하여 사람들이 와서 슬쩍 가져가는 경우도 있었어요. (…) 모든 학생들이 학생치안대 활동을 한 기 아니고 많이 안 했어요. 저는 좀 적극적으로 했어요. 참가 학생들은 교대로 근무를 했는데, 9월 며칠까지 했어요. 그리고 10월에 학교를 갔어요. 학교가 한 달 늦게 개학을 한 거죠. 우리는 일본 경찰들하고 충돌은 없었는데 치안대 본부에서는 총격전이 있었어요. 해방이 돼서도 일본 순사들이 치안권을 우

리한테 안 넘기고 있었거든요. 그리고 일본에 반대적인 감정이 있고 일본
놈을 조심해야 된다, 이런 감정이 있었어요.[23]

해방의 기쁨도 잠시, 삼팔선을 기점으로 남한에 미군이 진주하고
북한에 소련군이 진주하여 군정을 실시했다. 식민 통치에서 벗어난
조선에서 독립국가에 대한 열망이 솟구쳤지만, 미국과 소련을 비롯한
연합국의 이해관계가 한반도를 뒤덮으면서 정국이 크게 요동쳤다. 그
정점에 신탁통치 문제가 있었다.

1945년 12월 16일부터 25일까지 모스크바에서 미국, 영국, 소련
세 나라의 외상 회의가 열렸다. 이른바 모스크바삼국외상회의는 '한
반도에 임시정부를 수립한다', '미소공동위원회가 각 정당 사회단체
와 논의해서 임시정부 수립 방안을 마련한다', '임시정부와 협의하여
미·영·중·소 4국이 최대 5년간 신탁통치를 실시한다'고 결정했다.
이는 미국과 소련의 입장을 교묘히 절충한 것이었다. 이를 둘러싸고
우익은 '신탁통치 결사반대'를, 좌익은 '모스크바삼국외상회의 결정
절대 지지'를 내걸었다. 반탁이냐, 삼상 결정 지지냐를 둘러싸고 벌어
진 격렬한 대립에 학생도 나섰다.

해방 후 정치 활동에 관여했던 학생은 좌우 청년 단체의 하부 조직
과 관련되어 있었다. 적극적으로 조직에 가담한 학생도 있었고, 형제자
매나 동네·학교 선배 등 인맥을 통해 느슨하게 연결된 경우도 있었다.

조선공산당의 외곽 단체였던 '전국청년단체총동맹(청총)'은 좌익계

청년 단체였다. 청총은 하부 조직에 소년부가 있었고, 지역에 따라서는 일반 청년부에 학생을 포함했다.[24] 정부 수립 후 각종 시위와 삐라 살포 등 정치 활동을 했던 좌익 학생 조직은 '민주학생연맹(민주학련)'이었다. 1947년 6월 17일 '민주 학원 건설에 이바지할 목적'으로 건설된 민주학련은[25] 대학생 중심의 전국 조직이지만 중등학교 학생도 적지 않았다.[26]

우익계 학생은 김구와 이승만, 한국민주당 세력 등 우익 정치인의 지원을 받았다. 미군정기 우익계의 대표적인 청년 단체는 월남 청년으로 구성된 '서북청년단(서청)'과 이범석이 설립한 '조선민족청년단(족청)'이었다.[27] 김구와 이승만의 정치 조직도 청년단을 거느리고 있었다.

1946년 1월 13일 신탁통치를 반대하는 학생 조직인 '전국반탁치학생총연맹'이 결성됐는데, 대학생뿐 아니라 중학생도 참여했다. 이를 기반으로 7월 31일 '전국학생총연맹(전학련)'이 결성됐다. 1946년 3월 우익계 중등학교 학생이 제1차 미소공동위원회를 앞두고 '전국중등학생연맹'을 결성했다. 발기 대회에서 발표한 '전국중등학생연맹 결성 취지서'에서 "전국적으로 학생운동을 전개시킬 필요를 절실히 느끼고 각 학교 동지가 모여 맹렬한 독립운동을 개시하려는 것"이라고 목적을 밝혔다. "학생은 정치운동을 해서는 안 되지만 독립운동은 해야 하는 것"이라고 정당화하며 "애국심에 불타는 젊은 학생의 단결"을 촉구하고 "독립투사가 되려 하는 자는 모이라"고 목청을 높였다. 그 설립 목적은 다음과 같다.[28]

1. 우리는 한국 독립 전취 국민운동을 전개시킬냐면 학생이 민족의 선두에 서서 싸우야 제일 효과적인 것을 알았다.
2. 그러나 한국에 있어서는 전문 학생 수가 너무도 적고 조선의 현실을 파악하건대 중등학생이 움지기지 안으면 학생운동이란 사실상 유명무실함을 깨달어 이에 특히 중학생연맹을 설립하는 바이다.
3. 우리는 한국의 독립의 절대성을 인식하고 독립 이외의 아무것도 받기를 거부하며 이를 반대하고 이를 방해하는 자와는 불구대천의 적으로 인정하야 독립 달성의 날까지 투쟁함으로써 조국의 영원한 광복을 기함.

'학생이 민족의 선두에 서서 싸워야' 한다거나, '중등학생이 움직이지 않으면 학생운동이란 사실상 유명무실하다'며 국가 사회적 책무와 사명감을 강조하는 태도는 학생을 선동하는 삐라에도 자주 등장했다. 다음 삐라도 '조국의 중병'을 고치고 나라의 운명을 개척할 주체로 학생의 역할을 강조했다.

학생들의 가슴에!
사랑하는 학생들이여!
우리가 일어나야 할 때가 왔습니다
생명을 걸고 싸워야 할 때가 왔습니다
가만히 있다가는 나라 없는 학생이 되고
XX스키-라고 성을 갈려는지도 몰으고

8월 15일 이전처럼 노예 교육을 받게 됩니다

(…)

8월 15일 직후 ○○○ 주재로 건국준비위원회가 탄생하고

조각 중에 이승만, 김구 선생이 계시기에 가슴이 뛰었지요

야 벌서 임시정부와 연락이 있었고나 하고 감탄했지요

그 후 몇 일이 못 되여서 인민공화국이 생겼습니다

무어냐고 했더니 인민공화국이 정말 조선을 위한 정부라고요

임시정부는 사상이 완고한 노인들만 계시기 때문에

자본주의고 구식 정권이 되여서

자본가와 지주만을 잘살게 하든 정부다

조선 사람이 9할이 빈민이요 노동자인데

그런 정부가 실권을 잡으면 조선 사람에게 불행이 있을 뿐이다

그럼으로 인민과 근로 대중을 위하는 인민공화국이 섰다고

우리는 순진한 학생임으로 정말 그런 줄만 알었지요

감족같이 속아서 인민공화국 만세도 몇 번이나 불렀습니다

(…)

그 후 임시정부가 그렇지 않다는 것을 알고 얼마나 놀랐든지요!

세계의 정계에 신망이 높은 혁명가들이시고

진정한 의미의 진보적 민주주의 정권인 것을 볼 때!

임시정부의 정강을 본 사람은 누구나 다 놀랜 것입니다

토지를 국유로 회사 공장도 큰 것은 국유로 교육도 국비로

정치의 파고,
학교를 휘감다

유한계급 착취계급을 없애고 호혜상조의 균등 사회를!

이 정부를 자본주의라고 노동자와 농민을 꾀여서 이간시킨 것입니다

(…)

친애하는 학생들이여!

조국의 이 중병을 고칠 사람이 누구겠습니까!

피가 있고 정의를 알고 민족을 사랑하는 이가 누구겠습니까

조국의 간성杆城이여 지주支柱여! 이 땅의 초석礎石이여!

대한민족의 운□을 개척할 천사여 학생들이여!

삼천만을 있글고 정의의 깃발을 올리사이다

높이 드사이다 독립 전취의 깃발을!

높이 드사이다 매국노 타도의 깃빨을!

호령하사이다 삼천만 동포의 행진을![29]

좌우 대립은 학교에서도 그대로 재현됐다. 광주청년단 주최로 광주
서중에서 열린 반탁궐기대회에서는 좌우 양쪽 학생이 충돌했다. 평소
에도 좌익 교사의 수업 내용에 우익 학생이 반발하면 좌익 학생이 다
시 제지하는 일이 많았다. 이것이 패싸움으로 연결되기도 했다. 이념
이 다른 학생이 서로 집단 구타하는 사건이 있었고 보복 폭력도 잦았
다.[30] 학교에는 좌익계 또는 우익계로 유명한 '거물 학생'이 있었다.
경기중학교의 좌익 조직 '학통學統'을 이끈 정동진은 조선공산당의 학
생 간부를 지낸 인물로 유명했다.[31]

학생 시위는 1946년 국대안반대운동으로 더 격화됐다. 이는 미군정이 교육 주체의 반대를 무시하고 경성대학과 경성의학전문학교, 경성법학전문학교, 경성고등공업학교 등을 통합해 국립대학을 설립하려는 조치에 반발해 일어났다. 처음 시위는 대학생이 중심이었는데 해를 넘긴 1947년에는 중등학교 학생이 동맹휴학을 결행했다. 학생의 자치권에 대한 요구가 큰 공감과 호응을 불러왔던 것이다. 대구의 상황을 보자.

2월 17일 아침 9시부터 정오까지의 동안에 경북중학을 위시하여 사범부속중학, 경북여중, 대구여중, 계성, 능인의 일곱 개 중학교 학생들이 때를 전후하여 각각 맹휴 태세로 돌입하였으며, 동일까지는 수업을 단속하고 있다 하는 공업, 대륜, 상업, 대건, 여상고의 생도와 대구여중 생도 중 수업에 출석한 일부 학생들의 동원이 주목되고 있다.[32]

당국의 대응은 강경했다. 유억겸 문교부장은 맹휴 선풍이 "중등학교에까지 불어가 선량한 애국 학도의 수학에까지 방해되고 있는 것은 조국 재건 도상에 일대통한사—大痛恨事"라며[33] 맹휴 확산을 경계했다. 또 민정장관은 "중등 남녀 학생의 뇌동적 맹휴는 단연 불가하며" 학교 안에서 정치운동과 맹휴는 허용하지 않겠다고 못을 박았다.[34]

2월에 거셌던 맹휴는 학생이 학교로 복귀하면서 정리되는 듯했다. '국대안 반대 대구시 중학공동투쟁위원회'는 1947년 2월 21일 성명서를 발표하고 "대학 형들의 말씀에 절대 복종하며 22일부터 전원 등교하기로 결의"했다. 그러나 결말은 가혹했다. 이 사건으로 전국에서 학생 4956명이 제적되고 교사 380명이 해임됐다.

적극 가담했던 학생들이 피검되자 그들의 석방을 요구하며 다시 동맹휴학 분위기가 조성됐다.[35] 대구에서는 경북지사가 나서서 "어떠한 대학과 중학을 막론하고 3월 27일까지 등교하지 않는 학생은 전부 제명될 것"이며 "맹휴가 계속된다든지 재발생할 때는 교문을 폐쇄할 수밖에 없다"고 강력히 경고했다.[36] 한 신문은 사건의 수습 국면에 대해 다음과 같이 묘사했다.

한동안 유행병과 같이 남조선 각지를 풍미하던 학생들의 동맹휴학은 겨우 종식되어가고 있거니와 경기 내 40개 중등학교 1만 3635명의 학생 중에서 19개교 8270명이 동맹휴학에 참가하여 학원 자치권 부여, 경찰 간섭 배격 등의 요구 조건으로 한동안 시끄럽게 문제를 야기하였으나 그 후 얼마 안 되어 모두 해결되고 지금은 정상적으로 수업을 가속하고 있다고 한다.[37]

학생이 정치 시위에 가담했던 또 다른 계기는 1948년 남한 단독정부 수립 반대운동과 여순사건이었다. 1948년 2월 유엔 소총회에서 남한 지역 총선거를 결정해 단독정부 수립이 가시화되자 수많은 정치 사회 단체가 통일독립국가 수립을 외치며 거세게 저항했다. 이때 동조한 학생이 많았다. 1948년 5월 중학생 10여 명이 휘문중학교에 몰래 들어가 '남조선 단정 결사반대', '양심적인 교원은 책임지고 사직하라', '남북통일 인민공화국 만세' 등을 적은 삐라를 살포했다. 경복중학생 한 명, 중동중학생 두 명, 한성중학생 한 명이 그 자리에서 체포됐다.[38]

여순사건은 1948년 10월 여수 주둔 국방경비대 제14연대가 제주도 봉기를 진압하기 위해 출동하라는 명령을 거부하고 여수와 순천 일대를 점령한 사건이었다. 이때 삽시간에 인민위원회가 만들어져 많은 지역 주민과 학생이 가담했다. 단독정부 수립과 제주도민에 대한 폭력적인 진압에 저항감이 컸기 때문이다. 순천에서는 중학생이 동료 학생과 교사, 우익 인사를 체포하고 판결을 하는 일도 있었다.[39]

문교부는 "반란에 가담, 작란한 학도배는 물론 군법에 의거해 용서없이 처단할" 것이며, 교사, 학도를 막론하고 "불순분자는 철저히 숙청하여 학원의 명랑화를 실현하겠다"고 강하게 대응했다.[40] 이는 단지 엄포가 아니었다. 당국은 가담 학생 일부를 처형했다. 이를 계기로 다시 동맹휴학 분위기가 조성되었는데, 수도청장은 이에 단호한 조치를 취하겠다고 발표했다.

근간 전남 반란사건에도 다수의 중학생들이 이에 가담하였고 또 서울시 내에서도 공산분자와 결탁하여 11월 14일은 삐라 산포, 동 15일은 봉화를 계획하였던 것도 사전에 잘 알고 있었으며, 전남 반란에 가담한 학생들이

처형된 것을 구실로 동맹휴학을 책동하고 있는 것도 알고 있는 형편으로, 지금까지는 문교 당국과 학교 당국에 일임하였으나 앞으로 자숙하지 않고 반민족적 행동으로 국헌을 위반하면 경찰에서는 그 방침을 변경하여 단호한 비상조치를 취할 터이니.[41]

이승만 대통령은 남녀 아동까지 철저히 조사해 불순분자를 제거하고 반역 사상이 만연하지 못하게 하라고 지시했다. 진압 과정에서 일반 시민까지 반란군으로 간주해 수많은 사상자가 발생했다.

반대로 우익계 학생은 이런 정부 조치를 환영하고 나섰다. 일부 경기중학교 학생들은 이범석 국무총리를 직접 찾아가 '학생의 신분으로 반란의 진상을 살피게 해달라'고 요구했다. 그리고 국방부 장관과 문교부 장관의 협조를 얻어 삼팔선에서 제주도까지 '선무 공작을 겸한 시찰'을 했다. 시찰 보고서를 작성해 제출하고 남녀 중학교를 돌면서 귀환 보고와 강연회까지 열었다.[42]

학생과 교사가 좌익과 우익으로 나뉘어 대립하는 가운데 학생이 책상과 교사의 서랍 속에 삐라를 넣는 일이 많았다. 한편에서 삐라를 붙이고 다른 편에서 떼어내는 일이 반복됐다.[43] 1949년에는 서울시내 여자 중학생이 유엔한국위원단의 방한을 반대하는 삐라를 제작하다가 적발된 사건이 발생했다.

유엔위원단을 반대하는 요지의 삐라를 만들다가 법망에 걸린 여학생들이 있다. 한성여자중학교 3년 홍사범 외 여섯 명의 여학생은 지난 6일 하오 4시 시내 성동구 신당동 251 허충한의 집에 모여 유엔위원단을 반대하는 삐라와 기타 모종 음모를 하고 있었다는데, 이 사실을 탐지한 성동서에서는 즉석에서 이들 일곱 명을 체포하여 방금 엄중한 취조를 하고 있다는데, 이들은 모두 민주학련 관계자들이라 한다.[44]

좌익 교사 숙청, 경찰의 학원 간섭, 고급 중학 설치 등 학내 문제도 동맹휴학의 주된 이유였다.[45] 국민학생까지 좌익 교사를 사직하게 한 교장의 태도에 불만을 품어 교사의 복교를 요구하고 맹휴를 공표했다.

전주북중학교에서는 지난 10월에 교장 이하 2000여 명의 학도가 동맹휴학을 단행하였는데, 그 이유는 다음과 같다. 일본식 교육 타도, 학원에 민주주의 건설, 경찰의 학원 간섭 반대, 학원의 자치권 승인, 학원에 관한 법령 철폐 등의 요구이라 하며, 이에 호응하여 14일 전주에 있는 사범농업여상, 남원농업 등 각 학교에서도 일제히 맹휴를 했다 한다.[46]

포천군 신북면 소학교에서는 5월 1일 학부형회 석상에서 이미 원만 해결을 지은 3교원의 권고사직 문제가 재열再熱하여 3교원을 좌익이라는 이유로 사직을 권고한 것이 일반의 불평을 사오던 중 이번에는 5월 22일부로 전임 발령이 내려 3교원은 마침내 사직을 단행하고 말았는데, 학부형들은 교장의 태도가 편당적이라 하여 3교원의 복교운동을 전개하려고 하며 4,

5, 6학년 아동들은 졸업기를 앞두고 전직시키는 것은 불공평하다 하여 3
교원이 복교할 때까지 맹휴를 단행하겠다 하여 교장의 독단성이 사회 여
론화하고 있다.[47]

학교와 문교 당국의 처벌 방침은 확고했다. 1946년 성동경찰서는
학내 문제로 맹휴를 주도한 무학여자고등학교 학생 여덟 명을 취조했
으며,[48] 1947년 배화여자중학교는 메이데이에 참여했다는 이유로 학
생 일곱 명에게 퇴학 처분을 내렸다. 학무국장은 배화여자중학교의 강
경 방침에 대해 '퇴학 처분은 각 학교장이 하는 것이고 학무국은 간섭
하지 않는다. 상당한 이유가 있어서 퇴학 처분을 했을 것'이라며 교육
당국은 무관하다고 주장했다. 그러나 퇴학생이 직접 학무국 미국 고문
마틴을 찾아가서 면담을 했고 어린 중학생의 검거와 퇴학 처분이 사회
문제가 되자 수도경찰청장 장택상은 '경찰은 학교 내부에 침입하여 학
도의 체포를 금지한다'고 각 경찰서에 시달했다.[49] 하지만 좌익 혐의가
있는 학생에 대한 태도는 정부 수립 이후에도 크게 달라지지 않았다.
1949년 4월 남대구에서 학내 좌익 세포 혐의로 여자상업학교 학생 아
홉 명과 경북여자중학교 학생 서른 명을 체포, 수감했다.[50]

소설가 박완서는 자전적 소설에서 "자유와 민주주의라는 걸 학생
에게 무한한 권리가 있는 것으로 착각했던 것 같다"라고 술회했다. 하
지만 학생이 정치 현실에 참여하거나 학내 문제에 개입했던 것이 좌
우 정치 논리에 어린 학생이 이용당한 것에 불과하다거나, 자유를 '오

인한' 것으로 얘기할 수는 없다. '위로부터의 교육'을 비판하고 교육 주체가 자기 목소리를 내는 '아래로부터의 교육'에 대한 열망이 컸던 것은 학생이 공부에만 집중할 수 없었던 이유였다.

학교에 자치회라는 게 생겼다. 어떻게 해서 그런 분위기가 조성됐는지 모르지만 우리는 툭하면 전교생이 강당에 모여 학생회를 했다. 바깥세상이 좌우익의 대립이 날로 치열해지면서 아무개 절대 지지, 누구누구 절대 반대라는 정치적 구호와 시위가 매일같이 교차되는 데 발을 맞춰 우리는 어떤 선생님은 친일파니까 내쫓아야 한다든가 어떤 선생님은 사임하면 안된다든가 하는 걸 학생회에서 결정하려 들었다. 우리는 그때 자유와 민주주의라는 걸 학생에게 무한한 권리가 있는 것으로 착각했던 것 같다. 수업도 거부하고 강당에 전교생이 모여서 찬반 양쪽으로 갈라져 열띤 토론을 벌이는 날이 많았다.[51]

학생의 정치 활동은 주로 미군정기에 집중되어 있었다. 좌익계 학생은 정부 수립 후 대대적으로 검거돼 한국전쟁이 끝나고 거의 자취를 감추었다. 좌익 교사가 교단에서 사라졌을 뿐 아니라, 학생이 관제 데모에 동원되면서 학교에서 정치 문제는 수면 위로 오르지 않았다. 4월혁명 전까지 그랬다.

2

전쟁의
광기와 소용돌이
속에서

출정하는 학도병, 환송하는 여학생

1950년 6월 25일 한국전쟁이 발발했다. 인민군은 순식간에 남단까지 진격했고, 국군과 유엔군이 '인천상륙작전'을 계기로 다시 북진했다. 전선이 요동치면서 수많은 사상자를 낳았고 전쟁터는 더 많은 병사를 요구했다.

정부 수립 후 병력 모집 정책은 의무병제가 아니라 지원병제였는데, 전쟁 발발과 전선 확대로 많은 병사가 필요하게 되어 급히 동원 체제를 마련했다. 초기 소집 행정이 체계적이지 못해 가두 소집과 강제 모병을 했다.[52] 학생도 이런 상황을 피할 수 없었다. 영장 없이 강제 징집된 중등학교 남학생이 많았다. 물론 자원해서 전장으로 간 학생이

적지 않았다. 학도병에 자원한 학생
의 경험담을 보자.

1950년 7월 11일 날 학교에서 비상
종이 쳤어요. 그래서 학교 운동장에
집합을 했는데 3학년생이 나오는데,
우리 공업학교는 최고 학년 5학년생
까지밖에 없어요. 가니까 우리나라
가 지금 괴뢰군들이 내려와서 지금
한창 내려오는데 학도병에 지원할
사람 손 들으라고 (…) 4학년 나는
그때 당시 학도호국단 간부로 있었
다고. 소대장으로 내가 손을 번쩍 드
니까 다른 사람들이 나를 봐요. 손을

〈그림 9〉 남산고등학교 학생 일곱
명이 태극기에 "붓 대신 총을
달라"라고 혈서를 쓰고 군문에
자원했다는 신문 기사(《경향신문》
1953년 6월 22일)

들고 보니까 몇 사람 손을 안 들었어. 그다음에 소대원들이 손을 드는 거
야. 우리 공업중학교에서 150명, 경주중학교에서 150명, 문화중학교에서
150명, 이래서 경주역전에 12일 날 집합을 했어요. - 윤원덕[53]

엊저녁에 저쪽 집에도 경찰들이 와서 젊은 사람들 다 데려갔다, 뭐 이런 소
리가 들려오더라고. (…) 우리가 그때 학도호국단 1차 교육을 받았었다고.
그래 6학년 때 학도호국단 대대장 학생을 보고 있었다고. 그러니까 그런

데 있어서는 생각이 조금 앞섰겠지. 그래서 '아, 이건 안 되겠다. 이렇게 있을 게 아니라 이거 뭔가 가서 해야 되겠다' 말이야. 이렇게 마음을 먹고 나니까 아주 마음이 편하더라고. 그전까지는 '이거 또 밤에 누가 와서 붙들어 가는 게 아닌가' 하구 이렇다가, 이렇게 마음을 먹고 나니까. - 백영기[54]

학도호국단의 간부 경험은 자의 반 타의 반으로 자원입대를 결심하게 된 중요한 계기였다. 하지만 포탄이 날아다니는 격전지에서 어린 학생이 치열한 실전을 감내하는 것은 어려운 일이었다. 단기 훈련으로 전투에 투입되는 일이 많아 학생은 늘 위태롭고 위험한 상황에 노출되었다. 학도병은 정식 지휘 체계 내에 편입되지 않아 상부의 지시와 작전 상황을 정확히 인지하지 못하고 싸우는 일이 많았다. 퇴각 명령을 받지 못해 어린 학생만 사지에 남아 희생자가 발생하기도 했다.

지금 생각해보면, 현역 군인도 후퇴하고 그렇게 질서가 없는데, 학생이 왔는데 누가 일정하게 지휘할 지휘 계통도 없는 거구, 그러니까 누가 그걸 알뜰하게 보살폈겠느냐 이거야. (…) **사단 사령부로 다 빠져나가고 학생들만 남은 거야, 학생들만.** 근데 반대로 인민군은 거기가 사단 사령분데, 경계는 하고 있는 군인들은 있거든. **학생들이 그러니까 아직도 거기 일부가 남아 있는 줄 알고 공격한 거야.** 공격했는데 학생들이 겁이 없잖아. 얘기 들어보니까 기관총이나 총 같은 게 계속해서 벌겋게 열을 받아서 꼬부라질 정도로 사격을 했다니까. 그래서 **우리는 40명이 죽은 거야, 그러니까 뭘 알아.**

분대전투를 알아요. 뭘 알아. - 백영기[55]

수많은 학생이 훈련도 받지 못한 미숙한 상태에서 군번 없는 무명의 학도병으로 참전했다. 겨우 10대였던 어린 소년의 희생이 컸던 것은 이 때문이었다.

비극은 또 있었다. 학생을 병사로 동원한 것은 대한민국 정부만이 아니었다. 북한 인민군이 남하해 점령했던 지역에서도 학생을 강제 입대시켰다. 대학생은 물론 여중생도 예외가 아니었다. 학교에 등교해서 궐기대회와 시가행진을 한 뒤 바로 인민의용군에 편입되기도 했다. 동덕여자중학교 5~6학년 200명, 경기여자중학교 198명, 숙명여자중학교 426명, 풍문여자중학교 200명이 인민의용군이 됐다. 15세 안팎 소년의 지원 소식도 심심찮게 들렸다.[56]

후방에서는 어린 소년과 학생을 대상으로 소년전차병을 모집해 훈련시켰다. 이들에게 숙식을 제공하고 군사훈련을 시켜 좀 더 크면 실전에 투입했다. 숙식을 제공한다는 소문을 듣고 오갈 데 없고 가난한 학생이 모여들었다.

각 지역에서는 소년단이 향토자치대로 일했다. 소년단은 학도병으로 자원하거나 징집되지 않은 13~17세의 청소년으로 구성됐다. 좌익 부역자 가족의 자녀가 생존을 위해 적극 참여하기도 했다. 소년단은 주로 마을 치안에 관여했는데, 간첩이나 월북자를 막기 위해 동네 경비를 서거나, 부역자와 그 가족을 감시하는 일을 했다. 일부는 학살에

가담했다.[57]

학생이 모두 '애국적 대의'를 가슴에 품고 생사의 갈림길에 뛰어들었던 것은 아니다. 징집을 앞두고 이를 기피하는 일이 속출했다. 죽음의 공포는 물론이고, 일손이 부족한 집을 떠나는 게 쉽지 않았기 때문이다. 실제 호적 나이보다 늦게 학교에 들어가는 일이 흔해 중등학교 고학년은 20세를 넘긴 사람도 많았다. 학생은 징집을 연기할 수 있었지만 졸업과 함께 바로 전쟁터로 가야 했다. 휴전회담 중에도 계속된 전투는 이들을 불안과 공포로 몰아넣었다.

> 결전 태세 확립책에 호응하는 수다한 애국 청년들은 속속 솔선 출정을 자원하는 감격스런 면이 있는 반면에, 또 도시 기생충 생활을 하는 소위 빽을 가진 청년들 대부분은 권력이나 금력으로 병역을 기피하는가 하면, 농촌에서는 고의적인 단지斷指로 기피를 꾀하는 자 간혹 있는 모양이고, 또 **금년도 고등학교 졸업을 목전에 둔 학생들 중에도 일부 몰자각한 분자들이 자포자기하는 심경으로 술이 취하여 울고불고하는 추태를 종종 연출하고 있다고 하니, 이것은 참으로 통탄을 금할 수 없는 것이다.**[58]

1952년 전남 병사구사령관은 각 기관과 중등학교 이상 재학생 중 병역 기피자를 파면하거나 퇴학 처분하라는 공문을 각 기관에 보냈다. '각 기관 사업장 및 중등학교 이상 재학 중의 학도로서 병역 기피자 파면 및 퇴학 처분의 건'이라는 제목의 문서는[59] 다음과 같은 강경한 내용을 담고 있다.

① 각 기관장, 사업장의 대표와 교장은 공무원, 종업원, 재학생 중 소집 영
장을 받은 자 가운데 소집 기피자는 즉시 파면 또는 퇴학 처분할 것.

② 공무원, 재학생, 종업원으로서 병역의무 불이행자(미등록자, 무단 전적자, 신
체검사 미필자, 호적 대조 불응자 등 포함)는 적발 즉시 파면 또는 퇴학 처분함
과 동시에 그 명부를 제출할 것.

③ 병역 기피자를 은닉, 묵인하고 파면 또는 퇴학 처분을 하지 않거나 신
고하지 않으면 교장과 기관 대표를 〈병역법〉 제71조에 의거, 병역 기피
방조자로 간주하여 고발할 것임.

병역 기피자를 모두 색출하는 것은 불가능에 가까웠다. 1951년
부터 1953년까지 병역 기피자는 징집 대상 인원의 15~21퍼센트에
달했다.[60] 무단 이탈자는 1951년 8만 4262명, 1952년 1만 1289명,
1953년 2만 9532명이었다.[61] 물론 이 통계는 일반 징집자를 대상으로
한 것이지만, 징집 대상 연령이었던 학생의 어려움과 갈등을 짐작하
게 해준다.

학도병이나 일반 신병이 출정할 때 지역에서 환송 행사를 열었다.
이때 늘 여학생이 동원됐다. 일제가 전쟁 수행을 위해 지원병제와 징
병제를 시행한 뒤 여성이 출정 군인을 환송하고 위문대를 만들어 보
냈던 것과 비슷했다. 여학생은 환송회를 준비하는 주체가 되어 노래

공연과 위문품, 꽃을 마련했다.

100만 학도의 전위대로 출정하는 경남 출신 학도병 ○○○명에 대한 장도를 축하하는 재부여 학생 주최의 '출정 학도 환송회'는 예정대로 작 2일 상오 9시 반부터 충무로 광장에서 김 국방차관, 허 문교차관을 비롯한 마음으로부터 이들을 환송하려는 각계 유지 및 수만 재부 남녀 학도 다수가 참석한 가운데 성대히 거행됐다. 이날 식은 임덕(이대) 양의 사회로 먼저 군주악에 맞추어 국민의례가 있은 후 전금주(숙대) 양으로부터 학구 생활을 달리 총검을 들고 총궐기한 여러 선배를 본받아 학도로서의 본분을 다하겠다 하는 개회사와 부산제일고녀 합창대원들의 출정 학도의 노래에 뒤이여 (…) 재부 여학생들의 성의를 다한 기밀 위문품의 증정에 이어 각 학교 대표들의 격려가 있었고 "일편단심 조국을 위하여 죽음으로서 보답할 것이니 여러 후배들은 대의에 입각하여 전시체제에 부합한 학원에서 이 나라의 여성 일꾼으로 나아가 주기를 바란다"라는 학도병들의 인사로 이날의 뜻 깊은 식을 마치었다. 한편 이 식전에 힘입은 학도병 ○○○명은 마음으로부터 전해주는 여학생들의 꽃다발을 안고 보무도 당당하게 시가행진을 행하여 충무로부터 시청 앞을 거쳐 역전에 이르러 상오 11시발 특별 편성된 열차로 올라 임지에 향했다.[62]

부대를 방문할 때 남자 학교는 위문품이나 위문편지를 전달하는 게 고작이지만, 여학생은 주로 위문품과 함께 춤과 노래 등 공연을 했

〈그림 10〉 '서울 탈환 7주년 기념' 행사에서 군인에게 꽃다발을 전달하는 여학생들(국가기록원 소장)

다. 전쟁 기간은 물론이고 전쟁이 끝난 뒤에도 위문공연이 이어졌다.

1952년 11월 중앙여고 학생은 수도 탈환에 공을 세운 부대를 방문해 음악, 무용, 연극 등을 공연했다.[63] 1953년 5월 서울시내 간부 후보생 환송식에서 진명여자중학교 합창대가 환송 합창을 하고 꽃과 수건을 기념품으로 증정했다. 부산에서도 "여학생의 정성어린 환송의 마당"이 펼쳐졌다. 이화여대와 경기여고 대표가 나와서 "떠나신 뒷자리는 저이들이 맡겠으니 부디 닦아온 지혜와 덕망을 오로지 남북통일의 성전에 기울려주십시오. 삼천만 한 사람 한 사람이 모두 여러 오빠들의 등을 떼밀고 있습니다"라고 격려사를 했다.[64] 1953년 12월 경기여고 학생 60명은 상이군인 정양원을 방문해 춤과 노래로 위문을 했다.[65] 순천중고등학교 여학생 50명도 방학을 이용해 부대를 방문해 춤과 노래 공연을 했다.[66] 전쟁 중 군부대가 여학교 운동장에 임시 막사를 짓고 주둔하는 경우, 해당 학교 여학생이 정규 가사 수업시간에 군부대 마크와 손수건을 만들어 조달했고, 사탕, 치약, 비누, 담배 등을 넣은 위문품을 제출했다.[67]

아시아태평양전쟁 시기 일제는 남성은 전쟁터에서 싸우고, 여성은 싸우는 남성을 '위안'하거나 후방에서 병사를 낳고 키우는 어머니 역할을 강조했다. 여성은 군인을 위로하는 자이거나, 아들을 튼튼하게 키워 전쟁터에 보내는 어머니여야 했다. 남성 병사는 목숨 걸고 전투에 임하는 것을, 여성은 그런 남성을 많이 낳거나 '위안'하는 것을 '애국'이라 불렀다. '위안받는 남성' 대 '위안하는 여성'이라는 젠더 구도는 한국전쟁 시기 되살아났다.

비바람 부는 피난학교

전쟁이 발발한 다음 날 서울시내 각 학교에 휴교 조치가 내려졌다. 바로 여름방학이 시작된 것이나 다름없었으나 개학마저 무기 연기됐다. 학교가 파괴되거나 군 시설로 차출됐고, 교사와 남학생이 동원되어 수업이 정상화되지 못했다. 학비를 내기 어려운 학생이 속출하고 피난이나 가족의 사망으로 거주지를 옮긴 학생이 급증해 학교 재정이 최악으로 치달았다. 피난지 부산의 사정도 크게 다르지 않았다.

> 시내 각 국민교는 지난 10일을 전후로 하여 수업을 계속하고 있으나 각 중등학교에서는 여학교를 제외한 남자 고급교 학생 등교 등록을 개시하고 있을 뿐 아직 수업 개시를 보지 못하고 있는데, 각 학교의 실정은 교사 부족으로 결원 교사 보충에 머리를 앓고 있는 형편이며, 남자 고급 학생은 거의 펜을 총칼로 바꾸어 전선에 출동에 관계로 각 교에서 학급 편성에 곤란을 느끼고 있다 한다. 한편 학교 당국에서 금월 초순 이래 학도 등교 준비 조치를 강구하고 재교 학도 등록을 개시하고 있는데도 불구하고 이의 성적은 매우 부진한 바 있으며, 학교 당국 예측한 학도 인원보다 놀라울 정도로 적은 숫자의 등록을 보이고 있다 한다.[68]

문교부는 1951년 초부터 본격적으로 전시 교육 업무를 추진했다. 학교 시설이 파괴되거나 차출된 경우 임시 교실을 마련해 학생이 등록할 수 있게 했고, 피난 학생은 거주지 인근 학교에 편입할 수 있도록 했다. 하지만 피난민이 많은 곳에서는 그마저 쉽지 않았다. 부산과 대구에서는 학생을 모두 수용하기 어려워 분교를 설치했고 여러 학교가 연합해 피난학교를 개교했다. 북한 피난민이 많은 거제도는 특설 학급이나 분교를 설치해 학생을 수용했다.[69]

피난학교를 개교하려면 여러 조건을 갖추어야 했다. 장소나 건물을 확보한 학교는 그나마 운이 좋았다. 장소를 구하지 못한 학교는 창고나 가정집을 사용했고 이마저 없으면 산기슭의 노천 교실을 감수해야 했다. 어렵사리 만든 천막 교실은 비가 새거나 바람에 휘청거리는 날이 많았다.

천막을 들끓는 무더위가 계속되는가 하면 우중雨中에는 판자 사이를 사정없이 스며들어 의자, 책보 할 것 없이 물투성이가 되어 그날의 학업도 불쾌한 가운데 과정을 마치기는 하나, 이 사정을 어느 누구한테 하소연조차 할 수 없이 (…) 젖은 책을 응시하고 있는 학도를 동정하다시피 무한히 애무하여주는 스승의 모습. 이것이 60만 피난 학도를 수용하고 있는 항도 부산을 중심한 각급 학교의 천막 및 판자 학사의 실정인 것이다.[70]

비가 오는 날이면 학생들이 나무 밑에 옹기종기 서서 "수업 그만합시다"라고 소리 지르면 그 당시 젊은 교감이었던 이창갑 선생님이 걱정스러운 표정으로 교무실에서 나와 하늘을 쳐다보면서 "지금 구름이 이동하고 있으니 비가 곧 그칠 겁니다. 수업은 계속합니다"라고 하면 학생들이 "우우"하고 소리치면서도 계속 수업을 받았고, 초겨울 바람막이 없는 노천 교실에서 손은 시리고 깔고 앉은 돌멩이가 차가워 엉덩이를 들썩인 기억들이 새롭다.[71]

〈그림 11〉 부산 피난지 국민학교 모습, 1951(《정부기록사진집》 1권)

〈그림 12〉 피난지에서 학교를 정비하는 모습(《사진으로 보는 경기여고 100년》, 2009)

〈그림 13〉 피난 가는 가족(미국국립문서기록보관청 소장)

학교 건물만 문제가 아니었다. 교사와 교과서가 턱없이 부족했고,
학교 재정이 대부분 바닥 상태였다. 교사의 월급을 보조하던 정부와
시·도의 지원이 줄어 나머지를 학부모에게 의존할 수밖에 없었다. 이
에 과도한 사친비가 사회문제가 됐다.

학생이 피난학교에서 겪는 문제는 따로 있었다. 학생은 바뀐 환경
에 적응하기 쉽지 않았다. 피난지 국민학교에 편입한 아동은 교사의
사투리를 못 알아듣거나 피난지가 원 거주지인 학생과 융화하지 못해

등교를 기피하는 일까지 생겼다.[72]

전시 피난학교의 교육은 도의교육과 1인 1기—人—技교육, 반공교육을 중시했다. 교육 활동에서 추가된 것은 상이군경과 군부대 위문 행사였다. 학생은 정기적으로 위문편지와 위문품을 부대에 보냈고, 직접 부대를 방문하거나 상이군경 합동 결혼식에 참석해 화환을 증정했다. 또 시국강연회, 궐기대회, 학도지원병 환송대회, 서울 탈환 축하대회, 평양 점령 경축행사 등 각종 정치 행사에 나서야 했다.

피난학교는 전쟁 중에도 배움의 끈을 놓지 않겠다는 학생과 학부모의 의지로 운영됐다. 하지만 각종 전쟁 동원으로부터 '피난'하지는 못 했다.

'인민학생'에서 '국민학생'으로, 수복 지구 학생

2년간 휴전회담이 진행되는 동안에도 밀고 밀리는 전투가 계속됐다. 전선이 삼팔선을 기점으로 교착되면서 주변 지역에서는 점령 세력이 수시로 바뀌었다. 1953년 7월 27일 휴전회담 체결로 전쟁이 중단되자 인공기가 걸렸던 곳에 태극기가 게양되는 지역이 생겼다. 물론 그 반대도 있었다. 이런 지역은 치열한 격전으로 인해 그 어느 곳보다 물리적 피해와 지역민의 고통이 컸다.

삼팔선 북쪽에서 휴전선까지 중동부 지역은 전쟁 전에 북한 점령지였다가 전쟁 후 남한 점령지로 바뀐 '수복 지구'다.[73] 이는 1951년

6월부터 1954년 11월까지 유엔군사령부가 점령해 군정을 실시했던 곳이다. 원주민은 남쪽으로 피난하거나 전쟁 중 인민군을 따라 월북한 사람이 많았다. 전쟁이 끝난 뒤에는 원주민 일부와 북한에서 월남한 사람이 남아 있었다.[74] 수복 지구 주민은 조선민주주의인민공화국의 '인민'에서 대한민국의 '국민'이 됐다. 정치권력의 교체로 인해 주민은 정체성의 변화를 겪었다. 아이들은 번갈아 살포되는 남측과 북측의 삐라를 통해 양쪽의 정치 선전에 동시에 노출되어 혼란을 겪었지만 이내 변화를 감지했다.

전쟁 이전에도 삼팔선 접경지 학교에서 두 체제의 상이함에서 비롯된 웃지 못할 일이 벌어졌다. 운동장에 삼팔선 경계선이 지나는 학교가 있었는데, 이 학교에는 남쪽의 어린이도, 북쪽의 어린이도 등교하지 못할 이유가 없었다. 천결인민학교에 삼팔선 아래 동네 학생도 함께 다녔다.

황해黃海 천결泉決인민학교라면 학교 운동장에 삼팔 경계선을 표식하는 말뚝이 박혀 있는 학교로 유명한데, 이 학교에는 그 근방에 접해 있는 삼팔 이남 아동들도 통학하야 어린 아동 사이에도 물의가 많다고 한다. 그런데 가장 흥미 있는 것은 이 학교 아동들의 작문을 보면 그 작문 속에 반드시 이승만 박사나 김구 주석에 대한 욕설이 한마디씩은 꼭 들어 있는데, 그 내용은 대부분 '리승만, 김구 반동분자', '리승만, 김구를 우리 정부에 기어들지 말게 해야 한다'는 것이다. 그들은 천진난만한 어린 학동들에게

이렇게 가르치고 이렇게 불순한 말을 배워주는 것을 아동교육으로 삼고 있다.[75]

삼팔선 접경지는 전쟁으로 더 고통스러운 처지에 놓이게 됐다. 수복지구는 '수복'이 되어도 이것이 행정적으로 승인되기 전까지 어떤 지원도 받을 수 없었다. 1950년 9월 유엔군과 국군이 서울을 수복하고 삼팔선 이북 지역을 점령했지만 수복 지역에 공식 조치를 취하기 전까지 행정 공백 상태가 지속됐다. 이 때문에 서둘러 자신의 삶터로 돌아온 주민은 큰 불편과 고통을 감내해야 했다. 강원도 지역 국회의원의 발언은 그 실상을 잘 보여준다.

〈그림 14〉 남측이 살포한 삐라(한림대학교 아시아문화연구소, 《한국전쟁기 삐라》, 1996)

〈그림 15〉 북측이 살포한 삐라(한림대학교 아시아문화연구소, 《한국전쟁기 삐라》, 1996)

이 지구의 피난민은 대개 남하했다가 살 길이 없어서 고향으로 찾아갔습니다. 고향에 가니 초토화되어서 집은 폭격으로 2할 내지 3할 정도밖에 남아 있지 않습니다. 집도 없고 한 데서 그래도 살겠다고 농사라도 지어 먹겠다고 고향으로 찾아갔으나 농사지을 시기를 잃어버렸습니다. 그래서 감자 포기나 호박 포기라도 심어볼려고 농민들이 대부분이 들어갔는데, 그 후에 유엔군에서 수복된 곳이 아니라고 해서 그들을 실어가는 일이 있었습니다. (…) 그래서 적어도 60만 내지 70만이라고 하는 미수복 지구에 있는 전재민은 사지에서 방황하고 있는 것입니다. 이것을 속히 구호의 길을 뻗쳐주기 위해서 먼저 수복 명령을 정식으로 내려서 그 지구에 치안은 경찰이 담당하게 하고 일반 수송로를 열어서 구호물자라든지 구호의 길을 뻗치지 않아가지고는 그 지구 사람을 구호할 길이 없는 것입니다.[76]

정부는 1954년 10월 법률 제350호로 〈수복지구임시행정조치법〉을 공포해 지원과 복구사업을 시작했다. 이 법에는 한시적으로 국고를 지원해 교육 사업을 운영한다는 내용이 포함되어 있었다. 기본 생계를 유지하기 어려운 상황이었기에 교육 환경은 더없이 열악했다.

특히 당지에서 곤란한 사업은 주민들 자녀의 교육 문제이다. 기자가 답사한 바에 의하면 신축 계획인 학교는 아직도 완성되지 못하였고 천막으로 마련될 임시 교사에서 공산 치하에 태어나 공산 치하 허위 교육만을 받아온 아동들이 교원 경험을 가진 군인들에 의하여 '애국가', '우리의 맹세'의 신과정으로부터 자유대한의 새로운 교육을 받기 시작하였는데, 예산의 부족과 학부형들의 빈약한 경제력이 의의 깊은 이 교육 사업에 커다란 암영

〈그림 16〉 수복 지구 인수식에 참석한 주민들, 1954(국가기록원 소장)

을 던져주고 있다. 더욱 학교의 비품 부족은 물론 교과서조차 전연 없는

실정에 놓여 있으며, 아동들은 '노-트'와 연필마저 제대로 가지고 있지 않

다. (…) 이외에도 이 중요한 교육 문제에는 막심한 교원 부족이 큰 애로로

되어 있어 하는 수 없이 군인들 중에서 교사 경험이 있는 장교나 하사관들

을 선발하여 임시 교편을 잡게 하고 있는 현상으로서 이 교육 문제에 대한

전면적인 대책이 시급을 고하는 중요 문제로 되어 있다.[77]

수복 지구 주민이 이전에 북한 정권 통치하의 '인민'이었기에 이들

을 대한민국 '국민'으로 만드는 일은 중요한 과제였다. 이를 위해 주

민의 경제적 안정이 선행되어야 했다. "궁식窮食 또는 절량자絶糧者가 속출하여 원성이 연거푸 일어나게 될 경우엔 그들을 노리는 이북 괴뢰나 붉은 오열이 보라는 듯이 남한 비방의 상투 수단을 또 써서 민심 교란 공작에 열광하게 될 것"을[78] 우려했기 때문이다.

대민교육과 아동교육은 경제적 지원 못지않게 중요한 일이었다. 정부는 절대 부족한 학교 신설을 추진했고, 새로 학교를 짓는 동안 기존 학교에 학생을 분산 배치했다. 특히 수복지의 인구가 적으면 행정 운영은 물론 정치 선전에 차질이 생기기 때문에 한 면에 한 학교(1면 1교)를 건설하는 정책을 폈다.[79]

또 인구 동태를 파악하고 학령기 아동을 입학시키기 위해 가호적을 발급하도록 했다. 반공교육을 철저히 하려고 북한 정권 치하에서 아이들을 가르쳤던 교사를 재교육했고, 군인이 직접 교육을 담당하기도 했다.

3

분단 사회와
학교
규율

학도호국단과 데모 권하는 학교

해방 후 민주주의는 하나의 유행어가 됐다. 좌우를 막론하고 민주주의를 하자고 목청을 높였다. 하지만 그 이해 방식은 제각각이었다. '진보적 민주주의' 세력에게 그것은 계급 평등을 의미했고, '자유민주주의' 세력에게는 사유재산의 자유와 반공을 의미했다.

반대로, 민주주의가 의심의 대상이 되기도 했다. 정치적으로 민주주의는 새로운 독립국가가 도달해야 할 이상이었지만, 일상에서 민주주의는 서구적인 것, 전통과 권위를 파괴하는 것, '동양 정신'을 위협하는 것쯤으로 생각하는 경향이 있었다. 특히 젊은 세대와 여성이 민주주의를 앞세워 자유와 평등을 외치면 '무궤도의 민주주의'라고 비난하기에 바빴다.

분단과 전쟁을 거치면서 '무궤도의 민주주의'를 견제하는 분위기는 더 강해졌고, 이와 함께 반공주의가 민주주의 의제를 압도했다. 교육 현장에서도 일제강점기의 파시즘 관행이 부활했다. 군인 교관이 학생에게 군사훈련을 시키고 학생 조직을 군사 조직처럼 편제했던 학도호국단이 그 대표적 예다.

학도호국단은 여순사건을 계기로 설립됐다. 1948년 10월 여수 주둔 제14연대가 제주 출동 명령에 불복종하면서 반정부 시위로 확산된 사건에 국민학생까지 참여한 것이 알려졌다. 문교 당국은 학원에서 좌익 세력을 뿌리 뽑겠다며 좌익 교사를 숙청하고 좌익 학생을 색출해 사건에 연루된 학생 280명을 발표했다.[80]

문교부는 '대한민국학도호국단 운영 요강'을 발표하고 중학생 학도 총궐기대회를 개최했다. 또 1948년 12월 12일부터 3개월간 학도호국단 간부 양성을 위해 중학생을 모아 특별 훈련을 실시했다. 학교장이 추천한 학생, 사상적으로 문제가 없는 학생만 훈련을 받을 수 있었다.[81]

1949년 2월 문교부의 지시로 학도호국단이 결성됐다.[82] 학도호국단은 중앙에 총본부를 두고 이를 지역과 학교별로 편제한 거대 조직이었다. 각 단위에 감찰, 선전, 문화, 기획, 훈련, 총무 등의 부서를 두었다.

1949년 4월 22일 서울운동장에서 중앙 학도호국단 결성식을 열어

중등학교 이상 학생 대표 4만 명이 참석했다. 안호상 문교부 장관이 단장 취임사를 했고, 신익희 국회의장이 "위기에 처한 조국을 위하여 국민은 다 같이 병사兵士가 되어야 한다"는 내용의 축사를 했다. 대법 원장 김병로, 국방부 장관 신성모, 미국 대사 대리 헨더슨 등의 축사가 이어졌다. 그 뒤 학생 대표가 선서문을 낭독했다.[83]

국가의 핵심이요 민족의 전위 됨을 자각하고 사명감에 불타는 우리 전국 300만 학도는 한마음으로서 강철과 같이 단결하여 국가의 원수이시고 우리의 총재이신 이 대통령 각하와 부총재이신 이 국무총리 각하, 우리의 단장이신 안 문교부 장관 각하 앞에서 엄숙히 다음과 같이 선서한다.
일. 우리 학도는 화랑도의 기상과 숭고한 3·1정신을 계승하여 모든 반민족적 행동과 반국가적 망동을 철저히 쳐부수고 국토 통일과 국토방위에 결사 헌신한다.
일. 우리 학도는 학원을 바로잡아 민족문화 앙양을 위하여 노력한다.
일. 우리 학도는 민족적 양심을 굳게 잡고 자주독립의 정신 밑에서 민족 도덕의 재건 향상을 위하여 노력한다.

학도호국단을 만든 문교부 장관 안호상은 학도호국단에 대한 비판에 맞서며 "사상의 통일이 민주주의 실천의 첫 단계"라고 했다. 민주주의는 자유와 평등을 기본 원리로 하며 대한민국 〈헌법〉에도 그것을 명시하고 있다. 그런데 문교부 장관이 나서서 조직한 학도호국단은 〈헌법〉의 가치를 따랐다고 보기 어렵다. 자유보다 획일적 통합을, 다양성보다 단일성을 강제하는 논리는 전체주의라는 비판을 받기에 충분했다.

사상의 통일이 민주주의 실천의 첫 단계이며, 이것을 실행하는 가장 요체는 청장년의 정수부대精粹部隊인 학도의 사상 통일이 급선무이다. 학도의 사상 통일이 없이는 진정한 민주주의는 기대하기 어렵다.[84]

학도호국단은 '학도의 사상 통일'을 목표로 했던 만큼 군사훈련을 중시하고 정치 행사에 학생을 동원했다. 문교부는 군사훈련을 정규 과목으로 하고 현역 장교를 배속하려 했다. 그러나 인력 부족으로 그 수요를 다 충당할 수 없었다. 대신 체육 교사에게 임시 군사훈련을 시켜 소위로 임관하게 한 뒤 각 중등학교에 배속 장교로 파견했다.[85]

중앙학도호국단은 단체 훈련을 위해 각 학교 학도호국단 조직을 대대, 중대, 소대로 편성했는데, 대개 한 학급이 한 소대를 이루었다. 대대장은 학교의 간부급 학생이 맡았고, 미리 특별훈련소에 입소해 훈련과 교육을 받았다. 대대장은 전교생을 집합하고 통솔하는 일을 했는데,[86] 여학교도 마찬가지로 대대, 중대, 소대의 군대식으로 편성했다.

그때 시대상으로 학도호국단이란 게 있었어요. 그래가지고 대대장, 중대장, 소대장 해가지고 군대 편성처럼. 그걸 많이 했어. 그때는 휴전, 반전 그런 거, 결사반대 이런 거. 수원시내 학교가 다 모여가지고, 궐기대회 어쩌구, 시내 행진을 하는 거야. - 신희선

학도호국단은 학생의 정치 동원 기구였다. 1950년 유엔한국위원단 환영대회에 1만 5000여 명의 중학생이 동원됐다.[87] 1953년 휴전 반대 데모는 오랫동안 대규모로 진행됐는데 학생이 혈서를 쓰는 등 격렬하게 전개됐고 여고생이 다치는 사고까지 있었다.[88] 시위는 전국으로 확대되어 부산에서 시내 중등학생과 대학생 10만여 명이 '통일이 아니면 죽음을 달라'고 집회를 열었다.[89] 경기중고등학교는 휴전반대 운동에 참여해 다음과 같이 결의했다.[90]

유엔은 한국민의 소리를 들으라. 휴전 계획에 앞서 먼저 3000만의 총의를 무시함은 민주주의 원칙에 대한 역행으로, 또 하나의 침략을 의미한다.

첫째, 불명예한 휴전의 성립은 세계에 제2의 한국을 출현시킨다. 우리는 전 세계 인민의 평화와 침략 저지를 위해서 휴전을 결사반대한다.

둘째, 휴전회담은 뮤니히[91]의 재판再版이다. 유엔은 국제 공산 계열의 한국 재침략 제지를 무엇으로 보증할 것인가. 제2침략을 의미하는 휴전을 우리는 결사반대한다.

셋째, 우리는 한국 정부의 휴전에 관한 5원칙을 절대 지지하며, 필요시에는 우리의 자결권 행사도 주저해서는 안 된다.

학생 데모대의 구호였던 '통일 없는 휴전 반대'나 '북진통일'은 대통령의 의중과 다르지 않았다. 북진통일론은 이승만 대통령과 각료의 개별 발언에만 등장하고 정부 통일론으로 공식화되지 않다가 전쟁 후 확립됐다.[92] 이승만 대통령은 북진통일에 완고한 입장이었기에 휴전회담을 불편하게 여겼다. 그는 "통일 없이 평화가 오는 것은 우리가 감수할 수 없다"고 했다. 휴전 반대 시위가 "외국인을 배척하거나 우방에 대한 악의를 표하는 것"으로 보이지 않도록 각별히 당부하면서도, 데모는 "시위 행동으로 민의를 표명한" 것이라고 지지했다.[93] 1950년대 내내 대통령의 뜻은 학도호국단의 정치 활동에 반영되어 나타났다.

학도호국단의 일상 활동은 가두 청소, 산림녹화, 종합예술제, 방학 활동(등산, 고적 답사, 식물채집, 공장 견학, 군인 위문) 등이었다. 정치적 성격을 띤 계몽운동과 결부된 경우가 많았다. '깨끗이 청소하자, 우리의 향토'라는 플래카드를 들고 시가행진을 하면서 가두 청소를 했고,[94] 안호상 학도호국단장의 제안으로 '학도의 나무 심는 날'로 제정된 '대통령 탄신일'에 나무를 심었다.[95] 각 지역에서도 국산품 애용, 청소, 산림녹화, 위생 등 운동 주간을 정해 학교 연합 가두선전과 궐기대회를 진행했다. 방학 때는 여러 학교의 학도호국단 간부를 모아 수련회를 개최하고 체력 단련과 반공교육을 했다.

전국적인 학도호국단 활동이 많았어요. 각 학교에 개(간부)들만 모아서 워

크샵 시키고 이런 게 옛날에 많았어요. 지도자 교육 (…) 내가 한 번 간 적
이 있었는데, 그 당시에 주로 반공교육이지, 반공교육을 시키고. 숲 속에서
수영도 좀 가르쳐주고 뭐 이런 거 하는 거니까. 등산하고 같이 밥 먹고 발
표하고, 반공교육이 위주지. - 차재연

각 학교 단위에서 학도호국단의 활동은 학내 활동과 분리되지 않
았다. 학교 학도호국단 조직은 대체로 훈련부, 문화부, 체육부, 생활부
등으로 구성되어[96] 교과 외 거의 모든 활동과 관련이 있었다. 이런 이
유로 학내 행사는 학도호국단이 주도했고, 월요일 교련 조회 사열식
도 학도호국단 간부가 지휘했다.

학도호국단의 지도 방침은 반공과 같은 국가 이념과 '1인 1기'의
교육부 시책부터 학생 자치, 취미·특기 등 자율 활동까지 포괄하고
있었다. 전북여자중학교의 지도 방침은 "첫째, 학교 규칙이 허락하는
범위 내에서 자치기관을 운영케 하여 자치 능력을 기르도록 하고, 둘
째, 각자의 특기를 신장하고 취미를 풍부케 하며, 셋째, 1인 1기를 양
성하여 생활에 필요한 기술을 연마하는 동시에 교련이나 기타 단체
훈련을 강화하여 올바른 운동 정신과 굳센 체력을 기르고, 넷째, 멸공
정신으로 사상을 통일하고 강한 민족의식과 국가관을 기르는 동시에
국제적 집단 안전보장에 대한 인식을 강화하는 데 노력한다"라는 것
이었다.[97]

학생을 정치적으로 동원한 것은 학도호국단만이 아니었다. 일부 지

〈그림 17〉 '북괴만행 규탄대회' 후 학교 주위를 행진하는 학생들, 1954(국가기록원 소장)

〈그림 18〉 북진통일 궐기대회, 1954(《정부기록사진집》2권)

역에서는 지자체나 경찰서가 소년단을 만들어 학생에게 사상교육을 했다. 1955년 경상남도 경찰국은 "건전한 소국민의 성장보호운동"을 위해 '경찰소년수양단'을 조직하고 "국민사상계몽운동과 도의교육을 고취"했다. 경찰국에 본부를 둔 이 조직에 약 5만 4300여 명이 참여했다.[98]

이런 상시 조직이 아니더라도, 선거 때면 학교와 지자체가 나서서 자유당 후보를 지지하라고 선전하며 학생을 정치적으로 활용했다. 심지어 교육청까지 나서서 국민학교 학생에게 "깨끗한 한 표로 이승만 박사를 대통령으로 모시자, 이기붕 선생을 부통령으로 모시자"며 기호와 후보 이름이 적힌 카드를 나누어주었고,[99] 교장은 담임에게 가정방문을 시켜 학부모 동향을 파악하고 자유당 후보를 지지하게 했다. 정부통령선거운동 기간 중 지역을 방문한 자유당 후보의 환영 행사에 수업까지 중단하고 학생을 동원한 사례도 무수히 많다.

자유당 공천 부통령 입후보자인 이기붕 씨가 선거운동차 제주도에 비행기로 12일 상오 오리라는 소식이 있자 제주시에서는 일반 시민 100여 명을 동원하는 한편, 남녀 고등학생 약 1000명에게 수업까지 중지시키고 환영 행렬에 나서게 했다 한다. 이들은 선거운동원 일행이 도착할 예정 시간에 앞서 동일 상오 10시 반까지 무장 경찰관이 경호하고 환영 아취와 초상화까지 세워진 관덕정 앞 광장에 모이게 하여 또 하나의 교묘한 선거운동을 보여주었는데.[100]

식민교육의 잔재, 검열의 일상화

학생이 교문에 들어서면 '규율의 세계'가 펼쳐진다. 학교 정문 안쪽에 교훈을 적은 푯말과 하루 생활계획표가 게시되어 있다. "등굣길에 맨 먼저 이것을 보고 그날 하루의 일과를 점검하고 전날의 학교생활을 반성하는 기회"로 삼기 위한 것이었다고 하지만, 사실 이것은 일제강점기부터 시작된 일상을 규율화하는 방식이었다.

정문에서는 매일 등교 시간과 복장을 둘러싸고 규제와 저항이 계속됐다. 지각생을 색출하고 교복 상태를 점검하는 것은 하루도 빠지지 않았다. 교사뿐 아니라 학도호국단 간부와 규율부는 학생을 처벌할 수 있는 '권력'을 가지고 있었기에 그들 앞을 통과할 때면 늘 떨림과 안도가 교차했다. 교문에 들어서면 선배에게 깍듯이 인사를 한 뒤 교복을 규정에 맞게 입었는지, 이름표는 달았는지, 단추가 떨어지지 않았는지 살폈다. 학생에게 자기 검열은 새로울 것이 없는 일상이었다.

아침이면은 등교 시간에 쫙 서 있어, 선배들이. 이거 완장 차고. 그러면 애들이 들어와. 그러면 교복 불량, 이런 거 다 찾아내고 그런 거예요. 그러니까 애들이 거기 들어올 때는 다 긴장하고 들어와. (…) 그래서 학생들이 들어오면서 절하는 거야, 후배들이. 그러면 여기서 살피는 거야. 머리부터 생각해서 단추 떨어졌나, 이런 거 다. 애들이 들어올 때 달달 떨고 들어온다니까…. 그러면 또 지각한 애들은 또 따로 모아놔. 그래가지고 손들고 세워 있고, 나중에 들여보내. 그런 짓도 했어요. 그러니까 완전히 군대식이었지.

– 차재연

교복을 제대로 갖추어 입는 것도 중요했지만, 학교에서 금지한 차림을 하지 않았는지도 감시 대상이었다. 1950년대에는 나일론을 사치품으로 여겨 학생이 나일론 양말을 신으면 압수를 했다. 멋을 부리는 학생은 가방 속에 몰래 가지고 다니며 단속을 피했다.

교복은 그 자체로 신체를 통제하고 규율하는 기능을 한다. 의복과 머리를 획일적으로 규제하는 것은 자유로운 활동과 생각을 막고 권력이 원하는 방향으로 유도하기 위한 것이다. 교복은 권력에 순응하는 신체를 만드는 것이므로 미적 감각보다 획일성과 단순성이 강조된다.

해방 후 신생활운동으로 의복 간소화가 추진됐고, 전쟁 때 〈전시생활개선법〉이 시행되어 검박한 옷차림이 권유됐기에 교복도 예외는 아니었다. 그러나 투박한 선과 까만 교복은 한창 예민한 사춘기 청소년을 만족시키지 못했다. 의복 규제가 심할수록 맘보바지와 허리가 잘록하게 들어간 헵번스타일 원피스에 대한 욕망이 더 컸다. 통제는 '자유 시대'가 도래했다는 선전을 실감할 수 없게 했다.

일제강점기 시작된 아침 조회는 해방 후에도 폐지되지 않았다. 전교생이 운동장에 모여 교장의 훈화를 듣는 일은 계속됐고 학도호국단의 간부 학생이 이를 지도했다.

〈그림 19〉 1950년대 경기여자고등학교 겨울 교복

〈그림 20〉 학도호국단의 복장 검사(차재연 소장)

전체 학생들이 운동장에 다 모여가지고 교장 선생님이 훈화하고 또 전체적으로 알림 사항 같은 거를 말씀하고 그런 시간이 있었는데, 이제 교장 선생님이 일주일에 한 번은 의례적으로 목사님들이 설교하는 식으로 뭐 10분이 됐든 20분이 됐든, 그리고 그때는 뭐 강당도 빈약할 때니까 대개 운동장에서, 그 땡볕에서도 해서, 그 어떤 날은 한낮에 그랬는지, 듣던 학생이 픽픽 쓰러지는 수가 있어요. 그때는 이제 잘 먹지도 못해서 그런지 픽픽 쓰러지면 또 그 양호실로 데려가기도 하고, 그런 기억이 몇 번 나는데. - 호영송[101]

아무리 훌륭하고 흥미로운 내용이라 해도 한 시간을 서서 훈화를 듣는 것은 괴롭고 힘든 일이었다. 이 때문에 "이 세상의 말을 혼자 도 맡아 하시는 모양"이라는 불평이 터져 나왔고, "30분만 더 길게 하시지. 그러면 수학 시간 지나고 바로 점심시간"이라며 수업 시간이 줄어 드는 것을 위안으로 삼았다.[102]

조회를 통한 상명하달 의사소통 방식과 복장 규율 강화는 통제와 복종을 일상화했다. 이는 교사가 학생을, 상급생이 하급생을 지도한다는 명목으로 이루어져 학교 구성원의 평등한 관계보다 서열을 중시하는 문화 풍토를 만들었다. 군대의 계급 서열 문화는 학교 선후배의 서열 문화로 이어져 상명하복의 풍토를 낳았다.

(왼쪽 가슴을 가리키며) 고등학교는 주황색 줄 하나, 두 개, 세 개, 있다고.

중학교는 파란 거, 초록색 하나, 둘, 셋, 있거든. 수원시내 아무 데나 가다 가도 이렇게 보면은 파란 줄이 나보다 하나 더 많다 그러면 서서 인사하고 지나갔을 때야. 그때가 참 대단했어. 인사 안 하고 지나가면 벌써 이렇게 (눈을) 째리지. 그러면 그때서야 알고 인사하고 그랬던 때거든. 그런데 우리가 한 20명 정도 됐는데, (하급생) 반을 하나씩 맡았다고, 선배들이. 그래가지고 한 반에 하나씩 다 맡았어요. 그러니까 내가 평상시에도 가는 거야. 걔네 반에. 규율 어긋난 것 있나 보고 (…) 그 당시에는 선배들이 그렇게 했거든. 애들을 확 잡은 거지. 그러기 때문에 하달이 쉬워요. - 차재연

신체 규율과 위생 규율: 표준화된 신체, 세균 없는 몸

인구와 국민 건강은 근대국가의 최대 관심사다. 건강한 노동력과 군사력을 확보하기 위해 국가는 인구를 '통제'하고 국민 건강을 '관리'해 왔다. 인구를 국력(전투력)으로 간주했던 일제 식민 권력은 어린이의 신체 건강에 관심이 컸다. 전시체제기에는 청소년을 대상으로 각종 체력검사를 실시하고 전쟁 동원을 위한 '국민 신체 만들기'에 총력을 기울였다.[103]

해방 후 아동 건강과 위생에 대한 관심도 '2세 국민'에 대한 규율화와 관련 있다. 학교 보건은 "우리 제2세의 보건이라는 국가적 사업으로 충분히 검토하여 만년대계에 인적 자원을 확보하여 건국 사업에 이바지하여야 할"[104] 중대 사안으로 인식되었다. 아동 개인의 행복과

안녕보다 국가의 인적 자원 확보라는 점이 더 중시됐다.

1951년 문교부는 문교부령 제15호로 〈학교신체검사규정〉을 발표하여 신체검사를 표준화했다. 이는 1913년 〈관공립학교생도신체검사규정〉, 1921년 〈학교생도아동신체검사규정〉, 1938년 〈학교신체검사규정시행세칙〉, 1945년 5월 〈학교신체검사규정〉 등의 계보를 잇는 것이었다. 학생과 학교 직원의 신체검사를 의무적으로 규정한 1945년 〈학교신체검사규정〉에 따라 신장, 가슴둘레, 체중, 척추, 영양 상태, 시력, 청력, 질병 등 검사를 매년 시행하고, 학교장이 필요하다고 여기는 항목을 추가해 검사했다.[105] 검사 대상 질병은 눈병(트라코우, 기타), 귓병(중이염, 기타), 코와 목의 병(중이염, 축농증, 편도선 비대), 피부병, 충치, 결핵, 빈혈, 선병(림프절결핵), 근막염, 심장 질환, 각기, 탈장, 신경쇠약, 언어장애, 정신장애, 골격 관절 이상, 팔다리 운동장애 등으로 매우 세분화되었다.[106]

1951년 문교부가 발표한 〈학교신체검사규정〉은 "학교는 학생의 신체의 질병 및 기타 결함 발견 예방, 간이 치료, 건강 증진, 체력 향상을 도모하기 위하여 본령에 의한 신체검사를 실시한다"고 했다. 이에 의해 키, 몸무게, 가슴둘레, 앉은키 등을 측정하고, 결핵과 정신병 등 질병 검사가 시행되었다.[107] 검사 결과는 '신체충실지수: 154(A)'와 같이 충실지수를 산출하여 통계를 내도록 했다. 질병 이상이 없을 때도 '근골이 박약함(단련 요함)', 'X각 또는 O각임(X각 교정 요함)', '신체가 불결함(청결 요함)', '자세가 부정함(자세 교정 요함)', '영양이 불량함(급양 요

<표 11> 전국 남학생 신체검사 통계 (1958)

연령	7	8	9	10	11	12	13	14	15	16	17	18	19
신장 (cm)	111.6	115.3	118.4	122.9	128.7	135.4	143.1	146.7	150	153	160	162.8	164.1
체중 (kg)	19.3	20.9	22.6	24.4	28.6	30.8	34.7	38.4	41.6	44.6	52.1	53.8	55.8

<표 12> 전국 여학생 신체검사 통계 (1958)

연령	7	8	9	10	11	12	13	14	15	16	17	18	19
신장 (cm)	110.7	114.7	118.5	122.1	132.4	135.2	139.3	144.6	147.6	150.8	153.5	154.7	156.4
체중 (kg)	18.7	20.3	22.1	23.8	28.1	31.6	34.5	40	42.4	45.4	48.4	49.9	52.5

출전: 학원사, 《학생연감》, 1960, 834쪽.

함)' 등 특이 사항을 명시하도록 권고했다.[108] 신체검사는 체격검사, 체질검사, 체능검사 등을 포괄했고 각각 지표를 만들어 수치화하거나 상·중·하로 등급화하여 '정상'의 경계를 설정했다.

지능검사는 그 자체가 차별적 요소를 내포하고 있었다. 지능은 학습의 기초가 되는 능력으로, 선천적으로 타고난다고 여겼다. 학교에서 실시한 검사는 서울대 사범대학 교수가 표준화한 A형과 B형의 두 가지였다. 최하 70에서 최고 140까지 범위로 하여 90~110은 보통지능, 140 이상이면 '천재적 지능', 70 전후면 '거의 공부하기 어려운 지능'이고, 그 이하는 '바보이어서 보통 사람으로 볼 수가 없다'고 했다

(〈그림 21〉 참조).[109]

'과학적'이고 '객관적'으로 측정한 지능지수는 아동의 지적 능력을 숫자에 가두었다. 무엇보다 이는 아동을 차별하는 근거로 작용했다. 《학생연감》(1960)은 학생의 지능에 따라 장래에 선택 가능한 직업군을 분류했는데, 놀랍게도 '최상 지능'은 사회의 리더로 창조적이고 전문적인 일을 하는 직업군으로, '최하 지능'은 알맞은 직업을 생각할 수 없는 지능으로 단순 노무직에 적합하다고 제시했다.

교사, 관료, 의사 등 전문가 그룹은 아동의 지능을 '사회문제-문제아'와 관련해 이해했다. 불량 청소년 발생 원인에 지능 항목(저능)을 포함해 그 관련성을 추적했다. 이들은 '가정적으로도 갈등이 심한 감동성 성격아感動性 性格兒, 불안정성 성격아不安定性 性格兒의 반응은 정신 구조가 강건한 소년보다 위협적'이라 보았고, 이 경우 문제아가 가장 많다고 분석했다.[110] 이처럼 지능검사는 사회적 차별을 구조화

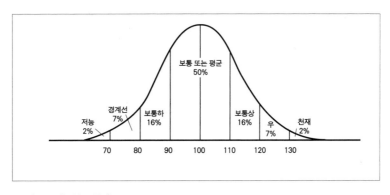

〈그림 21〉 지능 분포 곡선(학원사, 《학생연감》, 1960, 876쪽)

	최상 지능	상 지능	보통 지능 이상	보통 지능	보통 지능 이하	하 지능	최하 지능
지능 지수	131 이상	130~118	117~108	107~93	92~83	82~71	70 이하
비율	3%	10%	18%	38%	18%	10%	3%
특징	창조적 통솔적	행정적 사업적 지도적	소규모의 행정적·지도적 위치 가능	기계 작업에 적합, 복잡한 추상적 능력 요하는 직업 불능	복잡하지 않은 숙련 작업에 적합	단순하고 일정한 직업에만 적합	자력으로 방향 결정 불가(알맞은 직업을 생각할 수 없는 지능)
교육 정도	대학에서 우수 성적 가능	대학에서 평균 성적 가능	고등학교, 단기대학 졸업 가능	중학교를 평균 성적으로 졸업 가능	중학교를 겨우 마칠 수 있는 능력	국민학교를 졸업할 정도	특수교육 기관
직업	대학교수, 공업 기술자, 법률가, 고급 행정관, 회사 간부역, 육해공군 장성	교사, 의사, 기자, 평론가, 설계가, 사법관, 행정관, 회사 지배인·관리자	교사(예체능, 가사, 특수기술), 통신기사, 보모, 약제사, 공사 현장 감독, 속기사, 사무원, 철도 차장, 상인	전화교환수, 차장, 역무 종사원, 급사, 판매점원, 이발사, 안내인, 경찰관, 여관 종업자, 기차 기관수, 각종 기계 직공, 운전사, 재봉사, 요리사, 농경업	직공, 간호인, 소방수, 가사 사용인, 석공, 미장이, 토목 건축 인부, 공장 잡부역	어부, 노동자, 하역, 청소인부, 운반부	단순한 노무적 직업

출전: 학원사, 《학생연감》, 1960, 884~885쪽.

〈보통지능 이상의 사람은 사무계통이 좋다〉 〈하 지능자는 단순한 직업이 알맞는다〉

〈그림 22〉 지능별 추천 직업(학원사,《학생연감》, 1960, 885쪽)

하고 계급 차별을 정당화하는 논리로 작용했다.

　교육 당국은 아동과 청소년의 장애를 분주히 파악했지만, 정작 장애아동이 비장애아동과 평등하게 교육받을 수 있는 시스템은 마련하지 못했다. 그나마 있었던 소수의 농아학교와 맹아학교는 1959년 〈교육법〉이 개정되기 전까지 중등교육과정만 운영하고 있었다.[111]

　현재 우리나라에는 다 같은 민족이면서 불구자이기 때문에 고통과 실망 중에 헤매고 있는 불쌍한 사람이 무려 10만 명이나 넘는 형편이나 그들에 대한 특수교육기관이라고는 서울에 국립맹아학교(300명 수용)와 대구에 맹아학원(50명 수용) 2개소밖에 없는 한심한 상태에 있다. (…) 정부에서는 의무교육 실시를 앞두고 각 시도에 맹아학교와 양호학교 각 1교 이상을 설치할 방침이라고 한다. 그리고 특히 이 사업을 측면으로 원조하기 위하여

금번 문교부 후원하에 민간단체로 특수교육협회가 조직됐는데, 동 협회에서는 앞으로 특수학교를 졸업한 불구자들에게 직업을 주어 생활의 길을 열어주고저 목공장, 철공장, 안마치료소 등을 경영하리라는 바 이미 정부에서 500만 원의 보조금을 받았다고 하는바, 불구자 교육 구호를 위한 정부의 강력한 시책과 일반의 후원이 절대 필요하다고 한다.[112]

장애아동을 따로 보호하는 시설은 전국에 15~19개소가 있었다. 1956년부터 1960년까지 전국 시설에 수용된 장애아동은 수백 명이었다. 그 중 10~20퍼센트는 고아와 부랑아였다.

이런 상황에서 장애가 있는 아동은 거의 학교에 가지 못하고 시설에 수용되거나 집에 방치되어 있었다. 다른 아이들처럼 학교에 가고 싶은 마음에 고민 상담을 하면, 자기 자신을 불행하다고 생각하지 말고 헬렌 켈러를 본받으라고 조언하는 것이 고작이었다.

문: 소녀는 불행히도 다섯 살 때 떨어져서 영원히 낫지 못할 불구의 몸이 되었어요. 그래서 집 밖에도 잘 나가지 않는 우울한 소녀가 되었답니다. 언제나 고독만이 소녀의 유일한 동무이지요. (…) 제가 이 글월을 올리게 된 것은 지금까지 너무 비탄에만 빠진 무의미한 생활을 해왔지만 역시 참된 삶을 위하여는 배움이 필요하다는 것을 절실히 깨닫게 된 때문입니다. 여학교커녕 국민학교 문전에도 가보지 않은 이 몸! 정말 남의 조롱거리가 되기 싫었어요. 선생님! 어떻게 하면 저의 개성을 살릴 수 있겠습니

〈표 14〉 전국 장애아 수용 실태(1955~1960)

연도	기관 수	총수	입소자 수				
			고아	기아	부랑아	전입	기타
1955	15	73	12	5	6	19	31
1956	15	203	22	3	27	46	105
1957	15	332	30	1	40	97	164
1958	16	512	26	9	25	199	253
1959	19	838	57	5	18	623	135
1960	18	379	39	11	15	77	237

출전: 보건사회부, 《보건사회부통계연보》, 1960, 434쪽.

까? 비운의 삶일지언정 뜻있고 보람 있는 생활을 할 수 있는 올바른 지도를 주십시오.

답: 손으로 배울 수 있는 기술들, 이를테면 자수나 양재 같은 것도 배울 수 있을 것이요. 그런 것이 마땅치 않다면 그림 공부도 할 수 있고 문학 공분들 못할 바 없을 것으로 봅니다. 자기 자신을 불행하다고만 생각 마십시오. 저 유명한 헬렌 켈러 여사는 그이는 장님이요, 귀먹어리로서도 몸 성한 사람 이상으로 훌륭한 사업으로 몸 성한 사람들을 감동시키고 있지 않는가요. 나중에 어떤 방향으로 취하던 간에 우선 켈러 여사의 전기를 구해서 읽어보시기를 권합니다.[113]

아동 위생과 보건 문제는 늘 중요하게 인식되었다. 그러나 학생의 상태는 그리 좋지 못했다. 1958년도 건강진단 결과를 보면, 전국 초중고 학생 중 남학생 22퍼센트, 여학생 23퍼센트가 질병에 걸린 상태였다. 충치, 폐결핵, 트라코마(안구감염병), 축농증, 탈장, 빈혈, 신경쇠약, 정신장애 등이 많았다.[114]

아동의 영양 상태는 질병 문제 이상으로 심각했다. 전쟁 중이던 1952년에는 전국의 국민학생 239만 9000여 명 중 결식아동이 61만 7000여 명이었다.[115] 미군정기 학무국은 국민학교 허약 아동에게 우유를 배급했고,[116] 정부 수립 후에도 정부와 각종 구호단체가 결식아동을 지원하기 위한 대책을 마련했다. 하지만 굶주리는 아이를 구제하기에 턱없이 부족했다.

해방! 먼저 어린이로부터 먹을 수 있는 대로 먹게 하고 또 맘대로 뛰놀게 하여 토실토실 무럭무럭 자라게 해야 할 것이다. 듣건대 국민학교에는 쌀이 부족하여 오식午食을 못 갖고 오는 아동들이 많다니 서글픈 일이거니와 위생, 학무 양 당국은 영양이 부족한 아동들의 건강을 회복시키고자 우유의 무료 배급을 시작했다. 이것이 초시初試라 그 수량도 많지 못하매 전 아동에게 균배均配가 못 될 것이나 아동 보건을 위해서 해방이 가져온 어린이의 첫 선물! 첫 낭보! 우유도 좋고 과자도 좋고 어린이들에게 영양물을 공급하기로 하자.[117]

만성적인 영양부족에 시달리던 학생을 가장 괴롭힌 것은 결핵과

〈그림 23〉 보건사회부 구세군 급식소 모습, 1956(국가기록원 소장)

전염병 그리고 기생충이었다. 먼저 결핵 감염 상황을 보자. 1948년 서울시는 시내 10만여 명의 국민학교 학생에게 투베르쿨린검사(결핵반응검사)를 했는데, 48퍼센트가 양성 반응을 보였다.[118] 1957년 학생 건강검진에서는 전국 초중고생 300만 명 중 약 5000명이 결핵성 질병이 있는 것으로 조사됐다.[119] 1960년 투베르쿨린검사에서는 59만여 국민학생 가운데 24만 3000여 명이 양성 판정을 받았다.[120] 결국 아동과 학생 병동을 별도로 건립하기에 이르렀다.[121]

보건 당국은 결핵에 취약한 청소년과 유아에게 예방접종을 우선

실시했고,[122] 지역자치단체와 각급 학교는 예방교육을 시행했다. 그러나 1956년 전국 결핵 환자는 130만여 명으로 추산됐다. 중증 환자가 50만 명이었으나 ICA 자금을 도입해 전국 128개소 병원에 무상 배분한 치료약은 20만 명분에 불과했다. 이마저 도시 중심이었다. 농촌에 있는 환자는 제대로 혜택을 받기 어려웠을 뿐 아니라, 이를 둘러싼 부정도 많았다.[123] 전국적으로 무료 치료 혜택을 받지 못한 결핵 환자가 태반이었고, 영양 상태가 극도로 열악한 아동이 많았다. 근본 문제가 해소되지 않는 한 학교에서 '결핵 퇴치'는 구호에 불과했다.

일제강점기 호열자로 불리던 콜레라의 치사율이 높았지만[124] 점차 이는 약화됐고, 장티푸스와 파라티푸스 등의 집단 감염이 증가했다. 면역력이 약하고 학교에서 집단생활을 하는 학생은 감염에 쉽게 노출됐다. 성인보다 유아와 청소년 전염병 환자가 많았고, 사망자 수도 적지 않았다. 전염병으로 인한 사망 원인 중 장티푸스 비율이 가장 높았다. 제1종 전염병 발병 아동 수와 사망 아동 수는 〈표 15〉와 같다.

보건 당국은 예방주사를 놓거나 DDT를 뿌려 파리를 박멸하고 위생 선전을 강화했다. 학교, 공장, 회사 등 집단 시설에 예방주사 약을 배부했으며, 생후 6개월에서 만 12세까지 아동에게 전염병 예방접종을 실시했다.[125] 또 전국의 시·읍·면에 '공인 예방접종소'를 설립해 예방접종과 치료를 했다.[126]

1947년 한반도와 만주 국경 지대에서 페스트가 확산되자 보건후생부는 페스트균을 지닌 쥐를 잡는 사업을 시행했다. 2주간 전국 구서驅

연령	5~9		10~14		15~19	
연도	발병자 수	사망자 수	발병자 수	사망자 수	발병자 수	사망자 수
1955	1,295	439	425	133	203	59
1956	385	66	153	32	91	10
1957	439	53	217	15	160	12
1958	3,564	1,053	1,487	363	654	125
1959	1,705	408	881	153	542	65
1960	1,442	302	810	83	537	40

출전: 보건사회부, 《보건사회부통계연보》, 1957, 131~148쪽; 같은 책, 1958, 96~101쪽; 같은 책, 1959, 120~125쪽; 같은 책, 1960, 110~115쪽.

鼠 주간을 정해 "남한 각 지방의 동·리회를 통해 매호 쥐 한 마리 이상을 책임제로 잡도록 하고", 각 도에서 국민학교 아동을 대상으로 쥐잡기 현상 모집 대회를 열어 1등에 5만 원, 2등에 2만 5000원을 수여했다. 제일 우수한 학교에 10만 원의 특별 상금을 주었다.[127] 그 뒤에도 쥐잡기 경진대회가 전국에서 열렸으며, 각 시도가 주최하여 쥐잡기 주간을 실시했다. 보건사회부가 주관한 도별, 학교별 포상은 계속됐다. 1958년 가을부터 1959년 3월까지 '전국 쥐잡기 경기'에서 경상북도가 610만 9000마리의 쥐를 잡아 1등을 해 상금으로 황소 한 마리와 공동 우물 시설비를 받았다.[128]

학생의 기생충 감염률이 높은 것도 우려스러운 사회문제였다. 미군 정기 경기도 학생을 대상으로 한 기생충검사에서 국민학생의 99퍼센

〈그림 24〉 서울 시내 방역, 1958(국가기록원 소장)

〈그림 25〉 장티푸스 방역, 1961(국가기록원 소장)

트가 감염된 것으로 나타났고, 서울 학생도 감염률이 90퍼센트였다.

장차 나라를 걸머지고 나아갈 제2세 국민으로 각 국민학교 아동들의 건강 상태를 보면 식량난으로 인한 영양부족도 커다란 관심거리가 되고 있거니와, 특히 기생충이 많아서 아동들의 건강은 극히 불량하다고 한다. 즉 경기도 후생국에서는 앞서부터 광주廣州 각 군 국민학교에 걸쳐 아동들의 기생충(주로 회충) 채란採卵 검사를 시행한 바 있었는데, 그 결과를 보면 **광주군내 국민학교 아동 수 1990명 중 기생충 보유자는 1979명이나 되어 99파-센트가 넘으며, 용인군은 98.2파-센트, 여주군은 97.2파-센트를 보이고 있어 아동 전부가 거의 기생충 환자라는 놀라운 현상에 있다.** 한편 서울시에서 가장 위생 시설이 양호하다고 할 만한 시내 수송국민학교의 검사 결과를 보면 검사 아동 수 1200명에 대하여 1080명으로 **도시의 아동들도 9할가량이나 기생충을 보유**하고 있는 셈으로, 이는 조선의 음식제도와 위생 관념이 부족한 탓이라고 하나 국가 장래를 위하여 한심스러운 현상으로, 관계 당국에서는 이에 대한 적극적 대책을 세우기를 요망하고 있다 한다.[129]

1959년 문교부 조사에서 전국 초중고생과 대학생 검사자 250만여 명 가운데 69퍼센트가 회충이 있는 것으로 보고됐다.[130] 보건 당국은 전국 국민학교에 구충제 산토닌을 배부하고[131] 각종 위생 계몽을 시행했지만, 전 국민의 다수가 기생충에 감염된 상황을[132] 쉽게 해결하지 못했다. 또 일부 관계 기관이 시가 13환짜리 회충약을 50환에 배부하

〈그림 26〉 구충제 광고

새 구충약 출현
속효速效 정확正確 안전安全
* 본제의 특징
1. 단 1회의 복용으로 완전히 구제됨
2. 감미 액체로 되어 있어 어린이들의 복용이 적합함
3. 단식, 하제下劑 사용이 불필요하고 부작용이 없음
4. 내약력耐藥力이 좋으므로 생후 9개월부터의
유아에게 사용할 수 있음
《경향신문》 1958년 11월 15일)

〈그림 27〉 구충제 광고

발명 특허 제137호
발명상 수령
나온다 정 – 1회 복용에 몽땅 빠지는 구충약
"나온다! 나온다! 잘도 잘도 나온다!"
"병 없는 얼굴에 우슴이 나온다"
《경향신문》 1961년 3월 31일)

여 학부모의 원성을 샀다.[133]

　보건 당국과 문교부는 '2세 국민'인 학생의 건강과 위생을 중시했고, 학교 보건을 '민주교육의 토대'로 여겼다. 아동의 신체 상태를 수치화해 통계로 산출하고, 각종 질병과 전염병 발병을 조사하고 통제했다.

매일 행사	주중 행사	월중 행사	연중 행사
1. 수업 전의 교사 순시(양호주임) 2. 조회 체조와 심호흡(체육주임) 3. 자세에 관한 주의와 훈련 4. 병아(病兒)의 망진(望診) 혹은 진료 5. 수업 전의 간단한 용의검사 6. 환기, 채광, 온습(溫濕), 피복의 주의 7. 피로 상태의 관찰-정양(靜養) 8. 주식(晝食) 지도와 급수(끓인 물) 9. 식후 작업 후의 수세와 양치 10. 요양호자에 대한 교정 체조 11. 식후의 치마(齒磨) 12. 청소 지도 13. 트라코마 세안 14. 내외과적 일반 임상	월. 변소 소독 수. 전교 일제 　　신장검사 목. 직원 체육일 토. 전교 대청소	1. 매월 5일 　　건강진단 2. 매월 초순 소 　　풍 혹은 원족 3. 매월 중순 어 　　린이운동날	1. 정기 　　신체검사 2. 운동회 3. 산토닌 복용 4. 위생 강연

출전: 김사달, 〈학교 양호위생의 긴급성과 실제〉, 《새교육》 1-1, 1948, 56쪽.

각 학교는 매일 실천해야 하는 위생 수칙을 정해 몸에 익히도록 했고 보건 위생교육을 강화했다.

　국가가 아동 건강을 '염려'하는 것을 부정적으로 볼 이유는 없다. 문제는 아동 건강에 대한 관심이 일제강점기처럼 '건강한 국민 육성'에서 비롯했다는 점, 아동의 신체를 '정상'과 '비정상'으로 구분해 '정상' 밖의 신체를 타자화했다는 점이다. 장애아동과 병에 걸린 허약한 아동이 학교에 가지 못하거나 놀림의 대상이 됐던 것은 국가가 생산한 아동 신체와 보건 위생 담론과 무관하지 않다.

여학생 규율, '한국적 현모양처'가 돼라

'현모양처'의 모범으로 신사임당을 떠올리는 것이 상식처럼 됐지만, 사실 신사임당은 현모양처가 아니다! 좀 더 정확하게 표현하자면 현모양처가 될 수 없는 조건에 있었다. 근대 이전 양반 여성에게 가장 중요한 임무는 제사를 지내는 것(봉제사)과 손님을 맞는 것(접빈객)이었다.

이와 달리 근대 주부인 현모양처는 과학적이고 합리적 모성으로 아이를 양육하는 어머니(현모) 역할과, '공적 영역'에 나가서 일하는 남편이 '사적 영역'인 집에 와서 노동력 재생산을 위해 휴식하도록 내조하는 아내(양처) 역할을 겸하는 존재였다. 유모에게 아이를 맡기지 않고 아동을 직접 기르고 교육하는 어머니상은 여성교육이 시행된 뒤 만들어졌다. 근대국민국가 형성기에 아동이 2세 국민으로서 새롭게 주목받기 시작하면서 아동의 양육을 책임질 어머니의 역할과 모성 이데올로기가 강화됐고, '현모'는 그를 뒷받침하는 여성상이 됐다. 남편의 동반자로서 내조를 제일의 사명으로 한 '양처'는 '친밀한 공동체'인 가족 내 부부 중심성이 강조되면서 등장했다.

근대국민국가의 탄생과 궤를 같이한 근대 가족은 현모양처라는 '새로운' 주부상과 상호 구성적 관계였다. 개항기 이래 여성교육의 목표는 현모양처 양성이었고, 해방 후에도 지속되었다.

해방 후 주요 정치 세력은 남녀평등과 교육 기회의 평등을 주장했고, 대한민국 〈헌법〉과 〈교육법〉이 이를 반영해 제도적으로 여성도

〈그림 28〉 여학생이 집에서 음식과 옷을 만드는 내용의 만화(김용환, 〈미쓰꽈리〉, 《여학생》창간호, 1949)

남성과 동등하게 학교교육을 받을 수 있게 됐다. 여성이 의무교육의 대상이 됐고 학제의 차별도 철폐됐다. 이러한 교육제도의 변화로 형식적으로는 차별 요소가 많이 감소했다.

    일제강점기와 비교하면 몇 가지 내용의 차이도 있었다. 일제강점기 여성교육은 근대 주부인 현모양처를 양성하는 데 초점을 두면서도,

〈그림 29〉 여학교의 생활관 실습 - 식사 준비(차재연 소장)

〈그림 30〉 여학교의 생활관 실습 - 물 긷기(차재연 소장)

여학생 수신 교과서 등에서 '순결한 부덕'과 '삼종지도'를 가르쳤다. 교과서의 내용도 일부 바뀌었다. 해방 이후 교과서에서 가장 눈에 띄는 변화는 순종이나 삼종지도와 같은 봉건적 여성 규범을 삭제했다는 점이다. 현모양처교육에서 '부덕婦德'을 자주 거론했지만, 노골적으로 여성의 절개나 삼종지도를 강조하지는 않았다. 해방 후 분출한 민주주의와 평등에 대한 요구를 무시할 수 없었기 때문이다.[134]

또 해방 후 현모양처교육은 '민주적 현모양처'나 '한국적 현모양처'를 강조하며 수사적 표현을 바꾸었다. 가사 교과서의 집필자 현병진은 "민주적인 현모양처가 되려면 올바른 여권 확립의 길이 무엇인가를 바르게 인식하고", 동시에 "동양인으로서, 한국인으로서 부덕을 간직하는 여성"이 돼야 한다고 강조했다.[135] 일제강점기 여성은 "남편의 성화를 받아주는 존재가 아니면, 자녀를 생산하는 산아 기계와 같은 존재"였지만, 새 시대의 현모양처는 여권에 대한 인식과 함께 '동양의 부덕'을 갖춰야 한다는 것이다. 사실 해방 후 현모양처교육이 민주적이었다고 보기 어렵다. '민주적', 혹은 '한국적'이라는 수식어는 여성 규범을 강조하는 것이 자칫 '봉건적'으로 비칠 수 있기에 이를 피하려는 의도에서 나온 것이었다.

가사교육은 현모양처를 양성하는 핵심 통로였다. 가사 교과의 목표는 '이상적인 가정'을 만드는 '참다운 가정주부'를 교육하는 것이었다. 많은 여학교는 부덕, 지조, 온화, 정숙, 진선미 등과 같은 덕목을 교육 목표와 이념으로 표방했으며, 교장이나 교사가 평소 설교를 할 때도 현모양처를 강조했다. 한 여학교 교사는 졸업하는 학생에게 "학교에서 배운 진선미의 이상을 현실과 나의 것으로 끌어내려 일해보기를" 권하면서 "그 유대는 행주치마가 해줄 것"이라고 말했다.[136]

흥미로운 점은 현모양처교육을 내실화하기 위해 많은 여학교에서 생활관 실습 교육을 했다는 것이다. 창덕여자고등학교의 '선화료'를 비롯하여 성신여자고등학교, 배화여자고등학교, 수원여자고등학교 등 많은 학교가 생활관을 직접 지어 실습을 했다. 생활관에서 여학생은 3~5일 동안 같이 지내면서 양식 상차리기, 음식 만들기, 불 때기, 물 긷기, 청소하기 등의 집안일과 문 여닫기, 절하기, 차 따르기, 인사하기 등 전통 예절 규범을 배웠다.

당시 생활관은 양옥이었는데 시설이 매우 좋아 학생의 현실과 거리가 있었다. "시설이 현실과 너무 격차가 있어 이 교육을 받은 학생이 자기 집에 가서 응용할 수 없어 신경질을 내거나 생활관 같은 집으로만 시집을 가겠다"고 하면 어떡하느냐는 걱정이 나올 정도였다.[137]

이처럼 현모양처교육은 합리적이고 과학적인 '근대 주부'를 지향하면서도, 동시에 서구화에 물들지 않고 '한국적 부덕'과 전통을 체화한 여성상을 요구했다.

일상의 중심,
공부와 노동과
취미

3

I

'일류'를 향한
욕망과
입시총력전

일류대 합격을 위한 총력전

정부 수립 후 의무교육이 시행되고 한국전쟁으로 가족주의가 강화되면서 학벌에 대한 사회적 욕망이 무한대로 커졌다. 전쟁 후 극단적 상실감과 피해의식이 팽배하던 상황에서 믿을 수 있는 것은 가족뿐이었고, 좋은 대학을 나온 자식의 성공만이 희망이었다. 농가에서는 재산목록 1호인 소와 돼지를 팔아 등록금을 마련했고, 조상 대대로 물려받은 논밭을 팔아 굶주림과 헐벗음을 감수하고 자녀교육에 전력투구했다.[1]

중·고등학교와 대학의 서열화가 뚜렷해지고 '일류대' 출신의 신화가 도처에 떠돌면서 학벌은 최고의 문화자본이 됐다. 1954년 삼성물

산을 시작으로, 1957년 락희화학, 1958년 금성사 등 대기업이 공채를 시작하여 학벌과 사회적 성공은 불가분의 관계를 맺기 시작했다. 이로써 개인적인 성공과 출세 그리고 가족의 명예를 목표로 하는 근대적 욕망의 체계가 완성된 것이다.[2]

학생은 어려서부터 입시 지옥을 경험해야 했고 사회는 큰 비용을 치러야 했다. 고등학교와 대학교에 진학하는 학생이 많지 않았기 때문에 중학교 입시 경쟁이 가장 치열했다.

중학교 평균 경쟁률은 3 대 1에서 4 대 1이었는데, 경쟁률이 높은 곳은 7 대 1에서 8 대 1까지 됐다. 1959년 입시 상황을 보면 경기중학교 2.8 대 1, 경복중학교 3.3 대 1, 경동중학교 4.6 대 1, 서울중학교 2.6 대 1, 경서중학교 7.8 대 1, 선린중학교 5.2 대 1, 휘문중학교 4.5 대 1, 양정중학교 5.3 대 1, 보성중학교 2.4 대 1, 숭문중학교 2.8 대 1, 성북중학교 2.4 대 1, 경기여자중학교 2.9 대 1, 수도여자중학교 2.7 대 1, 숙명여자중학교 2.8 대 1, 진명여자중학교 4.1 대 1, 동덕여자중학교 2 대 1, 성신여자중학교 2.7 대 1, 덕성여자중학교 4.3 대 1, 계성여자중학교 4.4 대 1 등이었다.[3] 그뿐만 아니라, 서울대학교사범대학부속국민학교와 같은 '명문' 국민학교도 입학 경쟁이 심했다. 뜀박질을 포함한 신체검사와 그림 찾기 등을 입학시험으로 보았는데, 평균 경쟁률이 약 4 대 1이었다.[4]

학생은 '명문대'에 입학하기 위해 어떤 준비를 했을까? 입시 준비 방식은 학생 가정의 경제 사정과 부모의 교육열에 따라 달랐으며, 학교 정책과 분위기에 좌우됐다. 인문계 고등학교라도 대학 진학을 희망하는 학생이 많지 않았고 졸업하면 바로 취직하거나 결혼하는 사람이 많아서 좋은 대학에 가려는 학생은 따로 입시 준비를 해야 했다. 일부 학생은 '노는' 분위기에서 공부를 하기 어려워 아예 등교를 하지 않고 계획을 짜서 입시 공부를 하기도 했다.

> 학교는 공부를 안 하는 데거든. 고 3에 1, 2, 3반이 있었어. 그런데 한 반에 열 명도 안 가거든, 대학을. 그 나머지는 다 노는 거야. 교과서를 끝까지 배워본 적이 없다니까. 반만 배우면 끝이야. 9월달부터는 그냥 놀아리야. 그러고 또 선도 보러 와. 아줌마들이 밖에서 요렇게 (기다리고 있어). 고 3 졸업하면 시집가. 그랬던 때야. 그러니까는 내가 가면은 놀기만 하니까. 애들하고 놀고 그냥 깔깔대고 막 이러는데 내가 학교를 왜 가? 학교를 안 가. 나는 나대로 스케줄을 짜서 그 스케줄대로 새벽 4시부터 하는 거야. - 차재연

경제적 여유가 있는 집안은 아이에게 과외를 시켰다. 고학생을 입주 교사로 채용해 숙제부터 입시까지 돌봐주도록 했다. 하지만 먹고 살기도 어려웠던 시절, 과외비를 부담 없이 댈 수 있는 가정은 많지 않았다. 대개 학생은 친구 집에 같이 모여서 공부를 했다. 대도시에는 '1개월 절대완성'을 내세운 입시학원이 많아 몰래 학원에 가서 부족한 과목을 배우는 학생도 있었다. 일부 학교에서는 교사가 성적이 좋은 학생을 불러 특별 과외 수업을 했다.

시험 때 같은 때는 모여서 우리 친구, 우리 친구네가 딸이 일곱이에요. 그 바글바글하는 집에 가서 모여가지고. 우리 집보다는 그 집이 좀 커가지고. 조금 형편이 나서. 그 집이 동네니까 늦게 하고 오면 너무 늦으면 거기서 그냥 밤새죠. 그리고 아침에 들어와서 밥 먹고 옷 갈아입고 (학교에) 가는 수가 있는데. - 구인희

(선생님이) 세상에 돈도 한푼 안 받고 했어. 우리를 한 6개월인가를 일요 일마다 불렀어요, 선생님 집에. 6시부터 10시까지 과외를 시켜줬어. 우리 잘 하는 아이들 네 명만 데려다가. 6시에 우리는 밥도 못 먹고 가서 앉아 있으면 사모님이 그냥 우리를 막 눈을 흘겨. (선생님이) 일주일 서울에 있 다가 토요일 저녁에 (집에) 내려왔는데, 일요일이나 좀 남편 편하게 재우 게 하려고 그러는데 저것들이 와가지고 (힘들게 한다고). 그러니까 선생님 한테는 계란 두 개에 반숙 한 개에다 참기름 딱 떨궈가지고 이렇게 먹여. 우리는 침 꿀떡꿀떡 넘어가지만 뭐 그럴 수 있어? 그 당시 다 너 나 할 것 없이 어려웠는데. 과외비 한푼 없이 네 시간을 가르쳐줬어. 그러면서 네 명 이 워낙 공부를 잘하니까 재밌었던 거야. 한 (사람) 앞에 25문제를, 선생님 이 일일이 다 적은 거야. 그럼 100문제거든. "일주일 동안에 100문제 풀어 와라." 하여튼 그렇게 해서, 수학을 해서 우리가 미적분이니 끝냈지. (…) 화학은 학교서 선생님이 우리를 데려다놓고 교실에서 가르치는 거야. 막 선생님이, 네다섯 명 앉혀놓고 말이야, 화학을 가르치는 거야. 그러면 (학 교 경비실에서) 두꺼비집을 내려버린다고. 깜깜하잖아. 그러면 촛불 켜고

가르쳐. 그러면 불낸다고 또 야단하고. 그렇게 구박받으면서도 우리 고 3

때까지 선생님이 가르치셨어. - 차재연

명문대 진학률은 학교의 명성과 관련되었기에 일부 학교는 졸업반

학생에게 의무로 과외 수업을 시켰다. 방학에도 아침 일찍부터 저녁

까지 과외 수업을 했고, 이에 따른 수업료를 별도로 청구하기도 했다.

과중한 과외비를 부과하거나 사친회비에 덧붙여 과외비를 징수해 물

의를 빚은 학교가 허다했다.[5]

사친회비, 학교 건축비 등 교육 잡부금에 시달리던 학부모에게 과

외 수업비는 부담이 아닐 수 없었다. 이것이 사회문제가 되자 서울시

가 각 학교에 '방학 중에는 과외 수업을 중지하라'는 통첩을 보내기도

했으나 쉽게 시정되지 않았다.[6]

입학 경쟁은 국민학교 입시부터 시작됐다. 서울대학교에 들어가기

위해서는 경기중학교·경기여자중학교, 경기고등학교·경기여자고등학

교에 들어가야 했고, 경기에 들어가기 위해서는 서울대학교사범대학부

속국민학교나 덕수국민학교에 들어가야 했다. 이것이 '정식 코스'였다.

아주 그냥 서울 엄마들이 그 국민학교(서울대학교사범대학부속국민학교)에 넣을

라고, 온~ 서울 엄마들이 그냥 아우성입니다. 시험을 보는데 뭐 150:1이래

요. 그러니까 나도 말이야, 꼭~ 거기다 넣고 싶은데 벌써 (서울 환도 후에)

이미 학교는 시작이 됐어요. 자리가 없잖습니까? (…) 해서 기다렸다가 우

리 아들은 4학년 때, 2년 기다렸다 들어갔어요. **부속을 안 가면 경기하고 서울대학을 들어갈 수가 없는 거예요.** 학생 수가 너무 많고 이러니까. 요 사범부속을 넣어야만 이게 경기에 들어가겠는데 피난 갔다 늦게 오니까 도저히 넣을 수가 없는 거예요. 참 그때 노력을 많이 했어요. - 박경희[7]

우리 애들이 사대 부속국민학교 교복을 돈암동에서 입고 가면 엄마들이 줄줄줄줄 따라왔어요, 부러워서. "아유, 어짜면 그 국민학교에 옇습니까?" 그랬다구요. - 박경희[8]

유명한 국민학교에 학생이 몰리자 정부는 학구제를 실시해 지역 거주 학생만 그 지역 학교에 지원하게 했다. 하지만 극성 학부모는 아는 사람을 통해 원하는 학교 근처로 주소를 옮겼고, 실제 조사에 대비해 주소를 이전한 집에서 한동안 거주하기도 했다.

학구제 해가지고 또 쫓아냈어요, 하도 덕수(국민)학교 몰리니까. 학구제 해가지고, 가정방문해서 거기 실제 안 살믄 쫓아내고 이랬다고. 그런 걸 가서 그냥 그 근방 학부형네 집에두 가서 살구. (웃음) 주소 옮겨놨는데 가정방문해서 그 시간에 없으면 쫓아내는 거야. - 안연선[9]

최고 명문으로 알려진 경기중학교와 경기여자중학교에 입학하려면 아무리 영특한 학생이라도 공부를 게을리해서 안 됐고, '문도 세계

못 닫을' 정도로 온 식구의 협조가 필요했다. 대학을 나온 고학력 어머니는 전과를 구입해 직접 아이를 가르치기도 했다. 언론에서 과중한 과외 수업과 시험 준비가 어린이의 건강을 해친다고 우려할 정도였다.[10]

학교는 매일 갔지. 자모회도 가고. 왜 그런가 하면 애들을 내가 가르쳤어. 국민학교 1학년 때부터 내가 큰애 때부터. 다~ 그 다섯을 내가 다 가르쳤어. 5학년, 6학년이면 공부가 좀 어려워지잖아요? 각 과목에 전과 지도서가 있어서, 그거 사다놓고 내가 공부해 가면서 가르쳐가지고, 경기중학, 경기여고 다 보냈어. 나는 애들 공부하는 데는 아주 극성(이었어). 전과 지도서 보고 가르치다가 또 모르는 거 있으면 담임한테 가서 "선생님, 이건 어떻게 되는 거예요?" 하면, "아이구, 그 아드님에 그 어머니네요." 이러구. 실컷 가르쳤는데 틀려 오니까 약이 오르거든. 그럼 "너 이거 어저께 배웠지 않냐"고 (혼내고). 좀 내가 화나지, 내가 가르쳤는데도 몰르면. (웃음) - 안연선[11]

온 나라 엄마들이 결사적이에요. 반 죽어야 돼, 거기 여을라면(입학시키려면). 내가 생각해도 한 1년은 꼬박 죽어야 돼. 국민학교 6학년 때 졸업 맡고 경기에 시험을 치지 않습니까. 그러면 그 1년은 죽어야 돼. 온 집안 식구가 문도 쎄게 몬 닫았어. - 박경희[12]

'경기'에 대한 욕망은 하나의 사회현상이었다. 입시생뿐 아니라 부모, 가족, 교사의 관심이 한 학교에 쏠려 있었던 만큼 결과를 둘러싸고 분란이 잦았다. 입시 결과가 발표되면 학교 당국에 '답안지를 공개하라'는 요구가 빗발쳤다.

옛날엔 학교 벽에다가 (시험 결과를) 쫙~ 붙였거든. 35번 다음에 37로 건너뛰었어. "어머! 그럼 나 떨어진 거야?" 상상도 안 된 거죠. 그때가 열세 살인데 그냥 거기가 노랗더라고. 경기여중 교정이 (…) 그때 줄이 쫙~ 100여 명이 서 있는 거야. "시험문제 공개하라!" 난리가 났지. 그런데 서서 이렇게 보니까 저 앞에서, 맨 앞에서 **어떤 남자가 미친 듯이 교장실 문을 두들기고 난리가 났어요. 그래서 요렇게 보니까 우리 아버지야.** 새벽 6시에 올라오셨어. 그래가지고 6시부터 두들긴 거야. **"답안지 공개하라! 우리 딸 떨어질 리 없다!" 그 밑에 있는 사람들 다 "우리 딸 떨어질 리 없다!" 막 아우성을 치는 거야.** - 차재연[13]

불합격자가 구제받을 수 있는 길은 없었다. 대부분 다른 학교에 들어갔지만, '경기'를 포기하지 못한 학생은 재수를 했다.

그때는 경기여중을 가야 서울대학을 갔으니까. 경기여중이라는 게 굉장한 학교였죠. 그래서 뭐 아주 우리 집뿐이 아니라, 경기여중 들어가려고 재수를 애들이 2~3년씩 했다니까, 그 당시에. 있을 수도 없는 일이었어. (…)

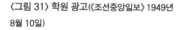

〈그림 31〉 학원 광고(《조선중앙일보》1949년 8월 10일)　　〈그림 32〉 전과 광고(《소학생》, 1948년 12월호)

서울서는 애들이 막 그 당시에도 과외하고 굉장했는데. 우리는 시골 사람들이기 때문에 과외를 알아, 뭘 알아. 그냥 그대로 와서 시험 보는 거지만은. 덕수국민학교가 재수가 얼마나 심한지 알아? 덕수국민학교에서 경기여중 떨어지면 재수가 그때 보통 하는 거야. 1, 2년. 대학교 재수가 아니고 그 당시에 재수를 했다니까. 그렇게 심했었어요. - 차재연

'명문' 고등학교에서는 '명문' 대학 진학률을 높이기 위해 학생을 자극하는 방법을 사용했다. 10일 간격으로 대입 모의고사를 본 뒤 전교 등수를 복도에 게시했다. 경쟁심을 자극하고 체면에 손상을 주었다. 어떤 교사는 시험 성적이 나쁘면 "불효자식 ○○○, △△점입니다" 하고 외치게 했다. 학생 스스로도 고등학교 2학년부터 3학년까지

는 '천당에 가기 위해 지옥을 거치는 과정'으로 생각했다.[14] 지방 학교에서 서울의 대학에 진학한 학생 수는 지역의 관심사이자 자랑거리였다.

해마다 대학 합격률이 우수하여 전국에 널리 그 명성과 전통을 떨치고 있는 시내 광고와 서중의 빛나는 역사와 전통을 이은 일고는 금년에도 서울 대학교를 비롯, 각급 대학에 대다수의 합격자를 내어 교육 도시인 광주의 명성을 과시했다.[15]

과도한 교육열로 학생은 진리 탐구보다 경쟁을 내면화했고 학부모는 경제적 부담을 지게 됐다. 어머니인 여성은 '현모' 이데올로기를 강요받았고 사회는 큰 비용을 부담해야 했다. 좋은 학벌은 노력으로 얻은 '성취 신분'이고 부모의 희생은 '고귀한' 것이지만, 이를 아름답게만 볼 수 없는 것은 수십년 동안 왜곡된 욕망을 재생산하고 있기 때문이다. 다음의 비판 기사는 곱씹어볼 만하다.

유치원부터 시작한다는 입학시험 준비, 때로 '학습원'이라는 이름으로 불리우는 몇 '일류교', 교사는 읽고 학생은 받아쓰는 것으로 그치는 '강의', 고등고시라는 등용문. 지난 18년 동안에 한 번도 시원하게 손질되지 않은 이러한 어지러운 사상事象들은 실상 일인日人들이 남겨놓고 간 병균을 서투른 한인韓人 의생醫生들이 미제美製 배양기 속에서 키워낸 것이다.[16]

'치맛바람'은 억울하다, 사친회와 자모회

1953년 6월 문교부 장관 훈령에 따라 학교 후원회를 사친회로 개편했다. 사친회의 규모는 학교마다 달랐지만 대체로 한 반에 5~10명이었다. 또 학교 운영에 필요한 인적·물적 지원을 받기 위해 자모회를 만들었다. 사친회와 자모회는 '비뚤어진 모성'의 상징이자 '치맛바람의 원조'로 비난을 받았으나 이들에게는 억울한 일이 아닐 수 없다. 전후 사정을 들여다보면 그 내막을 알 수 있다.

전쟁이 끝나고 정부 지원과 원조 자금으로 교육 재건을 추진했지만 이것만으로 경비를 모두 충당하기 어려웠다. 이로 인해 사친회와 자모회의 역할이 커졌고 학교교육에서 어머니의 참여가 늘어났다. 학교는 학부모에게 각종 잡부금을 걷어 운영비를 썼고 학교 건물을 짓는 데도 도움을 청했다. "학교 건물의 벽돌 한 개, 유리창 한 장에도 농촌 학부형의 땅 팔고 소 판 돈 또는 도시 소시민 학부형의 빚으로 제공된 돈으로 이루어진 것"이라는[17] 설명은 이런 현실을 잘 보여준다.

자모회에서 거둔 돈으로 교사의 월급 부족분을 충당했다. 교사를 위한 위로연과 야유회까지 자모회가 떠맡아야 했다. "어머니가 주가 되어서 교사 내외를 모신다든가, 독신인 경우에는 그를 위로하기 위한 파티를 연다든가, 때로는 야유회를 갖는 등"의 활동은 "무미건조한 교직 생활에 윤기를 뿜어주는" 건전한 자모회의 활동으로 여겨졌다.[18]

거의 모든 학교는 사친회비뿐 아니라, 학교 건축비, 전학 수속비 등 각종 명목으로 잡부금을 받았다. 사친회비는 사친회에 소속된 학부모만 부담했지만 학교 건축비 등은 모두 내야 했다. 전학 수속비는 불가피하게 학교를 옮겨야 하는 학생과 학부모에게 부당하게 느껴졌다.

그때 내가 애 데리고 내려가서 부산에 가서 전학 수속을 밟았어. 여기저기다 학교 여을라(넣으려고) 카니까 '양정'을 가니 300만 원을 달라고 하고 저기 '보성'을 가니 또 500만 원, 학교마다 다 차이가 나더만은. 그래 돈 없다, "여기 돈 안 들고 댕기는 학교가 어데요?" 카이 배문중학교가 제일 싸대. 거(배문) 가이 "시험 안 보고도 이 성적이면 하겠다" 카더라고. - 구영자[19]

각종 징수금에 대한 반발이 커지자 문교 당국은 후원금의 액수를 제한하고[20] 국민학교 사친회비를 금지했다. 그러나 '지시를 따르는 학교가 손해'라는 인식이 팽배했다. 학교는 "어떻게 하면 지능적으로 잡부금을 거둘 수 있을까"에[21] 골몰했다.

근원적인 문제가 해결되지 않은 상황에서 자모회나 사친회에 관련된 비리는 늘 도마에 올랐다. 그때는 도시와 농촌을 불문하고 자식을 좋은 대학에 보내 출세시키겠다는 욕구가 상승하던 시기였다. '일류'에 대한 사회적 욕망이 무한대로 확장되는 상황에서 학부모의 교육열은 학교의 요구와 맞물려 왜곡된 방향으로 흘렀다.

일부 사친회와 자모회는 학교에 재정 후원을 하는 대가로 학교 방침에 관여했다. 자녀를 명문 학교에 입학시키기 위해 부당한 요구를 하는 사례도 있었다. 그런데 지극히 사회적인 이 문제는 '여성의 문제'로 치환됐고, 이기적인 '극성 모성'으로 담론화됐다. 모성 이데올로기를 동원해 여성을 교육 재건에 관여하게 하고 아동교육을 여성에게 전가하는 구조에서 발생한 폐단을 엉뚱하게 여성의 '고질적인 허영' 탓으로 돌렸다.[22]

사회의 비난과 달리, 당시 여학교에서는 현모양처교육을 하면서 자모회에 참여하는 것이 아동교육에 좋다고 가르쳤다. "학부형회, 자모회는 물론 그 외 기회가 있으면 학교를 찾아가서 자녀의 공부하는 상황을 참관하고 교육상의 의견을 듣기도 하고, 가정의 희망도 말하는 것이 좋다"며[23] 학교교육에 어머니가 직접 참여하는 것을 권장했다. 이에 여성은 '잠 한번 맘껏 자보는 것이 소원'일 정도로 하루 종일 집안일로 바쁘더라도 자모회에 꼭 참석했다. 학교에 갈 때 빈손으로 가지 않고 값지고 좋은 물건을 선물로 가지고 갔다. 전쟁 통에 남편을 잃은 한 전쟁미망인은 돈 버느라 정신이 없는 와중에도 자모회 회장을 했다.

우리나라에 레인코트가 하나도 없는데, (남편이 미국에서) 하늘색 레인코트하고 콜드 구리무(크림)를 보냈드라구요. 그때 우리 큰딸이 국민학교 입학을 하게 됐어요. 그런데 내가 그거를 안 입고 국민학교 담임선생님한테다 갖다드렸다구요. 첫애니까 내가 말야, 몸에 걸쳐보지도 안 하고. 뭐 좋

은 게 있으면 담임선생님 갖다드리고, 피난 가가지고. 서울 피란국민학교
가 거기 금정산 고 위에 있었거든. - 박경희[24]

학교는 가지요, 어찌 돼도 시간을 내서. 국민학교 때는 제가 자모회 회장을
했어요. (…) 일하다가도, 그렇게 한 달에 한 번이나 그렇게 (갔지요). 시골
학교니까, 그렇게 인자 일하다가도 하다 제쳐놓고 가야지. - 오희선[25]

사회는 유독 어머니에게 모든 비판의 화살을 돌렸다. "사바사바가
시작되고 시기 질투가 일어나고 중상모략을 일삼고 심지어 사기횡령
까지 감행하는" 것은 모두 여성들이라고 비난했다. 자모회는 아동을
위한 것이 아니라 '유한마담이 계를 조직하기 위한 사교장'에 불과하
다고 매도했다.[26]

  '치맛바람' 담론이 억울한 이유는 분명하다. 그때는 너 나 할 것 없
이 학력 경쟁에 뛰어들던 시대였다. 의무교육을 시행했지만 국가의
지원이 부족하고 학교 재정도 취약했다. 학부모의 지원에 의존해 학
교교육을 정상화하려 했던 상황에서 사친회와 자모회의 책임이 비대
해졌다. 여기에 더해 현모양처 중심의 여성교육은 어머니가 아동 양
육을 전담하도록 가르쳤다. 치맛바람을 탓할 일은 아니지 않나.

2

학생의
또 다른 본분,
노동

김매랴, 살림하랴

학생의 임무는 공부만이 아니었다. 대개 가정에서 아동과 청소년은 집안의 대표 일꾼이었다. 농촌 학생은 농기구와 거름 내오기, 쇠여물 주기, 잡목이나 잡풀을 주워서 땔감 만들기 등을 했다. 학생이 지게질도 하고 거름도 만들고 소도 먹이는 모습은 흔한 광경이었다.

중학 시절 여름방학이면 소 치는 일은 나의 몫이었다. … 소 치는 일은 오후 3시경부터 산 그림자가 김해평야에 길게 뻗으면서 사방이 어둑어둑해지는 저녁 8시경까지 하루에 다섯 시간씩 계속됐다. 어떤 때는 친구들과 함께 소를 치는 경우도 있지만 혼자서 소를 치는 일도 자주 있었다.[27]

도시 학생도 다르지 않았다. 부모의 장사를 거들거나 동생을 돌보고 집안일을 도왔다. 동생을 업고 밥을 하거나, 동생을 돌보며 장사를 돕는 등 동시에 여러 일을 겸하기도 했다. 특히 여학생은 식사 준비, 물 긷기, 빨래, 설거지 등 가사를 도왔는데 이것을 현모양처교육의 일환으로 여겨 당연하게 생각하는 분위기였다. 여학생의 학업 성취도가 낮은 것이 집안일 때문이라는 분석이 나올 정도로 여학생의 가사 보조는 일상적이었다.

공부는 무슨 공부? 집에 오면은 바쁘고 동생들이 몇인데, 맨날 양말 꿰매는 게 일이지. 겨울이면 양말 꿰매는 거. 어머니가 장사 나가시니까 집에 나는 밥해서 동생들 밥 먹이는 게 일이지. 공부는 무슨 공부야. 아무것도 못 했지. - 차재연

그때 내가 세라복에다가 이 가랑머리 따고 학교 다닐 땐데, 학교를 갔다 오면은 우리 어머니를 도와준다고 내가 그때부터 장사를 배왔나 봐. 그래 가지고 그걸(포목) 머리에다 이구 심부름을 해다가 오면은 … 포목을 펴놓고 이렇게 마 자를 재고 팔았어요. - 차은선

한국전쟁이 발발하고 난 뒤 학생은 너나없이 산으로 들로 먹을 것을 구하러 다니거나 돈벌이에 나섰다. 조그만 좌판을 벌여놓고 물건을 파는 일이 비일비재했다.

〈그림 33〉 파주에서 소를 모는 소년,
1958(《정부기록사진집》 3권)

〈그림 34〉 동생을 업고 식사 준비를 하는
소녀(미국국립문서보관청 소장)

〈그림 35〉 미아동 난민정착촌에서 도로 복구 작업을
하는 학생들, 1958(국가기록원 소장)

〈그림 36〉 거리 청소를 하는 학생들(미국국립문서보관청
소장)

그때만 해도 여핵교 1학년, 그전에는 어렸잖아. 여중이지, 여중이지. 그 열
네 살. 열네 살 때 피란 가고. (…) 그리고 뭐 엿 장사도 하고. 난 다 했어, 떡
장사, 엿 장사. 나는 나서서 엄마 심부름 다 해드리고 다 장사하고. - 차은선

우리는 그 당시에 뭘로 먹고살았냐면, 나도 장사를 했지요. 옷부터, 비단옷
길바닥에다 늘어놓고 그거 팔아. 그러니 사람들이 싸게 사 가잖아요. 그거
팔면은 쌀 한 됫박 사 오는 거야. (국민학교) 2학년, 3학년 때인데 그때는
다 했어. 너 나 할 것 없이. 좌판 만들어서 말보로 이런 거 담배, 껌. 모가지
에다 끈 매고 사라고 돌아다닌 거. - 차재연

학교나 지자체도 학생의 노동력을 필요로 했다. 특히 농번기 일손
이 부족할 때면 농촌 출신 군인을 일시 귀향시키는 것으로 모자라 학
생을 소집해 일을 시켰다.[28] 방학 때 먼 지역까지 이동해 모내기 일손
을 도왔고 가을 추수기에는 벼 베는 일을 했다. 또 지역 공공사업이나
난민촌 정비를 거들었다. 지역의 문화재 보호를 위해 풀 뽑기를 해야
했고 풀을 베어 퇴비를 만들었다. 매일 아침 학교 주변 청소를 하는
것도 학생의 몫이었다.

학생과 노동자 사이, 고학생

해방 후 학생 수가 크게 늘었지만, 편히 앉아서 공부만 할 수 없는 처

〈그림 37〉수해 이재민(《정부기록사진집》3권)

〈그림 38〉1950년대 후반 서울 도동 판자촌(《정부기록사진집》3권)

지의 학생이 많았다. 전쟁과 재해, 농업 정책 실패, 살인적인 인플레이션 등으로 서민의 궁핍함은 극에 달했고, 농촌에서는 절량농가가 속출했다. 농촌을 떠나 무작정 도시로 떠난 사람은 무허가 판자촌에 정착했다. 경제적 여유가 있는 집 학생은 과외와 입시 열풍에 시달렸지만, 서민층 학생은 궁핍과 빈곤에 시달렸다. "수많은 적령 아동이 구두닦이로, 담배장수로 빵을 구하기 위해 거리를 방황하는 현상"은[29] 어디에서나 볼 수 있었다.

농촌 학생이 서울 학교로 유학을 가면 '집안 식구는 1년 동안 울며 겨자만 먹고 밥은 굶을 판'이라는 푸념이 나올 정도로 가난한 농촌에서 자식을 도시로 유학 보내는 것은 큰 부담이었다. 미국의 잉여 농산물 도입으로 농산물 가격이 급락해 농촌 경제가 날로 악화되는 상황에서도 농촌 학생의 도시 이주는 막기 힘든 사회현상이었다.

지방 농가 출신 학생이 서울에 와서 시험받는 데에 부형까지 따라와 그 여비가 대략 2만 환이면 쌀 한 가마 값 2600환으로 보아 쌀 '여덟 가마'를 팔아야 농가 자제는 서울 학교의 시험을 받게 되고. 이럭저럭 입학이 된다고 하여 입학금 총액 약 10만 환으로 보면 쌀 40가마를 팔아야 할 판. 그러니 자연 농촌 자제는 서울 학교에 올 팔자가 못 되지만 그래도 한사코 서울 학교에 들겠다고 자제가 우기면은 집안 식구는 1년 동안 울며 겨자만 먹고 밥은 굶을 판. 결국 농촌에서 자식 하나 상급 학교에 보내는 최초의 비용이 쌀 40가마.[30]

집에서 충분한 학비와 생활비를 지원받지 못하는 유학생은 어쩔 수 없이 고학을 했다. 북한에서 월남하거나 해외에서 귀환한 학생, 자연재해나 전쟁으로 삶의 터전을 잃은 학생도 학교에 가기 위해 학비를 벌어야 했다. 고학생은 매일매일 힘겹게 일하고 공부했지만 "밑 없는 배를 타고 구멍 없는 피리를 부는" 심정일 때가 많았다.[31]

어린 학생은 무슨 일로 돈을 벌었을까? 1949년 6월 서울시내 중등학교 고학생 수는 총 3460명이었는데, 덕수상업고등학교와 선린상업고등학교를 비롯한 상업학교 학생이 월등히 많았다. 일의 종류는 신문 판매와 배달이 가장 많았고, 관공서 사환, 담배 장수, 공장 노동자, 기타 행상도 있었다.[32] 가족의 생계를 책임진 학생도 많았고 한 달에 며칠씩 굶는 고학생도 있었다.[33]

1950년대 후반에 실시한 고학생 실태 조사(고등학생 96명 포함 총 308명)를 보면, 하층으로 분류된 학생이 78.1퍼센트였다. 주로 가정교사(77명), 회사원(39명), 은행원(10명), 교사(19명), 학교 사무원(8명), 점원(11명), 급사(24명), 신문 배달원(9명), 구두닦이(11명), 행상(7명), 간호원(14명), 기타(47명) 일을 했다. 응답자 가운데 대학생이 많아 가정교사 비중이 높게 나타난 것으로 보인다. 이들의 하루 노동 시간은 가정교사 3~4시간, 행상·구두닦이·급사 8~9시간, 회사원·교사·은행원 등은 5~8시간이었다. 행상과 구두닦이는 가장 적은 보수를 받았고 회사원은 많은 보수를 받았다. 한 달에 2500환에서 4500환 정도로 큰 차이가 있었다. 1959년 서울 도매물가지수는 쌀(한 가마니) 1만 3600환, 달

갈(10개) 330환, 남성 고무신(10족) 4300환, 여성 고무신(10족) 3200환, 비누(10개) 700환, 치약(럭키치약 10개) 1250환이었다.[34] 국밥 한 그릇은 200~300환이었다. 고학생의 수입은 한 푼도 안 쓰고 3~4개월을 모아야 쌀 한 가마니를 살 수 있는 금액이었다.

가장 큰 불만은 시간이 많이 드는데 보수나 대우가 좋지 못한 점이었다. 이들은 대체로 잠자는 시간을 줄여 일을 했으며 여가를 즐길 시간이 없었다. '대단히 바쁘다'(42.27퍼센트), '여가 시간이 없다'(7.87퍼센트), '취침 시간을 줄여서 일한다'(8.85퍼센트) 등 반응이었다. 학교 성적은 중등 이하가 가장 많았다(중 43.4퍼센트, 중 이하 9.5퍼센트, 형편없다 8.9퍼센트). 늘 피곤하기 때문에 학업에 지장을 받는 것은 당연했다. 등록금과 수업료를 자기가 전부 부담하는 비율이 43.27퍼센트, 부모에게 약간 도움을 받는 비율이 36.55퍼센트로, 스스로 번 돈으로 등록금을 충당하는 학생이 월등히 많았다.[35]

도시 고학생이 가장 접하기 쉬운 일은 신문 배달이었다. 주로 이른 아침에 일하기 때문에 시간을 활용하기에 편리했고 구두를 닦는 일보다 사회적 인식이 나았다. 무엇보다 "사환 같은 일보다 모독감이나 압박감을 느끼지 않고 자존심을 살려서 자신의 생각대로 일할" 수 있는 것이 장점이었다.[36] 신문 배달을 하는 고학생은 신문 대금을 못 받을 때, 신문 요금을 깎을 때, 신문 구독자를 확보하지 못할 때, 비가 올 때 가장 힘들다고 했다. 반대로 자신들을 따뜻하게 대하는 시민을 만날 때 힘을 얻고 기쁘다고 했다.

작년 겨울이었어요. 신문을 갖다 주니 어떤 집 아주머니가 밥을 차려주면서 학생은 고생을 해야 이담에 크게 된다고 위로까지 해주는덴 눈물이 나왔어요.

여름에 신문 배달을 하다가 갑자기 비가 오면 그때처럼 난처한 건 없어요. 어느 날 가겟집 아주머니가 우의를 내주며 쓰고 갔다 오라고 해주는덴 눈시울이 뜨거웠어요.

우리가 고학생이라 동정하는 거겠지만, 성실하게 배달을 하는 데서 더욱 독자들의 동정을 산다고 보아요. 저의 배달 구역에 군인 아저씨가 한 분 있는데 얼마 안 되는 군 봉급을 받으면서도 기일에 꼭 대금을 줄 뿐 아니라 100~200환을 늘 더 주면서 학용품 값에 보태라는 거예요.[37]

한국전쟁기 나온 〈소년 배달원의 노래〉(김묵 작사, 권태호 작곡)[38]는 삶에 대한 희망과 직업적 소명 의식을 담고 있다. 이것은 '건전가요'에 가깝지만 고학생이 힘겨움을 지탱하는 버팀목이 됐을 것이다.

1. 신문은 그날그날 지식의 양식
   오늘도 내가 전한 새로운 소식
   비가 오나 눈이 오나 달려야 한다
   우리는 매스컴의 나(이) 어린 일꾼

2. 좋은 일 기쁜 소식 적힌 날이면
걸음도 한결 더 가볍더구나
바르고 빠른 보도의 생명
우리는 매스컴의 나 어린 일꾼

3. 집집이 기다리는 오늘의 소식
내 손으로 세계를 알려주고서
즐거이 부르자 희망의 노래
우리는 매스컴의 나 어린 일꾼

후렴: 고달픈 배달에 몸은 지쳐도
마음은 별빛 같은 이상에 산다.

과외 교사는 처지가 좀 나은 편이었다. 이는 공부를 잘하는 명문 학
교 학생만 할 수 있었다. 다른 집에 입주해서 자신보다 어린 학생을
가르치며 숙식을 해결하는 경우가 흔했다. 하지만 이들도 고충이 없
지 않았다. 자신이 가르치는 학생에게 존경도 받아야 하고 부모에게
신용도 얻어야 하고 눈치도 빨라야 하는 '만능인'이 가정교사의 요건
이라는 한 학생의 글은 이를 잘 보여준다.

문을 드나들 때도 살살 기다시피, 사람 옆을 지날 때도 바지가랭이를 추키

고 다니고 또 집안사람들과 함께 있을 때 재채기가 나거나 하품이 나던지, 심하면 그로테스크한 부분의 하품이 터질까 봐 퍽 조심을 기울였다. 말할 때도 음성을 적당히 콘추롤해서 점잖게 말하고, 생도에게도 부드러운 표정으로 쓰다듬어도 주구 해야 한다. 그리고 가장 문화인적, 지성인적 냄새를 풍겨야 한다. 예컨대 "밥을 먹을 땐 반드시 손을 씻구 먹어요" 이렇게 말하며 나도 손을 씻는다. 그렇지만 나도 이런 습관이 언제부터 있었던가 반문하곤 힛죽 웃는다.[39]

일부 학생은 학업보다 생계 활동에 더 많은 시간을 보냈다. 모두 먹고살기 힘들었던 사정을 생각해보면 그리 이상한 일도 아니다. 특히 전쟁 이후에는 수십만의 전쟁미망인을 비롯해 남편 없이 혼자 아이들을 데리고 사는 '어머니 중심' 가족이 증가했다.[40] 남성의 징집, 사망, 실종, 월북 등으로 남편을 잃은 여성이 많았고, 전쟁에서 다친 상이군인 가족도 대개 여성이 생계를 유지했다. 또 1953년 〈형법〉의 간통쌍벌죄 조항에도 여전히 첩을 둔 남자가 많았고 본처나 첩을 유기하는 일이 흔했다. 이때 본처나 첩은 아이들과 함께 살기 위해 직접 생계를 책임질 수밖에 없었다.

한 조사에 따르면, 1950년대 어머니 중심 가족은 50퍼센트 정도가 구호를 필요로 하는 극빈층이었다.[41] 이런 가정의 10대 중후반 청소년은 실제 가장 역할을 했다. 학교 공부보다 당장 가족의 생계가 더 급했다.

국밥집을 하는 어머니와 어린 동생들과 함께 살았던 한 여학생은 사촌동생들을 돌보고 살림을 해주면서 약간의 돈을 받았다. 낮에 일을 하고 밤에 중등야학에 다녔다. 하루 종일 일에 시달려 밤에 학교에 가면 피곤해서 졸기 일쑤였다.

(빨래는) 집에서도 하고 고 앞에 큰~ 냇가가, 개천이 있어. 그 개천에 갖구 가서도 빨구. 그렇게 해서 빨래 다 널어놓고, 교복 내 손으로 빨아 입고. 그렇게 해서 애들 교복 빨아서 걸어놓고. 그러고 오후에는 내가 학교 가고. 학교 가면 또 졸아. 피곤하니까. - 김혜선

여학생은 야학을 졸업한 뒤 우여곡절 끝에 정규 학교에 진학했다. 원래 정식 인가 학교를 졸업하지 않으면 상급 학교 진학이 어려웠지만, 모든 증명을 사람의 손으로 쓰는 서류에 의존했던 시절이라 '사바사바'가 가능했다. 광주의 명문 여고에 진학한 여학생은 처음으로 교복을 입고 매우 감격했다. 그러나 여고에 입학한 뒤에도 생활은 나아지지 않았고 맏딸로서 어린 동생을 돌보고 가족의 생계를 책임져야 한다는 부담감을 떨칠 수 없었다. 고민 끝에 교복을 전당포에 맡겨서 끼니를 해결했다가 끝내 교복을 되찾지 못해 학교를 그만두었다. 학업과 경제활동을 병행했던 학생은 이렇게 학생과 노동자 사이를 오가는 존재였다.

(교복을 처음 입고) 기뻤지. (울먹이며) 기뻤고, 교복이 참 소중했고. 그리고 남다른, 소홀히 할 수 없는 소중함이 (있었지). (…) 나는 항상 마음이 어두워. 가정형편이 너무 그러니까. **교복도 나중에 어려울 땐 전당포 갖다 줬었는데.** 엄마가 하도 생활이, 끼니 조달이 안 되니까 그렇게라도 해서 돈을 좀 받을 수 있을까 하고 갖다 맡겼지. 맡겼는데 **결국 그 교복을 못 찾아가지고 학교를 그냥 그대로 못 가게 된 거지.** - 김혜선

〈그림 39〉 전당포에 저당물이 쌓여 있는 모습(《동아일보》 1957년 2월 18일)

사회에서 고학생을 도우려는 움직임이 없지 않았다. 해방 후 결성된 전국고학생회는 고학생에게 각종 편의를 제공했고,[42] 일부 독지가는 학비와 생활비를 지원하거나 기숙사를 제공했다. 뜻있는 교사는 학교에서 쓰는 교재를 알선한 대가로 받은 수수료와 매점 수익금을 교내 고학생의 수업료로 납부했다. 책을 팔아 고학하는 중학생을 보고 파출소 순경이 박봉을 떼어 학비를 대준 미담도 있었다.[43]

〈그림 40〉 구두닦이 소년(하와이대학교
한국학센터 소장)

〈그림 41〉 어린 동생을 업고 신문을 파는
고학생(《소학생》, 1949년 6월호)

그러나 고학생에 대한 부정적인 시선이 없지 않았다. 이들을 '부랑
아'로 취급하거나 소년범죄 차원에서 고학생 문제를 해결해야 한다는
목소리도 있었다.

6·25사변 전에도 거리거리에 '슈샤인·보이'들이 수다數多했고, 소년소녀
의 가두행상이 적지 않아서 식자로 하여금 개탄케 하였는데, 그에 대한 교
도나 선처가 없이 사변이 발발한 후 9·28 이후, 1·4후퇴 후로는 더욱 그
런 소년배가 부쩍 늘게 됐다. (…) 그들 가운데 무의무탁한 고아가 있을 양
이면 고아원에 수용하는 것도 한 방편일 것이요, 보호자가 있고 부양 의무

자가 있으면 당해 책임자에 대한 규명이 있어야 할 일이요, 그들의 부모가 불구 폐질자로서 생활 능력이 없을 때에는 응당의 구호나 원조가 있어야 할 일이요, 그도 저도 아니면서 불량한 짓을 하는 자라면 소년 감화 기관에 수용할 수도 있는 일이 아닐까.[44]

서울의 소년범죄의 8할은 고학생 또는 취직하기 위하여 상경한 소년들이다. 그러므로 문교 당국에서는 서울의 야간학교의 수를 줄이거나 그렇지 않으면 입학 시에 학생의 환경을 엄밀히 조사하여 학비 염출의 근거를 확인하여 입학을 제한함으로써 절도범의 미연 방지를 하도록 해야 한다. 고학하다가 학비가 모자라면 절도를 하게 된다. 서울 가면 돈을 벌어서 야간학교에 다닐 수 있다 하는 것이 여름밤에 등불에 모여드는 나비 떼와 같이 농촌의 빈한한 소년을 범죄자로 만든다. 소년범죄의 온상은 영리를 목적으로 하는 야간학교에 있다.[45]

3

문화적
해방구를
찾아라

또래문화: 단짝 친구, S자매, 연애당

일제강점기 여학교 학생 사이에서 'S자매'가 유행했다. 일본에서 먼저 출현해 소녀 잡지에도 많이 등장했다. 'S'는 시스터sister의 약자며 S자매는 여학교 상급생과 하급생 간의 유사 자매 관계를 뜻한다. 유명 여성 인사의 여학교 동성애 경험이 소개되고 김용주와 홍옥임의 '동성연애 철도자살사건'이 일어나자[46] S자매는 호기심거리로 등장했다.

일상을 공유하는 친구나 선후배는 가족 이상으로 친밀한 관계였다. 학교생활의 힘겨움을 토로하면서 정서적 공감대는 커질 수밖에 없었다. 일부는 이를 '동성애'라고 칭하며 아직 성性에 눈뜨지 않은 학생의 미숙한 관계로 인식했다. 학생도 이 같은 친밀한 관계를 우정이나 동성애로 칭했다. 한 남자 고등학교 좌담회에서는 꺼리낌 없이 동성애에 대해 이야기를 했다.

> 신○○: 2학년 여름방학 어느 날 집에서 K라는 급우에게 정다운 편지를 받고 다음부터 참말 친절히 지내다가 M○라는 급우와 다툼이 있었던 후로 3학년에 와서는 말도 않고 지내게 된 것이 정말 괴로워요.
> 이○○: 뭐 톡 털어놓고 말하지. **저 사회 보는 K군과 동성연애를 했다면서.**
> 사회: 이거 사회가 되어 어색한 점이 많군요. **말하자면 그쯤 된 셈이지요.**
> 이○○: 그런데 어찌 말을 않고 지냈습니까?
> 사회: **친구들 사이에 말이 많아서 몰래 마음 속 사랑을 하려고**…. 역시 저로선 못 잊을 추억이군요.[47]

해방 후 이전보다 느슨한 형태로 S자매 문화가 지속됐다. S언니와 S동생을 맺은 뒤 이를 주변에 알리고 두 사람이 각별한 관계를 유지했다. S자매는 학생 사이에서 비교적 '공인된' 관계였기에 아픈 S동생에게 학교 교지에 공개편지를 쓰는 것도 전혀 이상하지 않았다.[48] S언니는 S동생에게 학용품이나 먹을 것을 주었고 교복에 다는 완장을 수를 놓아 선물했다.

그 당시에는 선배들이 후배를 상당히 아꼈나 봐요. 그래서 절 보고 S동생하자고, S동생이라는 게 유행이었었어요. S언니, S동생. 그래가지고 3학년 언니들 둘이서 저 보고 S동생 하자고, 뭔지도 몰르고 그냥 가만히 있었더니 S동생이 됐어요. 그래서 두 언니들이 잘 돌봐줘요. 소풍 가면 음식 갖다 주고, 평상시에도 공책도 갖다 주고, 연필도 갖다 주고. 그래서 1년 동안 즐겁게 지냈어요. 그 풍조가 그때는 많았던 것 같아요. - 차재연

S자매는 주로 학기 초 신입생이 입학할 무렵 많이 생겼다. 학교에 신입생이 들어오면 선배가 마음에 드는 후배를 찾아가 S자매가 되자고 제안했다. 이 문화는 서울을 비롯한 도시 여학교에서 많았고, 간혹 남학생 사이에서 S형제를 맺기도 했다. 또 여학생이 다른 학교의 남학생과 S동생을 맺기도 했다.

저는 특별히 S자매는 안 했어요. 그런데 우리 친구들 중에는 S자매 해서 선생님 동생하고 하는 아이도 있고 (…) 또 다른 학교 남학생 S동생을 생겨가지고, 남학생도 S동생이 되죠. (…) (남학생과 S동생을 맺는 애들은) 우리보다는 조금 잘 노는 애들. 잘 노는 애들이 그거 많이 해요. 이성교제는 딱히 아닌데도, 왜 괜히 까불까불하는 애들 있잖아. - 구인희

학교 동급생은 매일 봐도 또 보고 싶고 매일 이야기를 나누어도 할 얘기가 무궁무진한 사이였다. 특히 여학생은 같이 어울려 다니기를 즐겼으며, 심지어 화장실에도 같이 갔다. 친구가 볼일을 다 볼 때까지

도 수다는 이어졌다. 또 점심 시간에 몰래 학교 담을 넘어 구멍가게에 다녀올 때 단짝 친구는 공범자이자 최고의 지원군이었다.

친구와 소통하는 주요 수단은 물론 수다였지만, 편지는 우정을 나누는 색다른 매개체였다. 단짝 친구에게는 졸업식 때 특별한 선물을 주기도 했다. 그동안 정성 들여 쓴 일기장을 건네기도 하고, 자개가 촘촘히 박힌 고급 앨범에 같이 찍은 사진을 담아 추억을 공유하기도 했다.

〈그림 42〉 학교 담을 넘는 여학생들, 1950년대(《사진으로 보는 경기여고 100년》, 2009)

학생의 연애는 문교 당국과 교사의 가장 큰 골칫거리 가운데 하나였다. 해방과 전쟁을 거치면서 미국 문화의 유입이 가속화되고 여성 경제 인구가 늘면서 전통 윤리가 변했다. 영화 〈자유부인〉이 크게 흥행하여 '자유부인 신드롬'을 낳았고, 수십 명의 여성을 속여 혼인빙자 간음죄로 기소된 '박인수 사건'이 터져 젊은 세대의 풍기 문제가 비판의 도마에 올랐다.

이러한 사회 분위기에서 학생의 연애는 항상 감시와 통제의 대상이 됐다. 특히 학교가 아닌 교외에서 남녀가 같이 어울려 다니거나 영화관에 출입하는 것은 집중 단속 대상이었다. 봄바람 불고 꽃 피는 계절이면 평상복 차림의 경찰관과 교사가 총출동했다. 수도경찰청장이 나서서 '꽃 시절을 앞두고 학생 풍기 단속'에 총력을 기울이고 단속에 걸리는 학생은 '용서 없이 검거하라'고 지시했다.

단속과 통제에도 사춘기 청소년의 가장 큰 관심사는 단연 연애였다. 학교 교지에 이에 관련된 내용이 많았다. 한 고등학교 남학생들이 연애관에 대해 응답한 것을 보면 실제 연애를 하는 학생, 여학생을 몰래 마음에 둔 학생, 입시공부와 연애 사이에서 갈등하는 학생 등 다양한 모습이 드러난다. 장난기 가득한 답도 있지만, 대체로 자유주의 연애관과 낭만주의 연애관이 섞여 있다.

질문: 당신의 연애관은?

- 순진하고 맵시 있는 도시 처녀를
- 뭐! 그저 청춘을 ENJOY하는 수밖에 또 있겠소
- 정숙하고 교양 있고 매끈한 님을 골라 알뜰살뜰 짜릿짜릿한 사랑을!
- 영원성을 띠고 나에게 좀 더 인간적으로 푸라스가 되는 연애를 주장하고 싶다
- 오직 신성한 연애는 그 어느 무엇에 비길 데 없는 아름답고 깨끗하다고 본다
- 눈같이 깨끗하고 불같이 정열적이며 찰떡같이 들어붙는 연애를

- 연애는 하고 싶으나 내년 3월이면 두려워서요 -나무아미타불-

- 자유방임주의 연애론

- 연애는 인생의 조미료예요. ROMANCE GRAY보담야 ROMANCE GREEN이 더욱 원더풀~!

- 똥개 같은 연애를

- 생각해본 적이 없으며 그러한 여유조차도 없다

- 나의 연애관은 취미의 연애관이다

- 인간성, 용모, 학식, 가문과 여성 최대의 미인 '매력'이 있어야 하고 명랑한 즉《전쟁과 평화》의 '나타샤' 같은 여성

- 훌륭한 상대자이고 고상한 정신적인 연애라면 OK, 단 3학년 때는 무조건 단념 '대학? 논산대학?'

- 연애는 청춘의 '심볼' 고교생의 필수불가결의 중대 사업. 물론 연애를 해야지

- 졸업반 되기 전에 얼른 실연失戀하이소

- 교제 4년에 I Love You 한마디 못한 자가 감히 무얼⋯. 그래도 인격적인 대화는 마음이 편하더군

- 연애 지상주의로서 학생 시절에는 모름지기 연애를 하여야 함

- 지성적인 아프레겔, 단 품행 방정

- 심창에서 곱게 자란 한 떨기의 해당화와도 같은 소녀 K여고 LYS 양이라면 일생을 통해서라도⋯

- 시간의 여유가 있는 한 얼마든지 앤죠이할 사. 고등학교 시절에 연애 한

번 못 한다면 일종의 기형아[49]

법망의 감시와 단속을 피해 연애 또는 유사 연애를 즐기는 학생은 늘 있기 마련이었다. 교회는 '연애당'이 '합법적'으로 만날 수 있는 공간이었다. 남학교와 여학교가 분리되어 있던 시절, 교회 성경학교는 남녀 청소년이 '자유롭고 평등하게' 만날 수 있는 곳이었다.

그때는 교회 가면, 그때야 연애당이라고 그랬거든. 그때는 이 바지를, 까만 담요 있잖아. 담요를 까맣게 물들여서 겨울에 쪽~ 이렇게 맘보바지처럼 입고 다니는 게 유행이었을 때. 나는 바지라고 교복 바지밖에 없어. 이거는 먹고 자고까지야. 그냥 그것만 입고 있는 거야. 그러니까 우리 친구가 "야, 너 오늘 교회 가자. 교회 가면 재미난다", 벌써 걔네 집 가니까 가는 골목이 사내놈들, 우리처럼 쫓겨난 놈들이, 등록금 못 내서 쫓겨난 놈들이 휘휘 ~ 휘파람 불고 난리 났어. 그러니까 걔가 아는 척하고 그러더라고. "너, 이 바지 갖고는 안 된다. 맘보바지 없어? 이거 다 하나씩 있는 거, 왜 이런 것도 없니?" "나 없어." "내 거 입어봐." - 차재연

연애당이 만나는 장소는 공원, 유원지, 영화관, 빵집 등이었고, 스케이트장이나 탁구장 같은 운동 시설이 마련된 곳도 있었다. 1950년대 후반부터 대도시를 중심으로 생기기 시작한 음악실도 점차 만남의 공간이 됐다. 하지만 돈 없는 학생이 쉽게 갈 수 있는 곳은 역시 산이나

들이었다. 남녀가 커플로 하이킹을 하는 것은 대학생뿐만 아니라 중등학교 학생에게도 인기였다.

　좋아하는 상대에게 잘 보이려고 외모를 꾸미는 것은 학생도 똑같다. 멋을 부릴 때 제일 원칙은 유행에 뒤처지지 않는 것이었다. 데이트를 할 때는 한창 유행하는 스타일이 최고였다. 교복 대신 최신 유행 옷으로 갈아입고 금지된 만남을 갖는다는 것만으로도 최고의 일탈이었다.

우리 그때 옛날 말로 '후라빠'라는 애들도 있었죠. 후라빠라는 말이 건들건들하고 잘 노는 여자들. 그래가지고 남학생도 잘 사귀고, 여학생하고 남학생하고 어울려 다니고 그런 사람들을 그렇게 얘기했어요. 옷도 조금 이렇게 남보다 조금 특이하게 입는 사람 있잖아요. 편안하게 입어야 될 걸, 나팔바지를 만들어 입는, 최(신)유행. 그렇게 하는 아이들이 있어요. -구인희

이 당시 학생의 연애가 모두 극장이나 빵집에서 밀어를 속삭이는 형태였던 것은 아니다. 일제강점기 연애는 대부분 편지로 서로의 애틋한 감정을 주고받는 식으로 이루어졌는데, 해방 이후에도 흠모하는 상대에게 연애편지를 건네는 것이 가장 보편적인 애정 행각이었다. 연애 소설이 그 지침서가 됐음은 물론이다.

삼류 극장과 빵집 그리고 풍기 단속의 무풍지대

영화는 '꿈의 공장'이라는 별칭에 맞게 많은 이를 환상의 세계로 인도했다. 1900년대 초 영화 필름이 조선에 들어와 관객을 맞았을 때부터 그것은 가장 매혹적인 미디어였다. 극장은 '활동사진'뿐 아니라 레뷰 revue(노래, 춤, 촌극 등으로 구성된 버라이어티쇼), 만담, 신극, 마술, 악극 등을 무대에 올려 화려한 볼거리를 제공했다. 영화 도입 초기부터 아동과 청소년의 영화관 출입은 허용되지 않았지만, '출입 엄금'에 순종하기에 영화는 너무 매혹적이었다.

영화는 국민을 계몽하는 매체로 활용되었지만 학생 풍기 문제를 일으키는 온상으로 지목되어 단속의 대상이 됐다. 한 서울지법 판사는 학생범죄를 미연에 방지하기 위해 강경책을 써야 한다면서 '극장, 당구장, 다방 등 불건전한 장소에 출입하는 학생은 무조건 경찰이 검거하여 소년법원으로 송치할 것'을 제안했다.[50]

문교부는 수시로 풍기 단속을 했고 방학 때는 집중 단속을 했다. 극장과 다방은 대표적인 단속 장소였다. 단속에 걸린 학생 가운데 극장 출입으로 걸린 학생이 항상 제일 많았다.

동기 방학 중 특히 학과의 복습과 신체 단련에 힘써야 할 남녀 중학생들이 극장 출입과 음식점 출입, 장발長髮 또는 타교생을 가장하고 학생답지 못하게 남녀 동반하여 밤거리를 배회하는 등 풍기 문란한 사이 많아 관계 학교 당국자들과 부형들의 마음을 흐리게 하고 있다. (…) 지난 12월 15일 이후 1월 3일까지 약 20일 동안 시내에서 적발된 탈선 학생의 총 건수는 401명의 다수에 달하고 있으며, 그중 극장 출입이 약 8할, 음식점 출입이 1할, 기타가 1할인데, 놀라운 것은 적발된 총 건수의 약 반수 이상이 여학생이었다는 셈이다.[51]

모든 학교는 문교부가 권장하는 '문화영화'[52]를 학교에서 단체 관람하는 것만 허용했고 학생끼리 영화관에 가는 것은 금지했다. 이를 풍기 문란으로 인식했고, 특히 남녀 학생이 같이 어울려 극장에 가는 것은 절대 금기 사항이었다. 각 학교는 지역 학무국과 연계해 학생 풍기를 지도하는 단체를 만들어 학교 밖에서 학생을 단속했다.

전후 서구 영화 수입과 국산 영화 생산이 급증하면서 전국 대도시에 영화관이 크게 늘었다. 일제강점기 도심에 몰려 있던 영화관은 전후 복구 과정에서 부도심의 형성과 함께 확산되었다. 1960년 서울에 영화관은 50개였고 전국에 139개가 있었다.

영화산업의 호황기는 학생을 끌어들였다. 스크린 앞의 '무아지경' 체험은 훈육주임교사와 경찰의 단속도 두렵지 않게 했다. 학생이 학교의 감시를 피해 영화관에 갈 수 있었던 것은 뒷골목 이류 극장의 마케팅 전략 때문이었다. 호주머니가 가벼운 학생에게 값싼 이류 극장은 고마운 존재였고, 극장 측에서도 학생은 최고의 고객이었기에 '학생 우대' 방침을 공공연하게 내세웠다.[53]

그저 그냥 방학 때도 도서관에 가서 책 빌리고 책 보는 것밖에 몰랐어요. 극장을 못 가니까 제일 가고 싶은 곳이 극장인데, 그래도 졸업하고 나서 생각하니까 그 동네 애들은 잘 다녔대. 몰래몰래. 우린 꿈도 못 꿨죠. 그러다 한번 고 3 방학이었나, 그런데 수원극장에 여름방학인데 좋은 영화가 들어왔대라, 그런데 이건 건전하니까 봐도 된다더라, 그런 소문이 돌았어요. 그게 지상 최대의 쇼라고 서커스 쇼. 그래서 "어! 그래?" 그래서 제가 갔어요, 극장을. 갔더니 소문이 딱 난 거야. "어, 신희선이 갔대더라. 반장이 갔으니 이건 가도 된다." 다 간 거야. - 신희선

궁금하긴 하고 그러니까 우리끼리 갔다가 (…) 그런데 성인영화였어요. 학생들 금하는 영화였던 것 같아요. 그때 외국 영화였죠. 러브스토리, 러브스토리예요. 그런데 그때 조사를 해봤어요. 3학년 조사를 해봤더니, 68퍼센트인가가 다 몰래 다 갔어요. 우리가 선발자로 갔을 뿐이지, 우리만 들켜서 혼났을 뿐이지, 그렇게 갔더라고. - 구인희

영화를 보러 갈 때면 늘 위험을 감수해야 했다. 교사에게 뒷덜미를 잡혀 쫓겨날 것만 같아 영화를 보더라도 마음이 편치 않았다. 영화관 출입이 들통 나면 정학 처분을 받았기 때문이다. 하지만 실제 처벌이 규정대로 엄격했던 것만은 아니다. 모범생이 끼여 있거나 한꺼번에 많은 학생이 걸리면 관대한 처분이 내려지기도 했다. 영화 관람에 있어서 '모범' 학생과 '불량' 학생이 따로 없었기에 처벌 정책은 그다지

실효성이 없었다.

동부극장에서 〈시집가는 날〉을 구경했는데 나는 어쩐지 간이 떨렸다. 자꾸 선생님이 뒤에 오셔서 나의 목덜미를 잡고 극장 구경 왔다고 꾸지람하실 것만 같아서 나는 구경을 하는 둥 마는 둥 극장에서 나왔다.[54]

개학 딱 하니까 불러내기 시작하는 거야. 교무실에서 누구 와라, 누구 와라 그러니까 한 60명이 걸린 것 같아요. 원래는 정학이에요. 원래는 정학인데 그만큼 정학을 시키면 학사 관리가 안 되지. 다 우등생들 있으니까. 3년 개근, 3년 우등 다 깨지게 생겼으니까 근신이라 그래가지고 그냥 학교는 나오되 벌점만 받는 거지. 그냥 교문 입구에 다 이름 써 붙이고. 지금도 모이면 "야, 그때 니가 갔기 때문에 나도 갔잖니" 이러고, 전부 갔다 와가지고. 그런데 정말 극장 잘 다니는 애들은 그동안 몰래 자기들은 다 봤대. 그런데 안 걸렸었대. - 신희선

교지의 앙케트나 학생 대상 좌담회에서는 영화 관람 문제가 자주 도마에 올랐다. 앙케트에선 만약 자신이 교사라면 "학생에게 극장 개방, 기타 인간으로서의 자유를 보장하겠다"는 공약 아닌 공약이 많았다.[55] 또 어느 학교의 좌담회에서는 연애 문제와 함께 극장 출입 금지에 대한 불만이 터져 나왔다. "'학생 입장 엄금'이란 패짝을 '학생에게는 특별히 써-비스함' 이렇게 바꿔달면 얼마나 좋아요?"라고

희망을 털어놓았고 학생만 전용으로 이용하는 영화관을 만들면 좋겠다는 제안도 있었다. 학생인 줄 알고도 입장시켜놓고 단속이 나오면 이에 협조하는 극장 주인의 이중적인 태도를 꼬집기도 했다. "기왕 나쁜 영화다, 혹은 극장에 들어와서는 못쓴다 해놓구, 극장 업자는 '모자 벗구!' 아주 이렇게 무슨 큰 인심이나 쓰듯이 입장시켜놓구서 잡는다는 처사는 반항심밖에 안 나지, 어떻게 자각을 할 수가 있어요?"라는 한 학생의 하소연에 모두 공감했다.[56]

이렇게 영화관은 학교와 문교 당국이 학생과 격렬하고 첨예하게 대립했던 공간이었다. 금지와 처벌의 위험 속에서도 기꺼이 영화관에 갔던 학생의 꿋꿋한 '저항'은 그 후로도 오래 계속되었다. 이는 '세상을 감쪽같이 속여먹은 것 같은 쾌감'을 선사했다. 돈암동 동도극장의 '단골'이었던 박완서는 그 은밀한 쾌감을 고백한 바 있다.

돈암동의 동도극장은 프로가 갈릴 때마다 놓치지 않고 가는 단골이었다. 숙부네 가게가 바로 동도극장에서 비스듬히 건너편에 있었는데 가게 유리창이나 벽에다 극장 포스터를 붙이는 대가로 표를 주고 갔다. (…) 동도극장이 단골이란 건 엄마에게도 반 친구들에게도 비밀이었지만, 따로 친구들하고도 곧잘 극장 출입을 했다. **어둠 속에서 교복의 흰 깃은 단박 눈에 띄게 돼 있어서 날쌔게 안으로 구겨 넣고 시치미 떼고 앉았다고 누가 학생인 걸 모를까마는 세상을 감쪽같이 속여먹은 것 같은 쾌감을 맛보곤 했다.**[57]

〈그림 43〉 서울시내 극장 내부 모습, 1961(국가기록원 소장)

〈그림 44〉 아카데미 극장 외관, 1961(국가기록원 소장)

〈그림 45〉 영화 〈바람과 함께 사라지다〉 광고(《경향신문》 1958년 2월 4일)

〈그림 46〉 평화악극단의 〈뮤-직-칼 코메듸 쑈-〉 광고(《경향신문》 1956년 5월 12일)

극장에서는 영화뿐 아니라 지역을 순회하는 악극단이 쇼를 했다. 학생은 가족과 함께 가거나 친구끼리 몰래 입장했다. 악극단의 쇼는 뮤지컬처럼 노래, 춤, 극을 혼합한 공연으로, 많은 이의 사랑을 받았다. 일제강점기 조선악극단 시절부터 유명했던 고복수를 비롯하여 홍청자, 박단마, 황금심, 현인 등과 갓 데뷔한 이미자가 인기를 끌었다. 김희갑, 양석천, 구봉서, 서영춘, 배삼룡 등이 하는 만담과 코미디 극도 많은 관객을 동원했다. TV 방송이 본격화되기 전이라 라디오에 출연하는 가수의 얼굴조차 모르던 시절, 극단 쇼는 풍문으로만 듣던 연예인을 직접 볼 수 있는 기회였다. 학생은 극장에 영화를 보러 갔지만, 악극단의 쇼를 보고 현장감을 만끽하기도 했다.

> 우리 고등학교 때 이미자가 처음 데뷔를 해가지고. 처음으로 취입한 게 〈두형이를 돌려다오〉인가?[58] 그 노래를 하면서 국제극장이라고 대구시내에 있어요. 거기에 처음 온 걸 이제 기억나요. 친구들 막 가가, 그때는 쇼 한다고 하면 막 가서 보고 이랬는데. 그랬던 기억이 나. 이미자 그때 기억인데, 아마추어 톱 싱글 대회 1등 했다 카고 막 나왔는 기라. 그래 이제 쇼단 따라가고 그러했는데. - 양희동

1950년대 후반 등장한 음악감상실은 학생이 가고 싶은 공간으로 새롭게 부상했다. 대개 술은 팔지 않고 음료와 차를 팔면서 음악을 틀어주었다. "담배 연기 자욱한 침침한 홀, 스피커에서 흘러나오는 멜로

디, 뭇 얼굴들이 명상에 잠긴 듯이 감상실은 젊은이들의 휴식처"라는 묘사처럼 젊은 학생이 주 고객이었다. 대학생이 가장 많았고 일반인과 일부 고등학생이 감상실을 찾았다. 서울에는 클래식 음악만 틀어주는 '루네쌍스', 'KY뮤직홀'이 있었고, 경음악을 전문으로 하는 '쎄씨봉', 좀 더 상업적인 '은하수'가 있었다.[59] 광주 충

〈그림 47〉 음악감상실을 소개한 신문 기사(《동아일보》 1959년 5월 4일)

장로에는 '뉴욕'과 '쎄시봉'이 있었다. 대구에는 '시보네'와 '하이마트'가 유명했다.

'시보네'라고 대구에 유명한 그게(음악감상실) 있었어요. 고거는 약간 팝송 쪽이고, '하이마트'는 클래식 위주로 하고. 저는 '시보네' 하는 데로 (갔지요). 거기는 가면은 그냥 신나는 음악 그리고 그때 재즈 이런 거. 우리 노래도 막 그 오락 시간 되면 〈크레이지 러브crazy love〉, 〈삐빱빠룰라〉 이런 거 (불렀지요). - 양희동

스케이트장과 탁구장은 운동을 핑계 삼아 '합법적'인 출입이 가능

〈그림 48〉 한강에서 스케이트 타는 학생들, 1956(국가기록원 소장)

〈그림 49〉 한강 스케이트장 모습, 1956(국가기록원 소장)

<表 17> 전국 흥행장과 스포츠 시설 수(1960)

	흥행 시설		스포츠 시설			공원
	영화관	극장	공설운동장	탁구장	당구장	
전국	139	201	32	87	1,558	49
서울시	51	1	2	–	463	14
경기도	28	15	6	2	182	8
충청북도	5	4	1	5	42	1
충청남도	2	27	2	7	101	3
전라북도	–	19	2	1	40	5
전라남도	5	27	1	9	112	6
경상북도	24	23	3	13	236	2
경상남도	13	63	9	50	247	10
강원도	7	22	5	–	131	–
제주도	4	–	1		4	–

출전: 보건사회부,《보건사회부통계연보》, 1960, 180~181쪽.

해 영화관이나 당구장보다 상대적으로 풍기 단속이 심하지 않은 곳이었다. 경제적으로 여유가 있는 학생은 탁구를 하거나 스케이트를 타면서 이성 친구를 사귀었다.

영화관만큼 학생을 유인했던 곳은 빵집이었다. 빵집은 물론 빵과 과자 등 간식을 파는 곳이지만, 칸막이를 해놓은 곳이 있어서 은밀하고 조용한 만남 장소로 알맞았다. 학교 주변 빵집은 늘 학생으로 붐볐고, '은밀한 만남'을 원하는 학생의 단골이 되었다. 몇몇 빵집은 동네 '불량배'의 근거지로 활용되었다. 두목을 제외한 전 단원이 서울 시내

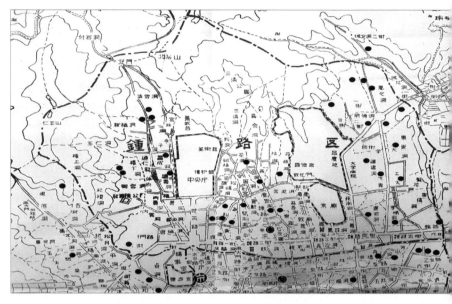

〈그림 50〉 서울 도심 학교 분포도, 1957(대한안내사,《(대한민국) 도별행정요도》상권, 1957)

중고생이었던 '이빨단'은 광화문 덕수빵집을 집합 장소로 활용했다.[60] 이런 이유로 빵집은 풍기 단속 기간에 집중 단속을 받았다. 영화관과 마찬가지로 빵집도 단속과 저항이 교차하는 공간이었다.

전국의 학교는 대부분 도시의 중심부에 위치했고, 주변부에 있는 학교라도 부도심의 상권과 그리 멀지 않은 곳에 있었다. 근대 초기부터 학교는 교통이 편리하고 접근성이 좋은 곳에 터를 잡았다. 해방 후에도 학교 주변에는 도시의 편의 시설과 유흥 시설이 밀집되어 있었다. 1950년대 후반 서울시에는 종로구를 중심으로 도심 한복판에 가

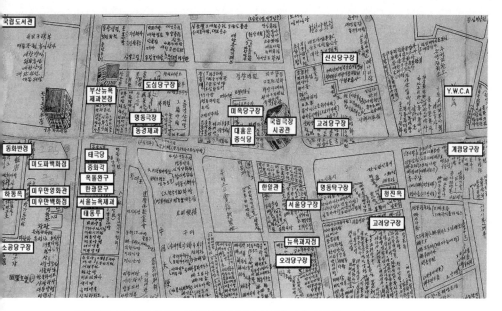

〈그림 51〉 서울 명동 중심가, 1961(대한안내사, 《서울안내 제3호: 명동편》, 1961)

장 학교가 많았는데(〈그림 50〉에서 동그라미 표시), 이 학교들은 서울의 대
표 상업 지구인 종로나 명동과 무척 가까웠다. 단성사, 대한극장, 국제
극장, 국도극장, 명동극장, 을지극장 등이 종로와 광화문, 을지로, 명
동에 걸쳐 있었고, 문구백화점, 서점, 음식점, 제과점, 당구장 등이 빼
곡하게 들어서 있었다.

학교 주변에 유해 시설이 많다는 조사 결과는 그리 새로울 것이 없
었다. 1958년 문교부가 중앙교육연구소에 의뢰해 조사한 보고서에
따르면, 총 333개 학교 주변에 음식점이 1만 3000개로 가장 많았고

都市別 調査數	서울市	釜山市	大邱市	光州市	合 計
	150교	84교	65교	34교	333교
과　자　점	1207	838	607	102	2754
노 상 과 자 점	951	1195	156	98	2400
선　술　집	730	971	320	187	2208
일　반　음　식점	884	817	175	49	1925
노 상 음 식 점	605	782	58	66	1511
빵　　　집	544	578	138	63	1323
빙　　과　　점	463	163	91	10	727
비　　아　　홀	48	41	3		92
노 상 청 과 점	60				60
다　　　　방	288	173	47		508
당　　구　　장	101	45	13	1	160
노 상 노 름 판	38	95	9	4	146
극　　　　장	41	48	17	2	108
땐　　스　·　홀	23	16	3		42
당　　포　　장	9	11	7	4	31
요　　지　경　업	8	18		3	29
사 꾼 보 —드 장	10	5	2	4	21
약장사·요술쟁이 모인곳	53	48	14	2	117
각종푸로그람게시판	185	135	45	14	379
노 상 사 진 판 매	48	55	6	6	115
집 　 매 　 부 　 촌	46	43	6	4	99
저 축 한 체 육 관	18	16	2	1	36

〈그림 52〉 학교 주변 유해 시설로 지목된 극장 간판(《동아일보》 1958년 8월 29일)

〈그림 53〉 학교 주변 환경 조사표(《동아일보》 1958년 7월 31일)

유흥장은 1064개가 있었다. 음식점은 일반 음식점 1925개, 과자점 5154개, 빵집 1323개의 순으로 많았고, 빙과점과 노상 청과점, 선술집, 비어홀 등도 있었다. 다방 508개, 당구장 160개, 노상 노름판 146개, 극장 108개 등 유흥장으로 분류된 시설도 적지 않았다. 이밖에 성매매 집창촌, 인분 저장소, 묘지, 화장장, '약장사와 요술쟁이가 모인 곳' 등도 있었다.[61] 이에 문교부는 내무부, 법무부, 보사부와 합동으로 학교 주위 반경 300미터 내 유해 시설을 철거하라고 지시했다.[62] 하지만 도심의 상업 지구와 함께 자리 잡기 시작한 학교에서 그것들을 완전히 분리하는 일은 쉽지 않았다.

은밀한 저항, 은어

은어隱語는 특정 부류의 사람이 공용어에 없는 새로운 표현을 사용해
다른 사람이 알지 못하게 하고 자신들만의 은밀함을 공유하는 특수어
다.[63] 은어는 학생이 일상에서 사용하는 언어라는 점에서 집단적 심리
와 경험의 저장고다. 학생의 은어를 보면 공식 자료에서 드러나지 않
은 학생 역사의 한 단면을 볼 수 있다. 1963년에 발간된《한국은어사
전》에 나온 학생 은어와 뜻풀이를 보면 〈표 18〉과 같다.[64]

언어의 특성이 그렇듯 어떤 특정 집단만 사용했다고 보기 어려운
것이 있고, 발행 시기와 유행 시기를 명확하게 밝히기 어려운 것이 많
다. 표에 제시한 은어는 1961~1962년 대학생과 고등학생이 사용한
것으로, 중고생만의 경험을 추출해내는 것은 불가능하다. 은어 가운
데 일부는 다른 집단, 세대와 서로 뒤섞여 혼용됐을 가능성이 크다.
학생 은어를 유형별로 나누어 그 특징을 살펴보자.

첫째, 학생을 '통제'하고 '지도'하며, 그들에게 권위를 행사하는 사
람을 가리키는 은어가 많이 눈에 띈다. 부모, 교사, 경찰을 뜻하는 어
휘가 대표적인데, 개비꼰대(할아버지), 껍디기(아버지), 부왕초(어머니), 암
꼰대(어머니), 골게비(담임교사), 선바리(선생), 똥파리(순경), 곰(경찰), 곰배
(순경), 검둥개(순경), 검은고양이(순경), 새빠트(형사), 파랭이(경찰) 등이
그것이다. 모두 대상을 부정적으로 묘사하여 그 권위에 도전하는 특
징이 있다. 특히 경찰을 지칭하는 어휘는 똥파리, 검둥개, 새빠트처럼

〈표 18〉학생 은어

은어	의미	은어	의미
가죽피리	방귀	깜, 강아지	순경
감지 있거든 말라 먹자	감정이 있거든 말하자	껍디기	아버지
개비꼰대	할아버지	꼬루다	바로 보다
개뺵다구	나쁜 놈	꼬바리	꽁초
건빵	살찐 얼굴에 작은 눈을 가진 사람	나발대 신품	입 싼 것
검둥개	순경	나이롱 청춘	나이는 많으나 마음과 행동이 젊은 사람
검은고양이	순경	나팔	똥구멍
검은쥐 잡다	보리쌀을 훔치다	나 홀로 다방	변소
고구마	남자의 성기	노고지리통	소년원
고행	가을 여행	노란 샤쓰의 사나이	말이 적고 씩씩한 생김의 사나이
골게비	담임교사	다이아몬드	여드름, 유방
곰	경찰	독 테이블	개판
곰배	순경	딸기양	애인(여자)
곰탕	성교	떡가래	똥
국제적 갈비	아주 약한 것	똥파리	순경
굴뚝 후비다	담배 피우다	레디 마비	스타킹이 흘러내려온 여인
그린 휠드	식물성만의 반찬	레코드 케익	빈대떡
그마니스트	최고인 것	룸 나인	방귀
금팔찌	수갑	망치	담배
까시하다	성교하다	맞짱까다	싸우다
까싸이	여학생	맞푸래이	일대일로 하는 싸움
깔대	양갈보	무직홀	음악감상실

은어	의미	은어	의미
묵싸구	얻어터지는 것	쌔비다	도둑질하다
미쓰무르팍	무릎이 보일 정도로 짧은 치마를 입은 처녀	씨 에이 엘(C.A.L)하다	히스테리컬 하다
민주주의형	못생긴 사람	아메바형	못생긴 사람
바지씨	애인	아이스숍삥	눈요기
밤구경	꿈	암꼰대	어머니
백묵	담배	양분 보급소	남자의 성기
백화점	호떡집	얼삥, 얼뽕	성교
벌건집	교도소	에스 비	의남매
부왕초	어머니	에스누나	의붓 누나
비 디 케이(B.D.K)	빈대코	에이 비 씨(A,B,C)	보기 싫다
빠구리	성교	엑쓰	마누라
삥삥	수업을 받지 않고 돌아가는 것	여깡	여자 깡패
삥삥짜리	학도병	열린 수도꼭지	잔소리 많은 사람
삥사이	소매치기	오댕	똥
뿌시개	담배	오상	멋쟁이
삥치다	구타하다	와리바시	키 크고 몸 약한 사람
사부링	수업을 받지 않고 돌아가는 것	와새	거짓말
새빠트	형사	용대가리	남자의 성기
선바리	선생	울림장	위협
소프라노	다 큰 처녀	은시계	수갑
스테키보이	실속 없는 남자	은행	하코방
스팀아울	기분이 나빠서 실망함	이구오(295)	흑인

은어	의미	은어	의미
이빙	술래잡기 비슷한 놀이	청춘복덕방	교회
이스트 넣다	살짝 겉만 빗어 넘겨서 머리에 탑을 쌓는 머리 모양을 하다	촛대	키 큰 사람
이하 우물쭈물	멋쩍어 말끝을 줄이는 것	탓찌	도둑질
인생 계급장	얼굴의 주름살	토끼다, 토사이	도망가다
인생복덕방	중매쟁이	토지개혁	대머리
장난 재봉틀	여자 앞에서 말도 잘 못하고 떨기만 하는 남성	파랭이	경찰
재판소	변소	핥다	훔치다
주둥이 운동	먹는 것	해방골목	사창굴
징그랜드	징그럽다	후까이, 후쨍이, 후라이	거짓말
청춘 다이아몬드	여드름	흰쥐 잡다	쌀을 훔치다

출전: 장태진, 《한국은어사전》, 형설출판사, 1963.

더럽거나 기피하는 동물이 많다. 경찰 관련 어휘가 많은 것은 범죄 어휘가 많은 것과 일맥상통한다. 이는 은어를 사용하는 학생이 '범죄-경찰'을 일상적으로 의식하거나 접하는 존재라는 점을 시사한다.

둘째, 연애나 성性과 관련된 어휘가 많다. 청춘복덕방은 교회를 뜻하지만, 이런 표면적 의미와 달리 그 내포는 '많은 학생이 연애를 하는 곳'이다. 인생복덕방은 중매쟁이를 가리킨다. 흥미로운 점은 연애나 성 관련 은어가 연애의 낭만성을 상징하기보다 성행위를 직접 지칭하는 것이 훨씬 많다는 점이다. 성교를 뜻하는 은어는 곰탕, 까시하다, 빠구리, 얼빵 등 다양하게 나타났으며, 성을 매매하는 집창촌인 해방골목(사창굴)이라는 어휘도 있다. 남자의 성기를 뜻하는 은어도 다수를 차지한다.

셋째, 범죄, 폭력, 거짓말과 관련된 은어가 있다. 금팔찌(수갑), 노고지리통(소년원), 벌건집(교도소), 뻥치다(구타하다), 와새(거짓말), 은시계(수갑), 탓찌(도둑질), 핥다(훔치다), 후까이/후라이(거짓말), 검은쥐 잡다(보리쌀을 훔치다), 흰쥐 잡다(쌀을 훔치다) 등이 있다. 이런 어휘가 많은 것은 학생이 범죄, 폭력과 무관한 존재가 아니었음을 보여준다.

넷째, 사람의 외모나 차림새를 희화화한 표현이 다수 있다. 촛대(키 큰 사람), 민주주의형(못생긴 사람), 아메바형(못생긴 사람)은 외모의 특징을 나타낸 것이며, 청춘 다이아몬드는 사춘기에 돋은 여드름을 낭만적으로 표현한 것이다. 여성에 대한 표현은 미쓰무르팍(무릎이 보일 정도로 짧은 치마를 입은 처녀), 레디 마비(스타킹이 흘러내려온 여인), 다이아몬드(유방) 등이 있는데, 주로 여성의 외모를 전경화한 것이다. 이외에 정치 이슈와 신체적 특징을 결합한 토지개혁(대머리)이 있다.

다섯째, 특별한 의미가 없는 말장난이나 외국어를 활용한 콩글리시가 많다. 징그럽다는 뜻의 징그랜드가 대표적이다. 언어유희에 가까운 은어 중에는 영어를 사용한 그린 휠드(식물성 반찬), 그마니스트(최고인 것), 독 테이블(개판), 룸 나인(방귀), 비 디 케이(빈대코), 무직홀(음악감상실), 씨 에이 엘 하다(히스테리컬 하다) 등이 있다. 이외에 고고마운틴(갈수록 산이다), 와싱톤 칼리지(변소) 등이 있다. 실제 화장실(W·C)에 갈 때 "와싱톤 칼리지에 간다"라고 하는 표현이 흔히 쓰였다. 이는 대부분 영어를 모르면 알아들을 수도, 웃을 수도 없는 것이었다. 이것은 학교에서 영어를 배우는 '지식인'임을 암묵적으로 드러내고 과시할 뿐 아니라, 이를 모르는 집단과 차별화하는 전략으로 볼 수 있다.

학생 은어는 전체적으로 권위에 도전하고 저항하는 것이 많다. 학생은 저항적인 은어 사용을 통해 자신들의 일상 경험을 표현하고, 그것을 축적·저장·소통·전승한다. 이때 은어는 '저항의 근거지'가 되며, '왜곡된' 형태로나마 학생의 '기억의 저장소' 기능을 한다.[65]

또 학생 은어는 매우 남성적인 특징이 있다. 백인 남성 노동자 계급의 반학교 문화(counter-school culture)를 연구한 폴 윌리스Paul Willis에 따르면 "반학교 문화의 가장 기본적이고 두드러진 특징은 권위에 집단적으로 또 개인적으로 집요하게 저항하는 것"이며, "이러한 감정은 '싸나이'의 일상 언어에서 쉽게 드러난다"라고 했다.[66] 기성세대의 권위와 학교 권력에 반항하는 학생은 기존에 중요하게 여겨온 가치를 전복하면서 자기들끼리의 언어와 경험을 공유했다. 이것은 매우 '저항적'이지만, 과도한 남성성을 중시하며 젠더 차별적인 모습으로 나타나기도 했다.

소년원에 간 학생

'불량 학생'은 학교와 교육 당국의 가장 큰 관심사 가운데 하나였다. 극장 출입, 음주, 흡연, 흉기 소지 등에 대한 풍기 단속은 일제강점기 이후 계속됐고, '풍기 문란'을 넘는 위법 행위에 대해서도 엄격하게 관리했다.

학교는 학생 징계 원칙을 학칙으로 규정했는데, 정도에 따라 근신, 정학, 퇴학이 있었다. 퇴학 사유는 주로 불량한 성품, 열등한 성적, 무단결석, 정치활동, 집단행동 등이었다. 징계와 퇴학 조항은 매우 폭넓고 추상적이어서 실제 판단은 교사와 교장의 재량에 속했다. 퇴학 조치를 취할 수 있는 명백한 사유는 학생이 범죄로 처벌받는 경우였다.

국가는 학생의 일탈을 범죄와 관련하여 주목했고,[67] 대통령까지 나서서 학생의 풍기 문란과 범죄를 없애라고 특별 지시를 내렸다. 한 신문기자는 "전국적으로 9만 명을 추산한다는 불량소년·소녀는 일종의 정신 변질자"라며 혐오 발언도 서슴지 않았다.[68] 각 지역의 자치단체에서는 교사, 학부모, 경찰이 공동으로 단속을 했고, 방학 중에는 특별지도위원회를 만들어 단속을 강화했다.

내무부 장관, 문교부 장관, 법무부 장관 귀하

〈학생범죄 단속의 건〉

근자에 강도, 절도 등 각종 범죄가 늘어가고 있음으로 이것을 강력히 단속하여 근절이 되도록 하여야 함은 물론이며 또한 학교 학생들의 범죄 발생이 많음으로 학생들의 풍기를 단속하며 범죄 발생이 없도록 강력히 학생들을 지도하고 가르쳐서 잘 인도하여야 할 것이 시급하니 이에 대하여 곧 **강력한 방법을 강구하여 학생들의 풍기 문란이나 범죄 발생이 없도록 조처하라는 대통령 각하의 분부가 있으심으로 명령에 의거하여 전달합니다.**

대통령 비서관[69]

〈지도 방안〉

1. 남녀 학생의 풍기 단속

2. 야간 외출 및 극장 출입 단속

3. 요정, 다방, 음식점, 카바레, 콜푸장, 오락장, 유흥장 출입자

4. 작당 또는 개인으로 폭행 및 금품 강요, 탈선 미연 방지

5. 공중도덕의 준수

6. 조기 청소의 봉사 작업 장려

7. 방학 과제의 장려 복습 및 자유 연구의 권장

8. 수영, 등산 등의 장려와 질서 유지의 철저

9. 여행을 통한 교통 도덕의 준수

10. 하기 위생 생활과 전염병의 미연 방지

11. 모범 학생 발견과 그 표창

12. 기타 학생의 위반 행위의 단속과 장려할 모범 행위의 보급[70]

1958년 정부는 법률 제489호로 〈소년법〉과 법률 제493호로 〈소년원법〉을 제정했다.[71] 〈소년원법〉은 제1조에 "소년원은 보호 처분에 의하여 송치되는 소년을 수용하여 이들에게 교정교육을 행함을 임무로 한다"라고 명시했다. 또 "① 소년원의 교정교육은 엄격한 규율 밑에 국민으로서의 기초적 교육, 훈련과 의료를 베풀며 아울러 직업의 보도를 함으로써 행한다. ② 대통령령으로 지정하는 소년원에서는 국민학교 또는 중학교의 과정을 수업한다" 등 교정교육에 대해 언급했다. 이 법은 남자와 여자뿐 아니라, 16세 미만과 16세 이상을 분리해 수용하도록 규정했다. 지역의 소년원교육은 "근로정신을 함양하고 기술을 습득하여 사회에 복귀케 하며, 아울러 국가 세입 증대를 도모하고, 나아가 행형行刑의 자급자족을 통해 국민의 부담을 경감케 하려는 목적"으로 시행되었다. 직업 훈련이 주였고, 일부는 따로 소년단을 조직해 훈련을 했다.[72]

소년원에 수용된 인원은 얼마나 됐을까? 1954년부터 1963년까지 보호 처분을 받아 수용된 청소년 수를 살펴보면 〈표 19〉와 같다.

〈소년법〉과 〈소년원법〉이 정비되던 1957년과 1958년 '보호 소년' 수가 급증했다. 소년범 관련법이 제정, 정비되면서 소년범 수는 계속 증가했다.[73] 1950년대 말 1960년대 초 소년원 수용자가 시설의 수용 능력을 초과하자 대검찰청은 가능하면 기소유예 처분을 해 소년원에 보내는 것을 줄이고 '비행 정도가 높아 시설 내의 교정이 극히 필요하다고 인정되는 소년만' 송치하도록 각 검사장에게 공문을 내려 보

〈표 19〉 소년원 수용 청소년 수(1954~1963)

연도	총계	서울	대구	부산	광주
1954	3,818	1,906	445	920	547
1955	4,383	1,845	779	1,364	395
1956	6,447	2,265	1,155	2,194	833
1957	15,139	9,270	1,317	3,354	1,198
1958	18,690	13,958	1,320	2,390	1,022
1959	14,006	8,402	2,574	1,893	1,137
1960	15,026	10,506	1,426	1,947	1,147
1961	23,561	16,775	1,522	3,193	2,071
1962	24,007	13,496	2,589	5,113	2,809
1963	24,746	12,771	3,004	6,171	2,800

출전: 법무부 교정국, 《비행소년통계, 1963》 제1집, 1964, 4쪽.

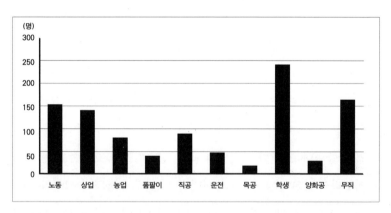

〈그림 54〉 서울형무소 수감 소년 직업 통계, 1956(김창덕, 〈소년범죄의 실태-입소자 1000명에 대한 조사〉, 《형정》 43, 1957, 16쪽)

232

〈표 20〉 보호 소년의 교육 정도

(단위: 명)

연도	합계	무학	국민학교			중학교			고등학교			대학교		
			재학	중퇴	졸업	재학	중퇴	졸업	재학	중퇴	졸업	재학	중퇴	졸업
1961	8,102	1,855	5	2,818	1,476	56	1,169	354	42	262	62	1	2	-
1962	6,411	848	28	2,927	1,437	44	684	209	22	189	23	-	-	-

출전: 법무부 교정국, 《비행소년통계, 1963》 제1집, 1964, 35쪽.

냈다.[74]

범죄소년 중에는 학생도 있었다. 1956년 한 해 동안 서울형무소에 수감된 소년 1000명의 직업을 조사했는데 학생의 비중이 가장 높았다. 노동이 152명, 상업이 141명, 무직이 163명이었는데, 학생은 241명으로 24퍼센트가 넘었다.

1961년과 1962년 '보호 소년' 통계에도 학교에 한 번도 가본 적 없는 무학無學보다 학업 경험이 있는 사람이 월등히 많았다. 국민학교 중퇴생이 가장 많았으며, 그다음으로 국민학교 졸업생, 중학교 중퇴생이 뒤를 이었다.

실제 조직적으로 움직인 '학생 깡패단'이 적지 않았다. 소규모 동네 불량배부터 여러 지역 학생이 모인 거대 조직도 있었다. 서울·부산·대구 고등학교 중퇴생 중심의 '칠성클럽', 여학교 퇴학생 중심의 인천 '백골단', 서울 시내 중고생이 다수인 '이빨단' 등은 적게는 30명부터 많게는 200여 명까지 거느린 조직이었다. 이밖에 '풍년배', '서대문배'

등 기성 깡패단에 속한 학생도 있었다.

이들은 어떤 이유로 소년원에 가게 됐을까?

서울지방법원에서 이달 1일부터 재작 27일까지의 통계표에 의거하면 학생범죄 수는 일반형 사범의 20퍼센트(병역 기피 제외)를 점하고 있어 해방 후 최고율을 시현하고 있으며, 동 통계에 의하면 지난 28일간 형사범으로 영장이 발부된 학생 수는 57명에 달하고, 치안 재판에 회부된 자가 25명, 야간 통행을 위반한 학생이 역시 25명에 달하고 있다 한다. 그런데 그들이 범한 죄목을 일별하면 절도사기를 비롯하여 공갈, 살인 미수, 강간 등 헤아릴 수 없는 광범위에 이르고 있으며, 관계 담당자는 발호하는 이들 학생죄의 원인으로 대부분 학생들은 음주, 끽연에 젖어 있고 다방, 음식점 등 심지어 매춘부 소굴까지 출입하고 있어 자연 재산에 대한 욕망이 증가 됐다는 점을 지적하고 있다.[75]

1961년 통계에 나타난 소년범죄의 유형을 보면 절도가 가장 많고, 폭행, 상해, 공갈, 강도, 사기의 순이었다. 특별법을 위반한 소년 총 595명 가운데 산림령 위반자가 364명으로 가장 많았고, 〈윤락행위등 방지법〉 위반자가 51명으로 그다음 순위를 차지했다.[76] 이는 생계와 관련된 범죄가 가장 많았음을 보여준다.

아동 문제를 논하는 많은 글에서는 '가정이란 모든 생활 면에서 근본적인 문제의 해결 장소'이기 때문에 '부모의 생활이 건전해야' 하

며,[77] 따뜻한 가정 분위기를 만들어서 아동을 선도해야 한다고 강조했다.[78]

〈그림 55〉 인천교도소에 수감된 소년들이 주인공인 계몽 영화의 한 장면(국립영화제작소, 〈새길: 소년들이 교도소에 들어오게 된 이야기〉, 1961)

6·25동란으로 피난살이를 하게 되니 가정교육, 학교교육을 제대로 받지 못하였고, 생활을 위해서 많은 어린이들이 신문, 담배 장사에, 구두닦이로 거리에 쏟아져 나와야 했고, 부모를 잃은 전쟁고아들이 거지 떼가 되어야 했다. 그러나 적군을 물리쳐야만 했던 정부에서는 이들의 선도 문제에 머리를 쓸 여유가 없었고 (…) 아버지는 술타령 아니면 외박하기가 일쑤요, 어머니는 어머니대로 파티다 구경이다 하여 나다녀 아이들에게 관심이 갈 리 없었다. 거기에다가 깽 영화, 저속한 잡지, 관능을 자극하는 영화 광고 등은 어린 소년들의 예민한 신경을 자극하여 이들을 불량화하고야 말았다.[79]

어머니의 외출이 불량소년·소녀를 만든다거나,[80] 아동 생활을 파탄으로 이끄는 어머니의 사교댄스를 엄금해야 한다는[81] 주장처럼, 사회는 청소년문제의 발생 원인을 어머니의 행실에서 찾기에 바빴다.

심지어 한 교장은 '불량 학생'인 아이를 퇴학시키지 않을테니 직장을 그만두고 가정에서 아이를 돌보라고 어머니에게 요구했다.[82]

이처럼 사회와 학교는 아동 문제의 발생을 가정, 특히 여성의 책임으로 돌렸지만, '불량 아동'과 '불량 학생' 문제는 어머니의 춤바람 때문이 아니었다. 한국전쟁 뒤 극심한 경제난으로 가족이 존립할 수 있는 기반이 흔들리게 된 것이 가장 큰 이유였다. 국가는 관련 법을 만들어 단속하고 처벌하는 데 급급했지만, 벼랑 끝에서 생존해야 했던 학생의 처지를 살피지는 못했다. 이에 많은 청소년이 법의 경계 밖으로 내몰렸다.

4

놀이와 교양의
중간 지대,
취미

교양 잡지, 에로 잡지, 만화

'요람에서 무덤까지 독서가 중요하다'는 생각은 비교적 가까운 과거에 생겼다. '구텐베르크 은하계'가 출현하기 전, 책을 읽는 사람은 소수였고 지배층만도 아니었다. 그 문화는 각양각색이었다. 고대 그리스에서는 잘 훈련받은 노예가 주인 여성에게 글을 읽어줬고, 침실이 '사적' 공간으로 인식되기 전 유럽에서는 침대에서 책을 읽는 것을 '게으른 오락'으로 위험시했다.[83] 우리도 크게 다르지 않았다. 조선시대에 기생은 글을 읽고 시를 지어도 양반 여성은 그러지 못했다. 조선 후기가 돼서야 글을 읽고 쓸 수 있는 양반 여성이 조금 늘어났을 뿐이다.

문해력을 갖춘 독자의 탄생은 근대 학교제도와 밀접한 관련이 있다. 1920년대 이후 학생은 도시 대중문화의 향유자이자 책의 주 소비층으로 부상했다. 독서는 문화적 실천이며 사회적 행위이므로 학생이 무언가를 읽는 행위는 그들의 정체성 형성에 관여한다. 이를 이해하기 위해서 책을 읽는 독자는 특정한 취향 체계와 이데올로기적 지향을 가진 개인이면서 동시에 대중(mass), 공중(public)으로서 이데올로기에 호출당하는 집합적 주체라는 점을 상기할 필요가 있다. 그렇기 때문에 대중매체인 책을 읽는 독자는 '상상의 공동체'인 민족의 주체이고, 평균화된 취향을 가진 대중문화의 익명적 향유자다. 물론 시민적 의사소통 공간을 창출하는 주체이기도 하다.[84] 학생의 읽는 행위도 이런 맥락에서 생각해볼 수 있다.

해방 후 새 시대에 대한 희망이 분출하면서 출판물이 대량으로 쏟아져 나왔다. 1947년 미군정 공보부에 등록된 정기간행물은 320여 종이나 됐다. 출판물의 홍수 속에서 문교부는 학생 독서를 강조하고 장려했고, 미국공보원(USIS)과 한미재단은 학생용 도서를 원조했다. 1954년 미국교육사절단 중앙교육연구소는 독서 분위기를 살리려고 '독서 주간'을 만들었고,[85] 아동 잡지사는 어린이날 잔치를 베풀어 판촉에 힘을 쏟았다.[86] 정부와 사회는 독서의 중요성을 일깨우며 이를 계몽하기에 바빴다.

그러나 학생의 독서 환경은 척박했다. '합법과 불법', '건전과 불온'의 틈바구니에서 마음 놓고 책을 구할 수 없었다. 물자난은 책의 빈곤

현상을 부채질했다. 종이가 모자랐을 뿐 아니라, 종이 질이 나쁘고 인쇄 기술이 열악해서 시중에 나온 책도 조악한 것이 많았다. 책의 내용 역시 빈약했다. '인쇄가 잘못됐더라도 내용이 풍부하고 충실해야 한다'는 푸념이 도처에서 터져 나왔다.

학생이 마땅히 갈 만한 도서관도 많지 않았다. 도서관에서 빌려 보는 것보다 헌책방에서 사거나 친구끼리 돌려 보는 일이 더 수월했다. 동네 헌책방은 늘 학생 손님으로 붐볐다. 학생 손님 덕에 전국적으로 유명해진 책방 골목이 생겼다. 부산의 보수동 책방 거리는 한국전쟁 피난 시절부터 유명해진 곳이다.

모든 종류의 책을 구입할 수 있는 곳은 당연히 서점인데, 경제적으로 어려 웠던 시절이라 중고서점을 많이 이용했다. 부산에는 보수동 책방 골목이 유명했다. 전쟁 후 보수동 옆 부민동에 임시 수도 정부 청사가 들어섰고, 인근 대청동과 남포동, 광복동에 피난민이 모여들면서 덩달아 전국의 지식인과 문화인이 증가했다. 또 구덕산과 보수동 뒷산에 '부산전시연합대학'을 비롯한 임시 학교들이 자리하면서 보수동은 학생과 교사들이 지나는 길목이 됐다. 초기 책방 주인들은 미군부대에서 흘러나온 만화책 몇 권을 놓고 번역문을 오려붙여 빌려주다가 본격적으로 헌책을 모아 팔기 시작했는데 장사가 잘 돼 점차 책방 골목이 형성됐다.[87]

학생 독자를 대상으로 발행한 출판물의 종류는 잡지, 소설, 만화,

〈그림 56〉 한미재단 서적 인수식, 1956(국가기록원 소장)

〈그림 57〉 길거리 책방의 모습, 1950년대(하와이대학교 한국학센터 소장)

신문 등이었다. 소설은 가장 인기 있는 장르였는데 단행본보다 주로 잡지에 연재된 것이 많았다. 소설은 대부분 갖은 고난과 역경을 이기고 꿋꿋하게 살아가는 주인공의 모습을 담았다. 소설 광고는 이를 부각했다.

바다같이 큰 희망을 안고 서울로 올라온 가난한 농부의 아들, 이수동이는 천재 소년 화가이었다. 10여 년 전에 행방불명이 된 자기 누이 은희를 그리는 마음 극진하여 기억조차 어렴풋한 누이의 얼굴을 꿈에서 보고 그린 것이 전람회에 출품까지 되었다. 이것이 동기로 오랫동안 마음속에 그리던 누이를 찾게 되었다. 이러는 동안 수동이는 얼마나 많은 고통을 겪어왔으며, 이 고통은 어떻게 아름다운 꽃을 피게 했던가? (최병화,《희망의 꽃다발》, 민교사, 1949)

기차 안에서 만난 제복의 두 처녀는 뜻하지 않은 교통사고로 우연히 인연을 맺게 되었다. 그러나 두 소녀는 서로 주소도 모른 채 헤어지고 말았다. 하나는 유복한 가정에서 고이 자라나는 제복의 처녀이고, 하나는 제복을 벗게까지 된 불우한 환경에 빠진 처녀이었다. 이 두 소녀는 환경은 다르고 주소는 모르지만, 서로 그리는 비단결 같은 마음씨는 변함이 없었다. 그러나 운명은 반드시 평탄하지는 않다. 불우한 환경에 있는 조금순은 모진 세파에 시달리다 못해 집을 나가게까지 된다. 그 후 금순은 어떻게 되었으며 어디로 갔을까? 눈물 없이는 읽지 못할 인정 미담.(정비석,《별과 달의 우정》, 민

《어린이》, 《새벗》, 《학원》, 《소년세계》 등은 대표적인 학생 잡지였다. 《어린이》는 일제강점기에 개벽사가 발행했던 것을 1948년 5월 어린이날을 맞아 속간한 것이다.[89] 1952년 1월 창간한 《새벗》은 아동문학의 외연을 넓혔다는 평을 들을 만큼 다양한 문학 작품을 쏟아냈다. 전후의 궁핍한 시대 상황을 형상화한 사실주의 작품과 반공주의 소설이 주를 이뤘다. 그 당시 대부분의 문학작품이 그랬듯이, 독자를 감성 공동체로 결집하고 아동을 국민 주체로 호명했다.[90]

1952년 창간된 《학원》은 제일 많이 팔리는 학생 잡지로서 발행 부수가 10만 부에 달했다. 서울시내에서 매진 사례도 많아 '판매라기보다 배급에 가까웠다'고 한다. 청소년 독자의 탄생을 얘기할 만한 현상이었다.[91] 이에 대항해 《학생계》가 나왔지만 《학원》의 인기를 따라잡지 못했다.[92] 중고생의 본격 문예지를 표방한 《학원》은 세계 명작, 한국 문학(모험소설, 탐정소설, 역사소설, 낭만소설, 명랑소설 등), 명사 회고, 위인전, 만화, 학습 강좌, 학생 문예 등으로 지면을 구성했다. '참된 교양과 올바른 취미의 앙양'과 '헝클어진 민족정기를 바로잡고 어지러운 국가를 정화'하는 것을 사명으로 삼았다.[93] 민족의 미래 인재 양성을 위해 계몽에 노력하겠다는 의도에서 상업 광고를 일체 싣지 않는다는 방침을 정했다. 대중성과 계몽에 초점을 둔 《학원》은 '독자의 저속한 취미에 영합하는 오락 잡지가 아니라, 독자를 계몽하고 그들에게 풍

부한 마음의 양식을 베푸
는 교양 잡지'라는 평을
이끌어냈다.[94]

<그림 58> 잡지 《학원》 광고

《학원》이 중학생 잡지
로 출발한 탓인지, 사회
문제에 관심이 많거나 성
숙한 고등학생은 이를 시
시하게 느꼈다. 이들은
《사상계》나 《새벽》 같은
시사 잡지를 더 선호했다. 장준하와 함석헌은 가장 인기 있는 필자였
다. 《사상계》의 근대화론은 '후진국'의 현실을 인식하고 민주주의와
민족주의를 이해하는 데 큰 영향을 미쳤다. 반공주의자 함석헌은 정
치적으로 자유민주주의를 주장하면서 그 주체로 민중을 내세웠다. 자
본주의적 근대화론과 비판적 거리를 유지하면서 정신적, 도덕적, 종
교적 진리를 설파하는 모습이 많은 청년 학생을 사로잡았다.[95]

시사 잡지에 등장한 '심오한' 사회문제는 학생에게 토론거리를 제
공했다. 교외 연합 서클이나 문예반은 이를 교재 삼아 같이 읽고 토론
을 즐겼다.

책으로는 우리한테 영향을 많이 준 게 《사상계》. 우리가 고등학교 시절이
지마는 《사상계》 같은 거 봤거든요. … 직접 사다 보기도 하고 친구들끼리

돌려 보기도 하고 이렇게 했고…. 예를 들면 함석헌 선생님 같은 분들이
썼던 글들, 이런 것들이 상당히 그런 민족의식을 깨워주는 거죠. - 홍성태

학생에게 사회주의 서적만큼이나 불온한 책은 도색물과 '에로 잡
지'였다. 은밀하게 유통됐던 에로 잡지는 조숙한 (남)학생이 '열독'
하는 잡지였다. 주로 외국 잡지가 많았는데, 대형 서점가에는 일본인
이 남기고 갔거나 일본에서 밀수한 것이 널려 있었다. 서울시내 국제
호텔 옆 중국대사관 뒷골목, 충무로 입구, 상업은행 뒷골목 등에 있는
'양서책방'은 에로 잡지의 집결지였다. 미군부대에서 흘러나온 그림
과 사진을 잘라 붙인 '창작물'이 넘쳐났고, 일본에서 들여온《백만 인
의 밤百萬人の夜》,《부부생활夫婦の生活》,《이창裏窓》,《데카메론デカメロ
ン》등이 유통되었다.[96]
　《데카메론》은 일본에서 대중적 인기를 끈 잡지로 성性을 소재로 한
소설, 사진, 만화 등을 실었다. 키스하거나 부둥켜안은 남녀의 삽화,
여성의 나체를 우스운 볼거리로 묘사한 만화, '육체여배우', '반수주
의자半獸主義者의 애욕'과 같은 자극적인 제목의 소설로 가득했다.
　7S(Sex, Story, Star, Screen, Sports, Studio, Stage)를 표방한 한국의 대중잡
지《명랑》은 자극적인 기사와 삽화를 싣는 전략이《데카메론》과 흡사
했다. 스포츠와 연예 기사 비중이 상대적으로 높았지만, 성과 관련된
서양의 유머와 삽화가 많은 점이 비슷했다. 혼외정사, 성기능장애, 성
전환, 동성애 등의 소재를 활용했고, 채털리 부인을 패러디한 '차타령

 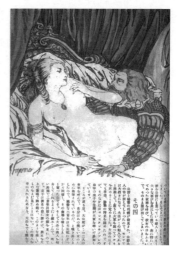

〈그림 59〉《데카메론》　　　　　〈그림 60〉《데카메론》의 소설과
표지(《デカメロン》4-6, 1950)　　삽화(《デカメロン》4-4, 1950)

부인', 외도하는 아내를 주인공으로 한 '아침에 돌아온 아내' 등 애욕
소설이 넘쳐났다. 유흥가와 카바레를 소재로 사실인지 소설인지 알
수 없는 르포 기사도 적지 않았다.

　이런 정기 간행 잡지와 달리, 포르노그래피 '희귀본'도 유통되었다.
물론 불법 간행물이었다.《사공놀이》,《자전거놀이》,《방아놀이》,《오
복놀이》,《줄당기》등은 '에로 1급' 도색 잡지였다. 이 '음란무쌍한' 잡
지는 형태도 가지가지였는데 수첩만큼 작아 주머니에 넣고 다닐 수
있는 포켓북도 있었다.[97]

　학생의 성적 호기심을 충족할 수 있는 대안물은 소설이었다. 대중

소설 중에는 노골적으로 성애를 표현한 것이 많았다. 이런 것은 비교적 '합법적'으로 볼 수 있었다. 《임꺽정》이나 《고금소총古今笑叢》이 그런 책이었다. 《고금소총》은 민간에 전래되던 재미있는 이야기를 모아 놓은 설화집으로, 외설스러운 내용이 큰 비중을 차지했다.

그런 거는 학교에 오면 누가 갖고 와요. 그래서 그거 돌려서 보고. 뭐 지금 기억나는 게 《고금소총》. 《고금소총》이라고, 그게 그 요즘 말하면 좀 야한 포르노 그런 소설이에요. 삽화는 없어요, 그냥 글에. 아마 내 기억에 그런 걸 읽었고. 그리고 《임꺽정》. 《임꺽정》이라고 열 권, 이래 나오는 소설인데, 그런 데 보면은 묘사해놓은 그런 게 재밌는 게 좀 있거든. 그담에 사진 같은 거. 옛날에 이런 거, 그런 것만 봐도 막 (놀라는 시늉을 하며) "학!" 이렇게 할 때였어요. - 양희동

학생이 에로 잡지를 손에 넣는 것은 쉬운 일이 아니었다. 일본 잡지는 현지 가격의 열 배가 넘을 정도로 비싸 손쉽게 구매할 수 없었고, 잡지를 직접 사러 가려면 위험 부담이 따랐다. 그래서 한 명이 잡지를 손에 넣으면 서로 돌려 보는 것이 예사였다. 성인의 포르노그래피 소비가 개별적이었던 것과 달리, 학생의 소비는 학교를 매개로 집단적으로 이루어졌다. 에로 잡지는 "순직한 우리 민족 남녀 청장년을 저 어둡고 죄의 곰팡이가 무럭무럭 자라나는 주지육림의 타락한 곳으로" 이끄는 불온서이자 1급 금서였지만,[98] 은밀하고 신속하게 서로 빌

려주고 빌려 보는 강고한 네트워크 덕에 오래 살아남았다.

흥미롭게도, 문화사학자 린 헌트Lynn Hunt는 서구 근대성과 함께 출현한 포르노그래피의 민주주의적 함의에 주목한 바 있다. 그는 포르노그래피가 인쇄문화의 대중적 확산, 자유사상의 전개, 절대주의적 정치권력에 대한 공격과 긴밀한 관계 속에서 등장했다고 보았다. 포르노그래피와 민주주의의 관계는 복잡하고 역설적인 면이 있어서 단순하게 설명하기 어렵다. 하지만 분명한 것은 대개 남성 독자를 위해 여성의 몸을 전시하고, 이것이 남성의 결속과 남성성을 강화하는 데 기여해왔다는 점이다. 남성은 다른 남성 독자를 위해 포르노그래피를 만들고, 남성 독자는 자신의 성적 흥분을 위해 여성을 물화物化하고 대상화한 포르노그래피를 봐왔다. 관음증과 여성의 물화가 교차하는 지대에 형성된 남성의 형제애는 그것이 소수의 권위와 체제에 도전하는 것일지라도 '남성만의 민주화' 혹은 '남성만을 위한 평준화'라는 비판에서 벗어나기 어렵다.[99]

국민학생부터 고등학생에 이르기까지 연령과 취향에 상관없이 가장 큰 인기를 끈 것은 역시 만화였다. 그런데 불행하게도 만화는 등장 초기부터 유해하고 저속한 것으로 낙인찍혔다. 사전에서조차 만화는 "아무 생각 없이 붓이 돌아가는 대로 그린 그림, 장난으로 그린 그림, 만필화"라고 정의했다. 만화가 김성환이 "만화란 장난인가"라고 정면으로 문제를 제기할 만도 했다.[100] 이런 만화가의 억울함과 달리, 서점이나 구멍가게에 널려 있는 만화책은 학부모의 마음을 늘 불편하게 했다. 만화책을 사달라고 조르는 아이와 개중에 교육적인 것을 권하는 부모 사이의 실랑이는 만홧가게 앞에서 벌어지는 흔한 풍경이었다.

산보에 따라나섰던 어린놈들이 돌아오는 길에 만화를 사내라고 조른다. "만화는 또 무슨 만화야." 나무라고 달래고 하여야 막무가내다. 벌써 만화가게 앞에 뛰어가서 섰다. 수년 내로 사들인 만화를 값으로 따져도 수월치 않을 것이다. 5원, 10원 하던 것이 이즈막에는 80원, 100원 한다. 그나마 망측한 지질에 잉크가 손에 묻어날 듯한 것이 여남은 장에 100원이면 헐한 것이 아니다. (…) 구멍가게 속에 줄을 건너질러 매놓은 기저귀 말리듯이 만화를 포갬포갬 널어놓은 속에서 이것저것 뒤져야 골라잡을 것이 없다. 고르는 사람이 틀렸다는 생각이면서도 그래도 국민교육의 기본 상식이 될 듯한 것을 하나 사 들려가지고 왔다.[101]

아이들은 너나없이 소년 탐정의 활약에 박수를 쳤고, 《엄마 찾아 삼만 리》 같은 '웃기지 않는' 만화를 보며 눈물콧물을 뺐다. 어린이 주인공 '삼팔선'을 내세워 분단 현실을 은유한 《삼팔선》을 보고 그 속뜻을 어렴풋이 짐작하기도 했다.

조선인이 쓴 최초의 어린이 만화는 1925년 잡지 《어린이》에 연재된 〈씨동이 말타기〉(안석주)다. 그 뒤 《어린이세상》에도 '씨동이 시리즈'가 계속 실렸다. 일제강점기 〈봉익이와 김별장〉과 〈멍텅구리와 윤

〈그림 61〉 최초의 베스트셀러
만화《엄마 찾아 삼만 리》표지와
내용(문화재청 소장)

〈그림 62〉《서울신문》에 연재된 만화
'삼팔선'(한국만화영상진흥원 소장)

바람〉이 대중적 성공을 이룬 뒤 〈억지춘향전〉, 〈홍길동전〉 등이 잡지에 연재되어 독자의 주목을 끌었다.[102]

해방 후 《똘똘이의 모험》, 《백가면》, 《효동이》 등은 나오자마자 큰 인기를 끌었고, 최초의 공상 과학 만화 《인조인간》과 괴기 만화 《청룡백호》는 신비하고 기이한 이야기로 아이들을 홀렸다. 잡지 《학원》에 연재된 〈꺼꾸리군 장다리군〉은 훗날 영화로 제작돼 청춘 영화의 원조가 되었고, 역시 《학원》 연재물인 〈코주부 삼국지〉도 높은 인기를 누렸다.

텔레비전이 보급되기 이전, 만화는 아동이 즐길 수 있는 최고의 오락물이었고 현실과 판타지의 시공간을 잇는 웜홀wormhole이었다. 그것은 '실재하는 허구'로서 아동의 현실을 지배했다.

저속 취향, 고급 취미

근대 초 탄생한 취미는 '근대적 교양'의 필수 요소로 인식되었다. 흔히 취미는 개인의 취향에 따라 자유롭게 선택하는 것으로 여긴다. 그러나 그것은 등장 초기부터 계몽되고 연마되어야 하는 무엇이었다. 매우 개인적인 것으로 오인해왔지만, 실은 사회적이고 문화적으로 수행되었다. 개인의 오락이나 예술 관련 활동이 모두 취미로 인정받았던 것이 아니라, 교양을 쌓을 수 있는 서구적인 어떤 문화가 취미였던 것이다. 이를테면 벌레나 쥐를 기르는 것은 취미로 인정받지 못했지만, 푸들이나 스피츠를 키우는 것은 '고급한' 취미였다. 말린 소똥을 창고에 쌓아두는 것은 취미가 아니지만, 우표 수집은 대중적인 취미였다. 요컨대 취미라는 담론 내에 있는 특정한 실천을 취미라 이름 붙일 수 있었다.

근대 취미는 특정한 제도적 장치를 통과하며 관리되고 통제될 수 있는 형태를 취한다. 그렇기 때문에 취미는 집합적 주체인 대중에게 동일한 상식과 감각을 제공한다. 취미를 통해 공통의 인식과 감각이 형성되고, 좋고 싫음의 판단 능력을 얻게 된다.[103] 이 동일한 상식과 감각은 미적美的 쾌快(즐거움)와 관련이 있다. 근대 시민 계층이 미적 판단의 주체로 등장하면서 미美는 취미와 긴밀한 관계를 형성했다. 18세기에 취미라는 어휘가 예술 작품을 향유할 수 있는 인간의 미적 능력을 의미했다는 사실은 이를 잘 보여준다. 물론 취미가 내포한 의미는 여러 나라에서 다양하게 변주됐다. 그것은 때로 미적 판단 능력을 의미했고, 인격 완성을 위한 사회도덕적인 개념이기도 했다. 이는 모두 서구 근대문화를 지탱해온 교양주의를 기반으로 했다.[104]

교양도 취미와 크게 다르지 않다. '컬처culture'와 '빌둥bildung'은 교양의 어원이자 유사어다. 이것들은 서구적 교양을 뜻하며, '야만'이나 '미개'의 반대 개념으로 사용됐다. 이와 같이 교양은 '문명화(서구화)'를 지향하는 문화와 교육을 통칭하는 것이었다.[105] 비서구 사회인 우리나라에서 그것이 서구적 '문명'을 의미했음은 더 말할 나위가 없다. 19세기 일본과 중국의 영향을 받아 등장한 취미와 교양은 문명 담론과 계몽 담론의 영향 속에서 확산됐다.

그러면 학생의 취미는 무엇이었고 어떤 특징이 있었을까? 중·고등학교 교지의 취미 소개란은 문학, 그림, 등산, 산책, 사진, 수집 등을 취미로 거론했다. 독서와 문학은 가장 권장하는 취미였다. 하지만 아무 책이나 닥치는 대로 본다고 취미가 되고 교양을 쌓을 수 있는 것이 아니었다. "교양으로 받아들일 수 있는 문학은 불과 소수의 작품"에 한정되었다.[106] 공인된 '명작'이라야 인격을 연마할 수 있는 교양과 취미가 될 수 있었다. 고급 취미로서 문화를 향유하고 그를 통해 인격을 완성한다는 교양-문화 담론은 새로운 청년상으로 '미적 청년'을 요구했기 때문이다.[107] 이런 인식은 일제강점기를 지나 해방 후에도 계속되었다.

일정한 아이템을 모으는 수집은 상품화폐 경제를 벗어나서는 실현하기 어려운 것이었다. 수집은 구매력, 미적 취향, 희소성이 결합된 취미였다. 골동품 수집은 많은 돈이 들 뿐만 아니라 예술적 안목을 겸비해야 했기 때문에 학생의 취미로 적당하지 않았다. 학생 수준에 맞는 수집품은 우표였다. 우표 수집을 특별활동으로 하는 우표반이 여러 학교에서 등장했다. 우표반 학생은 기념우표나 희귀한 우표를 수집하고 외국 친구와 펜팔을 통해 이를 교환하기도 했다. 이는 "국제적인 친선과 민간 외교를 감당"하는 역할까지 하는 "즐거움과 레크리에이션을 오래도록 줄 수 있는 놀랄 만한 취미"로 인정받았다.[108]

'2세 국민'인 아동에게 우표 수집이 권장된 이유는 그것이 국민국가의 서사와 맥을 같이하기 때문이다. 대개 우표는 '국민적 영웅'이나 '약진하는 문화'를 상징하는 도안을 사용했고, 제국의 역사와 명승지를 소개했다. 세계대전 시기에는 전쟁에 희생된 '무명 영웅'과 전사자를 기념하는 우표를 생산했다. 해방과 정부 수립 후 기념우표는 국가 상징(국토, 국기, 국화, 국가 기념일, 국가 원수 등)과 국가 영웅으로 가득했다. 이처럼 우표 수집 활동은 개인이 취향에 따라 선택한 것일지라도 국민국가의 매트릭스 내부에서 수행되었다.

우리나라에 해방 기념을 위하여 해방 기념우표를 체신국에서 3·1운동 기념일인 3월 1일까지 판매하려고 제작 중. 드디어 우리 손으로 된 새 우표가 등장하게 됐다. 도면에는 태극기 흩날리는 앞에 씩씩한 가정 부부가 어린아이를 안고 선 표정은 힘차게 일어나는 우리 조선의 표정을 여실히 그리어낸 것으로, 방금 된 우표는 10전권인데, 일반 판매는 아직 발표를 못 하고 있다.[109]

사진 찍기는 공인된 취미가 되기까지 숱한 문화적 변용 과정을 거쳤다. 사진을 찍으면 일찍 죽거나 영혼을 뺏긴다는 둥, 아이의 눈알을 뽑아서 사진 기계를 만든다는 둥, 사진을 위험시하는 소문이 무성했던 시절이 있었다. 그러나 이내 사람들은 사진에 익숙해졌고, 1900년대 이후 사진은 초상화를 대체해갔다.[110]

사진이 근대 매체로 공인되면서 개인의 신분을 증명하는 공증서로,

연인과 가족의 사랑을 확증
하는 관계 증명서로, 순간을
포착해 영원으로 붙잡아두
려는 '시간의 저장고'로 기
능하게 되었다.

사진은 학생의 일상에 깊
이 파고들었다. 입학식과 졸

〈그림 63〉 무궁화가 그려진 정부수립 10주년
기념우표(국가기록원 소장)

업식은 물론이고, 소풍, 운
동회, 문학의 밤 등 행사에
빠지지 않았다. 국산이 없어 사치품으로 지목된 카메라는 값비싼 재
산 목록에 속했다. 카메라가 없는 가정이 많아서 큰 학교 행사에는 전
문 사진기사가 출장 나와 사진을 찍어줬다.

이런 상황에서 사진 찍기를 취미 삼아 할 수 있는 학생은 소수였다.
학교 사진부에 속해 있어도 실제 카메라를 가진 학생은 많지 않았다.
카메라와 필름 구입비는 물론이고 인화 비용도 부담이 컸기 때문이
다. 일본산 스프링 카메라, 미국산 코닥 35밀리 카메라는 비교적 가격
이 저렴하고 사용하기 쉬워 인기가 있었다. 독일 라이카와 미국 콘텍
스 등은 전당포에 가지고 가면 아주 후한 대접을 받았다.

학생이 사진기를 소유하기는 어려웠지만, 사진 기술의 발달로 누
구나 쉽게 사진을 찍을 수 있게 돼 그 관심은 좀처럼 식지 않았다. 사
진 취미에 빠진 한 학생은 자기 집 창고에 암실을 만들어 직접 인화

를 했다.

> (사진을 찍고 인화하는 것을) 나 혼자 했어요. 그때는 카메라를 가지고 있는 사람이 별로 없었거든요. 그러다 보니까 특별하게 몇 사람, 한두 사람 관심 있는 친구들이 카메라 구하면 같이 하자고 그래서 자기 집에 현상소를 만들어놓고 그런 사람 없으니까 우리 집에서 같이 현상하고 그랬거든요. - 박신철

피사체는 주로 집과 학교 주변 풍경이었고, 친구의 모습을 찍거나 함께 기념촬영을 하는 일이 많았다. 친구에게 사진을 찍어서 주는 것은 가장 좋은 선물이었다. 이성 친구에게 호감을 얻는 최고의 방법이기도 했다.

> 그때는 남녀가 미팅하는 게 좀 있었거든요. 산에도 같이 가고, 그럴 때 같이 기념사진 찍는 거. 그런 정도는 했죠. 그래서 내가 찍은 사진으로 인화까지 다 해서 주면 굉~장히 그때 큰 선물이었어. (웃음) 그래서 상당히 여학생들한테 인기가 있었지. 그것 때문에. - 박신철

길을 걷는 산책도 취미가 됐다. 개항 이후 도시화가 진행되고 근대 문화가 확산되면서《소설가 구보씨의 일일》(박태원)의 주인공 '구보'처럼 도심을 유유히 걷는 산책자가 탄생했다. 거리를 걷는 행위를 즐기

고 주변 풍경을 구경하며 사색을 즐기는 것은 새로운 문화였다. 이는 밭일 하러 집을 나갔다 오는 것과는 다른 감각을 선사했다. 산책이 취미라는 어느 학생은 칸트의 습관을 예로 들며 이것을 '심원한 사색의 터전'으로 묘사했다.

〈스프링 카메라〉

〈그림 64〉 값이 저렴한 일본제 스프링 카메라(학원사, 《학생연감》, 1960, 837쪽)

산책이라고 하면 어떤 이는 산책이 취미에 속하느냐고 반문할 사람도 적지 않겠고, "그것 참 취미치곤 고상한 편야"라고 이상한 말을 할 사람도 있겠지만, 산책이라는 취미 생활로 말미암아 우리는 얼마나 심오해지는지 모른다. 독일의 유명한 철인 칸트는 눈이 오나 비가 오나 사계절을 통해서 어느 날이나 시간 한 번 어김이 없이 산책을 나왔다 한다.[111]

운동으로 체력을 단련하고 정해진 규칙에 따라 서로 기량을 겨루는 스포츠는 근대적 신체를 만들고 근대적 규범을 체득하는 데 안성맞춤인 취미였다. 1890~1900년대 체조, 육상, 야구, 축구, 농구, 정구, 수영, 스케이트 등이 도입되었고, '운동 구락부(클럽)'와 학교에서 이를 가르쳤다.

1920년대 경성에 수영장이 하나둘 생기면서 수영 강습이 본격화되었다. 1929년 동숭동 경성제국대를 시작으로 학교에도 수영장이 생

〈그림 65〉 전국 중·고등학교 야구대회, 1956(국가기록원 소장)

〈그림 66〉 전국 남녀 학생 농구경기대회, 1956(국가기록원 소장)

겨나기 시작했다. 1931년 용산중학교와 경성사범학교가 수영장을 만들었고, 1934년 경성중학교, 1943년 제일고등보통학교, 제이고등보통학교도 수영장을 만들어 수영 강습을 했다. 경성에 서빙고수영장, 한강철교 부근 수영장, 뚝섬수영장 등이 있었고[112] 해방 후에는 어린이수영장, 서울특별시립수영장 등이 생겨 수영 강습에 이용되었다.

학교 대항 체육대회가 많아지면서 경기를 관람하는 취미도 등장했다. 학교 간 대항 경기를 할 때 많이 사용되던 구호는 학교의 자부심을 드러내는 것이 많았다. 3·7박수와 영어의 '빅토리'를 하나씩 외치는 'V·I·C·T·O·R·Y'는 흔한 구호였다. 교사의 별명을 활용한 '오복이, 섭섭이, 최빵구, 갈비씨, 워킹스텝, 앙꼬빵, 경상도 사투리'나 '갈마시 께시께시 전북여중'처럼[113] 별 의미가 없는 된소리를 반복해 단결을 과시하기도 했다. '전장의 용사'를 내세워 승리를 기원하는 응원가가 대부분이었다.

해방 후 학생의 취미와 교양은 일제강점기 '문화-취미-교양' 담론의 연장선에 있었다. 영화 관람은 가장 큰 '미적 쾌감'을 선사하며 학생을 유혹했지만, 학생의 극장 출입을 금했기 때문에 공식적인 취미로 인정받지 못했다. 가장 보편적이면서도 큰 즐거움을 주는 영화 관람은 교양을 위한 텍스트가 되지 못하고 '저속한' 것으로 배제되었다.

취미와 교양은 내부와 외부의 경계가 명확했고, 그 내부에도 위계가 있었다. 개인적으로 즐거움을 느끼고 내면적 성찰이 가능한 문화적 실천이라도 학교와 사회가 공인하지 않은 취미는 교양과 관련이

〈그림 67〉 체육 시간에 수영을 배우는 경기여고 학생, 1958(《정부기록사진집》3권)

없거나 '저속한 취향'쯤으로 취급됐다. 이처럼 학교는 제도화된 취미와 교양을 가르쳤지만, 실제 학생의 일상에서 수행된 것은 '고급 취미'와 '저속 취향' 사이 어디쯤에 위치했다.

학생의 공론장, 교지와 문학의 밤

한국전쟁 후 학교 재건 과정은 건물만 새로 짓는 작업이 아니었다. 교훈과 교가를 새로 만들고 교지를 발행하는 학교가 늘어났다. 경기중학교는 해방 후 《경기문단》을 발행하고 타교 학생에게도 지면을 할애했다. 이때만 해도 교지가 없는 학교가 많아 《경기문단》은 서울시내 전체 중학교의 교지 기능을 했다. 1950년대 중후반부터 교지를 발행하는 학교가 급증했다.

지면 구성은 어느 학교든 대체로 비슷했다. 교장의 권두언, 교사 논단, 학생 논단, 문예(수필, 시, 소설) 등이 기본 구성이었다. 학생 논단은 민주주의, 민족주의, 과학과 원자력, 농촌 문제, 법과 정의 등 다양한 주제를 포괄했다('낡은 도덕과 새로운 도덕', '새로운 원자력과 과학의 양상', '미사일은 무엇을 가져왔는가', '근대 사상의 민족주의', '마니라 쨈보리 기행기', '과학적 방법과 정신' 등).

여학교 교지의 논단은 현모양처나 여성의 '특수성'을 논한 글이 많았다. 대전서여자고등학교의 교지 《서원》은 '알뜰한 여성이 되자', '여성과 취미', '예술과 여성' 등을 실었으며,[114] 무학여자중고등학교의 《무학》은 논단에 '여성은 모성으로서만 완전한 인간이다'를, 상식 메모란에 '마늘장아찌 만들기', '봄철 위생'과 같은 가사 관련 글을 실었다.[115]

고전이나 유명한 철학자의 격언을 소개하는 코너를 고정란으로 구

성한 교지도 많았다. 중앙중고등학교의 교지 《계우》는 '고전점묘古典
點描'에서 《법의 철학》, 《파우스트》, 《국부론》, 《국민경제학 원리》, 《홍
옥루》, 《홍루몽》, 《코란》, 《실천이성비판》 등을 간략히 소개했고, '예술
가 점묘'에서는 하이데거, 파스칼, 노자, 아퀴나스, 스피노자, 러셀, 칸
트, 헤겔, 니체 등을 소개했다.

역사가 오래된 학교 교지에는 선배의 학창 시절 회상기나 유명 인
사의 제언이 많이 등장했다. 오산중고등학교가 1957년 개교 50주년
을 기념해 발행한 《다섯매》는 문교부 장관 최규남의 '오산이여 빛나
거라', 연세대학교 총장 백낙준의 '오산 정신이 길이길이 전하기를 빈
다', 내무부 장관 장경근의 '오산의 기쁨을 기뻐합니다' 등의 글을 실
었다.[116] 학교의 오랜 역사와 함께 면면히 이어져온 교지에 대한 자부
심을 드러낸 글도 있었다.

여성 교육기관이 드물었던 그 당시 교지 《숙명》이 문화에 다소라도 이바
지한 바 있음을 긍지삼아 오던 것도 사실이오며, 일시 중단하지 않을 수
없었던 일제 말기의 질곡도 잊지 않는 고배입니다. 8·15와 더불어 속간
의 기쁨을 맞아 즐기던 것도 잠깐, 6·25로 재차 쉬지 않을 수 없었던 괴로
움은 어찌 《숙명》만의 슬픔이오리까. 항도 부산에서 속간 호를 내고, 그립
던 박동 옛 터전에 찾아들어 한 호를 거듭하게 되니 금석今昔의 감感 새삼
스러워짐을 막을 길 없습니다.[117]

학생 좌담회나 앙케트는 학생의 고민과 생각을 엿볼 수 있는 지면이다. 좌담회에서는 '학생으로서 농촌계몽운동을 어떻게 할 것인가'라는 묵직한 주제를 토론하거나, 학교와 당국의 강압적인 영화 관람규제에 불만을 쏟아냈다. 앙케트는 연애관, 장래 희망, 학창시절 추억, 후배에게 남기고픈 이야기 등을 묻는 것이 많았다.

문예란은 교지에서 가장 비중이 컸다. 일상을 담은 수필이나 시, 소설이 많았고, 때로 기행문과 참관기가 실렸다. 문예란은 당시 학생의 감성을 잘 보여주는 텍스트였다. '문예文藝'에 걸맞게 '쇼팽'과 '피아노'는 자주 등장하는 소재였다.

외투를 깊숙이 덮어쓰고 피아노 소리를 들으면서 걷자니 무섭기도 하고 어쩜 가서 보고 싶기도 하고 마음이 싱숭생숭하더라고. 그 곡이 쇼팽의 '녹탄'이었더라면 미칠 것 같더라면서 프라이드만 세어서 거처 없이 날뛰는 것 같지만 참 센치한 소녀들이기도 하다고.[118]

국가·민족 담론에 영향을 받은 시나 수필도 적지 않았다. 숭고하고 비장하게 조국애를 표현한 글은 어느 교지에서나 흔했다.

삶의 기로에 가로 채어 선

너, 내가

조국의 법률을 짓씹는다.

만고의 역사를 살아 먹고
그래도 모자라
처절한 출혈을 메꾼다.

벅찬 인명이 헤어나고
벅찬 인명이 죽었고

(…)

그 위에 네게 안기우는
용사가
통곡하고
너의 성명聖名 부르노니

조국아! 너만은
오래가거라.[119]

교지는 문예반이나 편집부가 중심이 되어 만들었다. 학내 문화부에 속한 문예반은 평소에 다양한 책을 읽고 글을 썼다. 경기고 문예반은 해방 직후부터 활발하게 활동했다. 1945년 9월 문학 서클 '청탑회'는 《청탑》이라는 신문을 발행해 뉴스와 문예 작품을 게재했다. 그 뒤《일

엽주》,《홍현》,《경기지광》,《경기문단》,《경기학보》,《문예경기》 등을
발행했다.[120] 교지와 문예지를 계속 발간할 수 있었던 힘은 문예반의
평소 활동에서 나왔다. 독서는 물론이고 정기적으로 개최한 작품 발
표회와 낭독회가 그 기반이 됐다.

해방 직후로부터 가장 오랜 전통을 가지고 있다고 하는 경기 문예반은 현
재 약 40명의 학생으로 구성되어 있으며, 시와 산문을 공부하는 학생이 거
의 반반인데, 이 중에서 문학을 전공하겠다는 수는 약 열 명 미달이라고
한다. 독서와 아울러 창작 의욕이 왕성하여 작품 낭독회를 갖는데, 최근에
는 10월 30일 개교 57주년 기념 낭독회를 가진 바 있다. 그 외에도 주 2회
정기적으로 모이는데 수시로 만나서 이야기하고 토론하는 것은 거의 날마
다의 일인 듯하다.
문예에 국한하지 않고 철학도 읽으며 음악, 미술에 깊은 관심을 가지고 있
어 조시造詩도 상당한 것이 이들의 특색이다. 광범한 지식을 갖고자 하는
이들은 세계적인 문제, 최근으로 말하면 노벨문학상을 받은 까뮤에 대해
서 함께 연구도 한다 하는데, 역시 어렵다고 더욱 공부해야겠다고 임응식
군(고3)은 말한다.
'주간 경기'가 작품의 유일한 발표 기관이라고 하는데, 순전히 학생의 힘
으로 해 나간다고 지도교사는 말하고 있다. 일반 잡지로는 《사상계》가 가
장 많이 읽히고 있는데, 학생 문단 같은 저희들만의 잡지가 육성되었으면
한다고.[121]

문예반은 방학 때면 여러 학교와 연합해 문예 강좌를 열었다.[122] 1948년 결성된 전국학생문학회나 학생문예연구회 등은 학생 연대 활동의 구심이었다.

문학 소년·소녀는 헤르만 헤세의 《데미안》을 읽으며 '자기 자신에게 이르는 길'에 대해 논했고, 릴케의 시를 통해 '치명적 사랑'을 꿈꾸었다. 유명한 문인의 명언이나 시구는 각종 수필과 편지에 빠지지 않고 등장했다. '아아!'와 '오오!'를 적절히 섞어서 글을 지으면 문학적 감성이 풍부하다고 칭송을 받았다. 문학적 교양과 감수성은 최고의 문화적 자산이었다. 백일장에서 상을 받을 수 있는 원천이었고 연애 편지에도 요긴하게 쓰였기 때문이다.

하지만 정작 문예반에 소속되어 활동했던 학생은 그리 많지 않았다. 교내 인기도 운동부에 견주지 못했다. 책 읽고 토론하고 글을 쓰는 것은 '새로운 민족문화의 건설자'라는 자부심을 빼면 그저 쓸쓸하고 고독한 작업일 뿐이었다. 박완서는 숙명여자고등학교 문예반 활동에 대한 감상을 다음과 같이 적었다.

우리 부원들은 배움에 대한 열정과 인내를 가지고 운동부와 같은 열렬한 후원도, 표면에 나타날 화려한 성과도 없건만 남이 돌보아주지 않는 고독한 가운데 꾸준히 노력했습니다. 그리하여 변변치 못한 거나마 발표의 기회를 엿보다 마침내 12월 문예부가 주동이 되어서 문예, 음악, 무용의 날을 개최하게 된 것입니다. (…) 우리에게는 글이나 숫자로 간단히 표현 못

〈그림 68〉 창덕궁에서 열린 학생 백일장(국가기록원 소장)

할 자랑이 있고 굉장히 과장되어 선전되지는 않았지만 남에게 지지 않는
향상과 진보가 있습니다. 우리를 위한 설비라고는 찢어진 잡지 한 권 없는
어두컴컴한 교실에서 우리는 서로 가르치고 배우며 새로운 민족문화의 건설
자는 우리라는 자부심과 책임감을 잊어본 때는 없습니다.[123]

문예반이 문학 소년·소녀의 인큐베이터였던 것만은 아니다. 근대 문학은 그 출발부터 매우 정치적이고 제도적인 텍스트였다. 해방 후 문예반은 일제강점기의 저항 전통을 계승했다. 이들은 사회 현실과 문학 텍스트 사이에서 늘 고민했다.

문예반이란 거는 문학을 지망하는 사람들인데, 요새 문학 지망하는 거하고 또 분위기가 다릅니다. 왜냐하면은 일제강점기를 지나오면서 일제강점기의 문학 활동했던 분들이 대개 애국 독립운동 하는 분들이었거든요. 그런 의식을 많이 가지고 있었거든요. 그기 그때까지도 상당히 연장이 되고, 또 선비 정신이 전부 다 문文에서 나오는 것 아닙니까? 그런 의식하고 상당히 관계가 있습니다. 문예반을 했다는 거는 요새처럼 '순수한 문학예술, 이거를 하기 위한 것이다', 이거하고는 정서상의 차이가 있습니다. - 홍성태

문학은 학생의 정치의식을 고양하기도 했지만, 다른 한편 존재에 대한 고민을 증폭시켰고 감성을 변화시켰다. 전후 확산된 실존문학의 영향을 받아 두 여고생이 자살한 사건은 이런 분위기를 반영한다.[124]

'문학의 밤'은 문학 청소년이 작품을 발표할 수 있는 최고의 기회이자 축제였다. 문학의 밤 행사는 각 학교가 독자적으로 하기도 했지만, 같은 지역의 학교가 연합해 공동 주최하는 일이 많았다.[125] 대개 학교 강당에서 진행했는데, 적당한 학교를 섭외하지 못하면 동네 음

악실에서 개최했다.[126] 보통 독창과 합창, 악기 연주, 시와 수필 낭독 등을 했다.

이상에서 살펴본 것처럼, 교지는 학교 구성원이 지면을 통해 만나는 공간이었다. 때로 정부의 교육 시책과 학생 규율을 선전했지만, 한편으로 학생의 의견을 교환하는 공론장 역할을 했다. 교지를 거점으로 삼은 문예 활동과 문학의 밤 행사도 지역의 여러 학교가 같이 연대하고 교류하는 장으로 기능했다.

혁명보다
먼저 일어서다

1
4월혁명에 앞장선
학생들

4

I

4월혁명에 앞장선
학생들

교실에서 거리로

민주공화국을 표방한 대한민국의 첫 정권은 민주화를 슬로건으로 한
4월혁명[1]으로 무너졌다. 1950년대 내내 독재 권력에 대한 반감과 민
심 이반이 지속됐지만, 1960년 봄의 분위기는 이전과 달랐다. 저항은
지역의 고등학생에서부터 시작됐다.

　1960년 2월 28일 일요일은 정·부통령선거를 앞두고 민주당 부통
령 후보 장면의 대구 유세가 예정된 날이었다. 민주당 대통령 후보 조
병옥이 급서한 직후라 동정론이 부상한 데다 장면이 자유당 부통령
후보 이기붕의 강력한 라이벌이어서 방해 공작이 치열했다. 대구시

교육청은 유세 현장에 학생이 참여하는 것을 막으려고 일요일에 등교하라고 지시했다.

2월 25일 대구 경북고등학교는 3월 3일 학기말시험을 앞당겨 2월 28일에 치르겠다고 발표했다. 하지만 일요일에 등교해야 하는 합리적인 이유를 대지 못했다. 학생의 반발은 신속하고 강했다. 학생회 간부는 학교 방침에 어떻게 대처할 것인지 심각하게 고민했다. 학생위원회 부위원장 이대우는 "조국을 구할 길은 없는가?"라고 자문하며, 썩고 낡아빠진 기성세대가 '백합꽃처럼 순결한 우리 학도에게까지 미쳐 이젠 우리 젊은이의 혼마저 강제로 빼앗아가려고 한다'고 생각했다.[2]

2월 26일 경북고등학교 학생위원회는 긴급회의를 열고 '2월 28일 하오 1시 등교에 관한 일'을 안건으로 논의했다. 이들은 일방적인 시험일 결정을 받아들일 수 없다고 합의한 뒤 절충안을 제안했다. 학교는 절충안을 거부하고 시험을 영화 감상으로 대체하겠다고 발표하여 일요일 등교 방침을 고수했다. 일반 학생 사이에서 일요일 등교 거부 의사를 행동으로 표시하자는 의견이 나왔다. 투옥되거나 죽더라도 부당한 요구를 그대로 수용할 수 없다는 의견이 대다수였다.

2월 25일 날 일요 등교가 지시가 되면서 학내에 친구들이 많이 불만을 토로하고 "어떻게 해야 되겠느냐?" 이랬는데, 그때 우리가 행동으로 표시하자 카는 쪽에 섰습니다. 나는 (…) '야, 이거는 이대로 놔두면 절대로 안 된

다. 그렇지만 이거 하고 나면 보복이 심할 건데, 우리가 감옥에 가든지 죽
든지 하면 될 것 아니가?' 어린 마음에 그때는 죽는다고 생각했어요, 잘못
하면. '죽으면 될 거 아니가? 우리가 이 이상 하지 않으면 우린 희망 없다.'
이런 생각을 갖고 있는 기죠. - 홍성태

학생위원회는 차라리 일요일에 등교해서 데모를 하기로 결정했다.
주변 고등학교와 같이 연대해 행동하자고 뜻을 모았다. 27일 밤 경북
고등학교, 대구고등학교, 경북대학교사범대학부속고등학교 학생 대
표를 비롯해 30여 명의 학생이 이대우의 집에 모였다. 끝까지 남은 7
명이 결의문을 작성하고 집결 장소를 정했다. "조국의 민주주의와 배
달겨레의 앞날을 눈물로 이야기하면서" 밤을 새웠고, "자유를 전취하
기 위한 피의 투쟁"을 결의했다.

1. 2월 28일 하오 1시를 기해 일제히 궐기하여 자유를 전취하기 위한 피의
   투쟁을 전개하기로 한다.
2. 데모한 학생을 구속하거나 선생님들에 대한 인사적 조치가 있을 때는
   우리는 데모를 계속할 것이며, 사태가 악화될 경우에는 한국의 전 100
   만 학도에게 호소한다.[3]

2월 28일 오후에 등교한 경북고등학생은 조회단 앞으로 모였다. 학
생위원회 부위원장 이대우와 학생위원 안효영이 단상에 올라가 결의

문을 읽었다. 교사의 제지를
뚫고 학생 800여 명이 교문
을 나섰다. 1차 집결지로 약
속한 반월당을 지나 매일신
문사 앞에서 구호를 외친
뒤 경북도청으로 향했다. 도
청 앞에서 오임근 경북도지
사를 불러냈으나 경찰이 곤

〈그림 69〉 결의문을 읽는 경북고등학교 학생
이대우와 안효영(경북고등학교역사관 소장)

봉을 휘두르며 막아서는 바
람에 자유당 경북도당으로 방향을 돌렸다. 시위 초반에 사태를 정확
히 파악하지 못한 경찰은 학생 시위가 관제 데모인 줄 알고 교통정리
를 하고 길을 비켜주었다.

인제 반월당 쪽으로 가는데, 반월당 쪽에 중앙파출소 경찰지서가 있었거
든요. 그런데 반월당에 경찰들이 있었는데, 이게 우리나라 생기고 처음으
로 반정부 데모니까 학생들이 올라오는 게 이게 무슨 관제 데모인지 모르
잖아요? 오히려 차 같은 거 정리해주고 우리 지내가도록 이래 핸 겁니다.
(웃음) 그래서 중앙통으로 가면서 그때 매일신문사가 반독재를 했던 신문
이니까 그 앞에서 우리 뜻을 또 전하고 (…) 그다음에 내려가가지고 지금
감영공원 있는 기, 옛날 경상감영 있던 자리가 그때 도청 청사거든, 그기.
경찰청도 거기 있었거든, 경찰국도. 거기 들어가가지고 선언문도 낭독하

고, 그래 나오니까 경찰청, 경찰국이 거기 있었으니까 그때 경찰에서 반대 데모라는 걸 알았는 겁니다. - 홍성태

이것이 경북고등학교, 대구고등학교, 경북대학교사범대학부속고등학교, 경북여자고등학교, 대구여자고등학교, 대구공업고등학교, 대구상업고등학교 등 대구 지역 고등학교가 참여한 최초의 반정부 시위였다. 이 소식은 빠르게 전파되어 전국의 학교를 술렁이게 했다.

3월 1일 3·1절 기념식이 열린 서울운동장에 "부정선거 감행하면 100만 학도 궐기한다", "3·1정신 받들어 대구 학생 성원하자" 등 구호를 담은 삐라가 살포됐다. 3월 5일 서울 종로에서 대규모 학생 시위가 발생했으며,[4] 선거 직전인 3월 13일 서울시내 남녀 고등학생이 미도파백화점과 미국대사관 앞에서 '공명 선거'를 외치며 대규모 시위를 벌였다. 치안국장이 학생 데모에 경고 발언을 했지만, 13일 시위는 '서울시내의 거의 전체 고등학교 학생이 서성대고 있었다'고 할 정도로 많은 학생이 참가했고 그 양상도 격렬했다. 시공관 3층 창구에서 한 학생이 밧줄을 타고 2층 발코니로 뛰어내려 '백 가지 공약보다 아쉬운 공명 선거'라고 쓴 삐라를 뿌리고 '학원에 자유를 달라'며 혈서를 펼쳤다. 미대사관 앞에서는 이승만을 지지하는 '국정연구회청년부' 소속 청년이 지프차에서 학생의 정치 참여를 비난하자 6~7명의 고등학생이 차를 덮쳐 청년에게 주먹질을 하려다 교통순경에게 연행됐다.[5] 14일에도 중동고등학교 학생 100여 명이 방과 후 화신백화점

앞에 집결해 시위를 하다가 해산에 불응하는 70여 명이 검거됐다. 같은 날 밤 균명고등학교 50명, 중동고등학교 37명, 대동상업고등학교 52명을 비롯해 배재고등학교, 경기고등학교, 보인고등학교, 중앙고등학교, 대신고등학교, 경동고등학교 등 학생 180명이 연행됐다.[6]

대전 지역 고등학생도 거리로 나섰다. 3월 8일 대전고등학교 학생은 민주당의 부통령 후보 연설회에 참여하지 말라는 학교의 지시에

〈그림 70〉 서울 시공관에서 혈서(화살표 부분)를 걸어놓고 시위하는 학생(《동아일보》 1960년 3월 14일)

반발하여 시위를 감행했다. "대구에서도 데모를 했으니 대전고등학교에서도 위신을 세우기 위해서" 데모를 하자고 결의했다. 지역 학교와 연대 시위를 도모했지만 사정이 여의치 않아 전교생 1000여 명이 교문 밖으로 나갔다. 일부 시위대는 경찰과 투석전을 벌이며 맞섰다. 주동자를 연행한 경찰서장에게 항의하고 이들을 석방할 것을 확약받은 뒤 해산했다. 3월 10일 시위를 모의한 대전상업고등학교 학도호국

단 간부가 연행되자 전교생이 운동장에 모여 결의문을 낭독하고 시위에 돌입했다. 운동부를 선두로 스크럼을 짠 뒤 행진했고 경찰의 폭력적 진압에 돌을 던지며 격렬하게 저항했다. 이 두 시위는 단일 고등학교 시위로는 가장 규모가 컸다.[7]

3월 10일 수원농업고등학교, 수원고등학교, 충주고등학교 학생이 시위를 벌였다. 선거를 하루 앞둔 14일, 인천 중고등학생이 거리로 나왔다. 인천시내 배다리철교 위에서 학생 서너 명이 삐라를 살포하며 시위를 했고, 밤에는 약 30명이 "학원의 자유를 달라", "학도야, 일어나라" 등의 구호를 외치며 도심을 누볐다.[8]

3월 14일 저녁 부산진구 범천동 냇골 로터리에서 동래고등학교, 부산상업고등학교, 항도고등학교, 데레사여자고등학교 학생 600여명이 스크럼을 짜고 데모를 했다. 이들은 "우리 선배는 썩었다", "우리가 민주 제단 지키자" 등 구호를 외치며 약 20분간 데모를 하다가 경찰에 의해 해산됐다.[9]

실제 실행되지 못한 계획은 이보다 더 많았다. 3월 7일 부산 동아고등학교를 비롯해 시내 고등학교 대표 16명이 회합해 데모를 모의하다 발각돼 동부산경찰서에 연행되었다.[10] 3월 초 광주고등학교 학생은 대구 소식을 듣고 집단행동을 하기로 결의했으나, 일부 학도호국단 간부가 훈련교관과 훈육주임에게 시위 정보를 흘리는 바람에 행동에 옮기지 못했다.

(2·28 소식을 접한 뒤) 드디어 터졌다, 이게. 3월 1일 날도 같이 공동으로 시위를 하려고 그러는데, 우리가 한번 해볼라고 마음을 먹었다가 작업을 했다가 (…) 프락치가 그걸 알아가지고 실패를 했죠. 그래가지고 인제 4월 달에 들어와서도, 그때 3월 12, 13일 날 계속 (시위를) 하려고 그랬어요. 했는데, 늘 그게 잡히는 거예요. … 그래, 인제 늘 이렇게 발각이 되고 그래서 좌절하고, 좌절하고. - 조철희

선거를 앞두고 정국이 요동치는 와중에 고등학생의 움직임이 심상 찮다는 것을 알아챈 경찰은 감시를 강화했다. 시·도지사가 각 학교에 선거 관련 학생지도요령을 내렸고 사찰 형사가 학교에 출입했다. 제일 먼저 교내외 학생 서클 활동이 중단되었고 일부 '반항 혐의'가 있는 학생은 뒷조사를 받았다.

3학년 때 와서는 정치적인 변화가 있어가지고 이제 시끄러워지니까, 나라가 시끄러웠어요. 2월 달 정도 개학하니까, (서클에서) 정치 모임 안 했죠. 대통령, 정부통령 선거 때문에. 그때 혼란기가 슬슬 오니까 인제 사찰이 심해져 학생들한테 모임 같은 거 못하게 하고, 또 뒷조사를 하고 뭐. 그때는 학교 선생님들도 그런 것에 좀 분주했고. 왜냐면 각 학교에 배치받아가지고 사찰계 형사들이 출입을 하고 이런 상황이 돼가지고 그런 걸 억제하고, 못하게 하고 이런 분위기가 이렇게 됐었죠. - 조철희

〈그림 71〉 3 · 15 정부통령선거 벽보(국가기록원 소장)

온갖 부정을 동원해 권력을 유지하려는 시도는 성공하지 못했다. 3월 15일 선거 날 마산에서 문제가 발생했다. 시민 일부가 민주당에 찾아가 '도둑맞은 내 표'를 찾아달라고 호소했다. 마산시 유권자 중 20퍼센트인 1만 3000여 명에게 번호표를 주지 않았다는 소문이 현실로 확인됐다. 민주당 마산시당은 선거 포기를 선언하고 투표소에 배치된 투표구 의원과 참관인을 철수했다.

선거 포기 선언 후, 민주당 마산시당이 주도해 시위를 했다. 경찰과 청년단은 무자비하게 시위대를 진압했고, 이를 본 시민은 크게 공분했다. 주동자 여섯 명이 연행되면서 시위대가 흩어져 사태가 쉽게 진정되는 듯했다.

그런데 이날 저녁 시위는 양상이 달랐다. 약 4000명의 시위대 가운데 학생이 대다수였던 밤 시위는[11] 낮보다 훨씬 격렬했다. 북마산파출소가 전소했고 불을 끄러 출동한 소방차가 군중이 던진 돌멩이에 파손됐다. 남성동파출소가 공격을 받아 유리창이 깨졌고 자유당 시당부 부통령선거 사무장인 한태일의 집이 일부 파손됐다. 경찰이 시위대를 향해 총을 쏘았고 사상자가 발생했다.

> 북마산지서를 습격하였을 때 경찰의 발포로 학생 한 명이 처음으로 쓰러졌는데, 피를 본 아이들은 당연히 후퇴 내지 해산할 것으로 알았던 것이 도리어 이들은 미친 사람 모양 더 날뛰기 시작하는가 하면, 경찰소방대의 물세례도 아랑곳없다는 듯이 달려들더라는 것이다.[12]

경찰의 무력 진압에도 시위대는 물러서지 않았다. 시위의 정점은 무학국민학교 앞에서였다. 경찰은 지프차에 기관총을 장착해 시민을 향해 총구를 겨누었다. 적군을 대하듯 폭력적 진압이 계속됐고 반공청년단도 달아나는 시민을 추격했다. 70여 명의 데모대는 무학국민학교에서 농성하며 경찰에 대항했고 경찰은 총격을 멈추지 않았다. 총탄에 맞은 시위 참여자가 신음하며 뒹굴었고 학교 담에는 학생의 가슴을 뚫은 탄흔이 선명했다. 시위대 중 일부는 새벽까지 해산하지 않았다.

이 사건은 사회적으로 큰 반향을 불러왔다. 국회는 조사단을 파견했고 참가 학생은 증인으로 출석했다. 총과 곤봉에 맞아 숨진 가족의 죽음을 목도한 유족의 분노가 극에 달했다. 마산상업고등학교 학생 김주열을 비롯해 행

〈그림 72〉 마산 앞바다에 떠오른 김주열의 시신(《동아일보》1960년 4월 12일)

방불명자도 있었다. 16일 새벽 경찰관 3명이 시체에 돌을 달아 수장했다는 소문이 돌았다. 김주열 어머니의 호소로 소방차를 동원해 마산시청 뒤 연못 물을 퍼냈지만 끝내 시신을 찾지 못했다.[13]

4월 11일 그동안 숱하게 떠돌던 확인되지 않은 소문이 참혹한 현실로 돌아왔다. 마산 앞바다에서 최루탄이 눈에 박힌 김주열의 시체가 발견됐다. 시신에 매단 돌이 해류로 빠지면서 시체가 떠올랐던 것이다. 마산 전체가 분노했다. 그의 죽음이 결코 남의 일 같지 않았던 마산 학생은 시신이 안치된 도립병원으로 속속 모여들었다.

이날 밤 소요가 일어나기는 하오 6시 15분경 도립병원에서부터이다. 중·고등학생 약 300명이 "협잡선거 다시 하라", "살인선거 다시 하라"는 등의 플라카드를 들고 도립병원에 침입하여 안치된 김주열 군(17)의 시체를 들

고 데모를 감행하려다 경찰의 제지로 실패하게 되자 〈애국가〉와 〈통일행
진곡〉을 부르며 북마산 쪽으로 행진하기 시작하자 삽시간에 모여든 군중
은 3000명을 훨씬 넘었으며, 약 10분 동안 시가를 행진하면서 함성을 올
리는 동안 다른 곳에서도 수천씩의 군중들이 제2, 제3으로 연달아 소요를
일으켰다. 제2대가 북마산 쪽으로 향하면서 "가련다, 떠나련다"라는 '조병
옥 박사의 노래'를 부르면서 마산경찰서를 포위하고 (⋯) 평화적으로 시
위를 계속하고 있는 동안 제3대가 이곳에 밀려왔다. 합 약 6000명으로 증
가된 군중들은 처음에는 함성만 질렀으나, 그중 일부 군중들은 경찰서 대
문을 밀고 들어가 곤봉과 막대기 등으로 유리창을 파괴했고, 다른 일부는
경찰서 마당에 대기시켜두었던 추럭 두 대에다 큰 돌을 던져 파괴한 후 그
옆에 세워둔 서장의 찝차를 일부 파괴시킨 후 길거리에 들고 나와 밀고 다
니다가 드디어 그 찝에서 불이 일어나고 말았다.[14]

4월 12일 마산공업고등학교와 창신농업고등학교 학생 500여 명은
플래카드를 들고 스크럼을 짠 뒤 〈호국단가〉를 부르며 행진했다. 또
마산제일여자고등학교, 창신고등학교, 마산고등학교, 마산상업고등
학교, 간호고등학교 등 학생이 시위에 나섰다. 폭력적이고 부도덕한
정권에 대한 분노는 공감으로, 공감은 연대로 확산되었다. 공동체에
대한 의무감과 학교 간 경쟁심리도 강한 결속력에 영향을 미쳤다.[15]
중고생은 '선배는 썩었다', '대학생은 썩었다' 여겼고, 이런 낡은 풍토
를 혁신하기 위해서 자신들이 나서야 한다고 생각했다. 4월 19일 이

〈그림 73〉 마산상업고등학교 학생 시위대(민주화운동기념사업회,《4월혁명 사료총집 8: 사진기록》, 2010)

전까지 전국의 시위를 주도한 것은 고등학생이었다.

상황이 걷잡을 수 없게 되자 문교부 장관 최재유는 학생에게 자제하라는 담화를 발표했다. 혼란을 틈타 북한 '공산괴뢰' 집단이 대한민국을 전복하고 침투할 우려가 있으며 일본 '재일조선인총연맹'을 통해 학생을 선동하는 격문을 밀반입했으니 이 상황을 그대로 둘 수 없다고 했다. 이에 "순간적인 과오로 학도 제군의 진정을 그르치고 국가의 장래를 위태롭게 하는 일이 없도록 자중자애하라"고 당부했다.[16]

4월 18일 데모하던 고려대학교 학생이 피습된 사건이 벌어지자 그 다음 날인 4월 19일 전국적으로 대규모 시위가 일어났다. 교육 당국은 학생이 시위에 참여하지 못하게 하라고 지시했지만, 많은 학생이 저항의 물결에 합류했다.

서울 시위에는 대학생이 전면에 나섰다. 고려대학교와 서울대학교를 비롯해 각 대학이 시위를 조직했으며, 대학 주변의 대광고등학교, 동성고등학교 학생 2000여 명이 합류했다. 시내 전역에서 수십만 명이 운집한 가운데 일부 시위대는 "3·15부정선거 다시 하라", "데모가 이적이냐 폭정이 이적이냐", "기성층은 각성하라" 등의 구호를 외치며 경무대 앞까지 진출했다. 개별적으로 시위에 참여한 학생도 적지 않았다. 서울 주변 지역 학생은 서울로 '상경 투쟁'을 갔다. 한 인천박문여자고등학교 학생은 4월 19일 서울시위에 혼자 참여했다가 총을 맞고 쓰러졌다.[17]

부산에서 경남공업고등학교, 데레사여자고등학교, 부산상업고등학교, 금성고등학교, 동래고등학교, 영남상업고등학교, 항도고등학교 등의 학생이 대규모 시위를 전개했고, 경찰이 시위대에 총격을 가해 사상자가 발생했다. 광주고등학교는 광주 지역 최초로 4월 19일 시위를 주도했다. 이미 사망자가 발생한 상황이어서 시위를 계획한 학생은 유서를 쓰고 죽을 각오를 했다.

4월 18일 날 고대 학생들이 데모를 하고 다시 학교로 복귀하는 밤에 천일

극장 앞에서 반공청년단한테 기습당해가지고 100여 명이 크게 다쳤다는 게 막 뉴스에 인제, 그때 테레비가 없을 때니까 뉴스에 막 나오고. 그다음 날 신문에 막 나오고. 그렇게 하고 난 다음에 그냥 '안 되겠다' 하고 우리 가 인제 광고생(광주고등학교 학생) 열한 명이, 동기동창이. 열한 명이 계림동 이라는 거기서 인제, 하숙집에서, 친구 하숙집에 모였어요. 극비에! 밤 8시 모여가지고 인제 "내일은 우리가 이왕 할 바에는 한번 하자. 죽는 한이 있 더라도 한번 하자. 마음먹었으면 하자" 딱 해서 그날 각자 인제 내일 아침 에 행동반경을 각자의 자기 의무를 담당하는 걸 전부 다 나누고, 행동 지 침을 마련하고, 또 이제 구호를 만들고 또 결의문을 만들고 해가지고 밤늦 게까지. 심지어 유서까지 저희들은 쓰고. 왜? 그때 우리가 '실패하면 우린 죽는다' 각오를 했었죠. - 조철희

(광주) 최초! 하여튼 우리가 간 거야. 직접. 가가지고 인제 전남여고가 제 일 가까우니까 전남여고. 그래서 나오라 그러고 지금 뭐하냐고 그러고 난 리를, 거기서 나오고. 또 광주공고 가가지고 광주공고에서 이렇게 하고. 그 러다가 인제 경찰한테 붙잡히게 된 거죠. 우리가 하다가 거리에서 잡혀가 지고 경찰서로 다 인제 연행이 되고, 몇백 명이. 그래가지고 다시 인제 그 때 보니까 광고생들이니까 참 어떻게 해요? 자기들이 다, 각 학교의 명문 학교, 인정하는 학교니까 서장이 나오셔서 훈시를 하고 또 그사이에 교장 선생님이 나오시고, 오셔가지고 우리 인제 다 같이 학교를 갔어. 못 하게 하겠다고 다시 데리고 가고. 그런 사이에 오전이 지나가고 인제 밥 먹고

혁명보다
먼저 일어서다

오후에 또 시작한 거예요.
오후에 또 인제 충장로로,
금남로로, 이제 뭐 몇천
명이 된 거야. - 조철희

'피의 화요일'이라 불리
는 4월 19일 시위는 서울
도심을 중심으로 대규모
로 전개됐다. 시위대는 경
무대 앞까지 진출했고, 서
울신문사와 반공청년단
이 있는 반공회관 등을 습
격해 불을 질렀다. 오후 1
시 40분, 경찰이 시위대에

〈그림 74〉 파고다공원의 이승만 동상을 끌어 내린
뒤 웃고 있는 학생과 시민. 학생들은 동상을 끌고
종로거리를 행진했다(민주화운동기념사업회, 《4월혁명
사료총집 8: 사진기록》, 2010)

발포해 도심은 삽시간에 피로 물들었다. 경찰의 사격뿐 아니라 반공
청년단이 쇠뭉치와 쇠막대기를 휘두르며 학생을 구타했다. 덕수궁 파
출소 앞, 소공동 특무대 앞, 서대문 이기붕 집 앞, 동대문경찰서 앞, 청
량리, 미아리 등 전역에서 사망자와 부상자가 속출했다.[18] 부산과 광
주에서도 경찰 발포로 사망자가 발생해 시위는 더 격렬해졌다. 사망
자와 부상자 가운데 초·중·고등학생이 많다는 사실은 4월혁명에서
이들이 차지하는 위상을 다시 생각하게 한다.

〈그림 75〉 시위하는 수송국민학교 학생(민주화운동기념사업회, 《4월혁명 사료총집 8 : 사진기록》, 2010)

4월혁명의 주도 세력이 대학생이라는 것은 신화에 가깝다. 대학생이 시위에 조직적으로 참여한 것은 4월 19일 이후다. 4월 19일과 그 뒤 수습 정국에서 대학생이 전면에 등장하면서 이들은 1980년대까지 한국의 민주화를 이끄는 주도 세력이 됐다. 하지만 4월혁명의 발단부터 가장 격정적으로 참여했던 세력은 중고생과 하층 노동 청소년이었다.[19] 이들은 때로 '전국대학생구국총연맹'이나 '국정연구회청년부' 등 이승만을 지지하는 어용 대학생 단체와 충돌했다.[20]

10대 학생, 무직 청소년, 하층 노동 청소년은 혁명보다 먼저 일어나

혁명을 견인했다.《사상계》편집위원 한태연이 한국의 민주주의를 이끌어갈 희망은 10대 중·고등학생이라고 언급한 것은 이런 배경에서 나온 것이다.

젊은 세대에 대해서 기대를 가질 수 있지 않느냐 하는 것인데, 중·고등학생에 대해서는 기대를 가질 수 있는데, 대학생 이후는 기대를 가질 수 없습니다. 선배는 썩었다고 지적했으니까…. 이번 사건에 대학생이 개재했다면 문제는 더 크게 정치화했겠는데, 중·고등학생이기 때문에 이 정도까지 됐다고 봐요. 또 대학생은 방학 시기이고, 또 리더로 나서는 놈도 없거든요. 전부 맹장이 중·고등학생뿐입니다. 그래서 중·고등학생들이 대학생은 썩었다고 할 수밖에 없어요. 또 대학생 정도면 너무 사회 이면을 알아서 약아빠져서 자기가 희생되는 일은 안 합니다. 그러니까 우리가 기대를 가질 수 있는 사람은 20 전 세대까지이지 20 이후는 썩었다고 볼 수 있어요.[21]

'소수자'의 투쟁: 여학생, 야간 학생, 중퇴생

한국 사회 민주화를 위해 불의한 권력에 저항한 주체는 늘 인텔리 남성 청년으로 이야기돼 왔다. 4월혁명도 크게 다르지 않다. 4월혁명에 대한 기록물이나 소설을 보면 시위에 적극적으로 참여하고 독재에 저항한 사람은 모두 남성, 특히 '명문 학교' 남학생이다.[22] 물론 이들은 4

〈표 21〉 4월혁명과 마산시위 희생자

4월혁명 희생자		마산시위 희생자	
직업	희생자 수(%)	직업	희생자 수
국민학생, 중학생	19(10.2)	중학생, 중졸	1
고등학생	36(19.4)	고등학생, 고졸	4
대학생	22(11.8)		
회사원 및 학원생	10(5.4)	회사원 및 상공업	1
하층 노동자	61(32.8)	하층 노동자	1
무직	33(17.7)	무직	6
미상	5(2.7)	미상	
계	186(100)	계	13

출전: 오유석, 〈서울에서의 4월혁명〉, 《4월혁명과 한국 민주주의》, 선인, 2010, 216쪽 참고 재구성.

월혁명과 수습 과정에 전면에 나서서 자기 목소리를 냈다. 그러나 시위에 열정적으로 참여하고도 역사의 뒤안길에 묻힌 수많은 '소수자'도 있다. 혁명을 재현한 텍스트에서 소수자를 배제하는 것은 이들의 경험과 역사를 은폐하고 삭제하는 결과를 낳는다. 이제 4월혁명의 기억에서 사라졌던 소수자, 즉 여학생, 야간 학생, 중퇴생 등을 기억의 장으로 다시 불러와야 한다.

1960년 봄 정의를 외치며 거리로, 광장으로 나선 학생은 남학생만이 아니었다. '소녀 학도'도 정의의 행렬에 가담했다. 이는 전국적인 현상이었다. 대구의 2월 28일 시위는 경북고등학교와 대구고등학교 등 남자고등학교 학생이 주축이 되어 시작됐지만 그 뒤 경북여자고등

혁명보다
먼저 일어서다

291

〈그림 76〉 마산 여학생이 김주열에게 바칠 조화를 들고 행진하는 모습(민주화운동기념사업회,
《4월혁명 사료총집 8: 사진기록》, 2010)

학교 등이 함께했다. 초기 시위가 남학교 네트워크를 중심으로 이루
어져 상대적으로 여학생이 뒤늦게 합류했다. 또 제1차와 제2차 마산
시위는 물론, 4월로 이어지는 대규모 시위에 여학생이 빠지지 않았다.

시위 당시 다친 여학생의 기록을 보면 비장한 마음으로 데모에 나
섰음을 알 수 있다. 16세의 한 기술학교 여학생은 부상 후 소감을 묻
는 질문에 "남북통일만 이룩한다면 이 몸은 죽어도 한이 없다. 일찍
이 아빠를 여의고 홀어머니 슬하에서 고생을 하고 지내는 이 자신이
무엇이 무서우냐 말이다. 대한에 용사가 되고 싶다"라고 답했다. 〈표

22〉는 이 여학생의 기록이다.

마산시위에서는 여학교의 참여와 활동이 두드러졌다. 마산의 여덟 개 고등학교 가운데 마산여자고등학교, 마산제일여자고등학교, 성지여자고등학교, 간호고등학교의 네 여학교 학생은 시위에 적극 참여했다. 시위 전부터 남학교 학생 대표와 시위를 모의했다. 특히 간호고등학교 학생은 다친 시위대를 기숙사에 숨겨 응급처치를 했고 김주열의 시신이 안치된 도립병원으로 몰려가 데모를 했다. 시위 현장에서 여학생은 구호를 외치거나 투석전에 대비해 자갈을 날랐다.[23]

스커트 자락에다 자갈을 담아 분주히 오가는 여학생들은 수십 명이 넘어서고 있었다. 누가 시킨다고 해서 저토록 입을 앙다물고 돌 운반을 하느라 잽싼 행동을 취할 수 있을까 싶을 만큼 동분서주하는 것이었다. 돌멩이를 나르는 것은 여학생 몫이라면 학생, 청년들은 돌팔매질로 격전을 벌이는 전사 같기만 했다.[24]

선거 직후 부산에서 혜화여자고등학교 학생과 경남공업고등학교 학생이 함께 모여 3월 16일 가두시위를 모의하고 준비했다. 이들은 '데모에 필요한 제반 사무를 남녀 학생 별도로 할 것, 여학생은 약하니까 남학생이 앞뒤로 포위할 것, 신호는 남학생이 책임질 것, 삐라는 여학생이 담당하고 플래카드는 남학생이 담당할 것, 기차 통학생의 통학 시간에 맞춰 행동을 개시할 것, 경찰과 충돌하여 경찰이 구타를

〈표 22〉 여학생의 신상 기록

연령	만 16세	성별	여성
학교	서울경리고등기술학교	부친 직업	상업
경제 상태	중	가족	어머니, 오빠, 남동생
가정에서 본 인 위치	경제적 책임자, 정치적 의견의 리더자	장래 희망	법률가나 정치가 등으로 나아가고 싶다.
학교 환경	적극적	교외 활동	적극적
부상 장소	중앙청 앞	그 당시 모습	헤아릴 수 없을 만큼 사람이 쓰러졌으며, 이러한 비참한 행동은 있을 수 없는 일이다. 그야말로 내 정신은 하나도 없고 그 당시 혼이 나갔는지 자세히 모른다.
부상 당시 모습	부상 당시 주변에 시체와 부상자가 많았고 비참했다.	부상당한 물건	기관총
경로	3시 40분: 학교에서 수업을 끝마치고 혼자서 거리를 나아갔다. 3시 50분: 동대문에서 구경하고 나서 데모 차가 지나가서 같이 응원했다. 4시 00분: 종로 네거리에 오니 벌써 총탄에 쓰러졌다고 한다. 4시 30분: 의사당 앞으로 광화문 서울신문사 등등 다녔다. 5시 00분: 중앙청 앞에서 전진하고 후퇴하고 하다가 그만 총탄에 맞았다.	병원에서 심정	분해 넘치며 당장이라도 뛰어나가고 싶은 생각만 머리에서 돌고 있다. 아픔은 잊고 정신은 더욱 살아 억울함이란 참으로 참을 수 없다.
현재 심정	지금은 다리를 수술하고 있지만 아픔과 모든 것이 공포에 잠겨서 만약 다리가 못쓸 경우에 죽음, 삶의 두 갈래의 길에서 헤맬 것이다.	데모 이전 모습(동기)	정치적 불만, 사회적 불만, 막연히(이상 다 포함하고 있다.)
자발적인가	yes	친구 권유인가	no

타 이익단체와의 관계	자신이 억울해서 나갔다. 나는 단체로 나간 것이 아니다. 혼자 매일 궁리하다가 4·19 ○○를 하게 됐다.	데모할 때 본인 주장	모든 것을 다 주장했다. 정치면, 사회면, 기타
데모할 때 구호	총탄에 쓰러지는 우리 동포들을 보았을 때 약한 여자의 마음이 불타고 말았다.	데모할 때 본인 위치	보통 대원
부상 실태	중상	맞은 부분	다리 관통
경찰관은 어떠했나	해치려는 눈초리로 우리에게 총을 겨누고 있었다.	시민은 어떻게 했나	우리 민주주의 시민들은 기뻐서 더욱 응원을 하시었다.
기타	모든 것이 싹 바뀌고야 말았다. 침실에 누워 있자니 갑갑하기 한량없고 당장 뛰어나가서 4·19날 사태 장소를 구경하고 싶다. 이제는 안정된 사회가 되고 있지만 아직도 내 소원은 이루어지지 않았다. 소원은 이제 단 하나 남북통일이다. 온 백성들이 4·19날 같이 씩씩하게 용감하게 또다시 일으켜서 남북통일을 이룩하여야 한다.		

출전: 민주화운동기념사업회, 《4월혁명 사료총집 7책: 사상자 기록, 수습 활동》, 2010, 540～542쪽.

감행할 때는 학생도 힘으로 대항할 것' 등을 결정했다. 시위가 끝나면 간부가 따로 만나 연행자와 피해자에 대한 사후 대책을 논의하고 사태를 보고하기로 했다.[25] 남학생과 여학생은 행동을 같이했지만 남녀 역할을 구분했다. 주로 선전물을 돌리거나 학생 간 연락을 취하는 일은 여학생이 맡았다.

이승만 정권기 여학교교육은 일제강점기와 마찬가지로 현모양처를 양성하는 것이 목표였다. 이는 가사를 전담하고 가정을 개량하는 주체, 즉 주부였다. 그런데 4월혁명기 여학생은 '미래 주부'가 아니라 '국가의 한 구성원'으로 자신들을 정체화(identify)했다. 학생 대표였던 한 여고생의 발언에는 국가 위기에 나선 것에 자부심이 묻어 있다. 공부를 열심히해서 '좋은 나라의 참된 여성'이 되겠다는 포부로 보아, 4월혁명 참여 경험은 여학생의 자기 인식과 사회적 자리매김(positioning)에 큰 영향을 미쳤을 것으로 여겨진다.

> 요번 일을 치르고 보니 꿈에서 깨어난 기분이다. 어디서 그러한 용기가 뿜어 나왔는지 지금 생각하면 우스울 지경이다. 한편으로 생각하니 연약한 여학생의 몸으로 이러한 일에 가담한 데 대하여 남모를 자랑이 흐뭇이 가슴에 사무친다. 지금도 그러한 용기가 다시 나올까 생각하니 안 나올 것 같다. 4·19 때 희생된 여러분들께 애도의 뜻을 금할 길 없으며 좀 더 공부를 열심히 하여 좋은 나라의 참된 여성이 될까 한다.[26]

전국적으로 각 지역 명문 고등학생이 주축이 되어 데모가 전개된 곳이 많지만 실업학교나 야간학교 학생도 큰 비중을 차지했다. 특히 3월 14일 서울시위는 중동, 대동, 균명, 강문 등 서울시내 10개 야간 고등학교 학생이 주도했다. 이 날 시위는 저녁 8시부터 10시 무렵까지 인사동 입구, 화신백화점 앞, 광화문 네거리, 서대문 로터리 등에서 일어났다. 수십, 수백 명씩 떼를 지어 삐라를 뿌리고 구호를 외쳤으며, 일부는 횃불을 들고 스크럼을 짜서 행진했다. 경찰은 방망이를 휘두르며 무자비하게 진압했고 데모대도 경찰차에 돌멩이를 던지며 격렬하게 저항했다. 2시간여 만에 약 300명의 학생이 검거됐고 시위대는 1000명에 달했다. 경찰봉에 머리를 맞아 다친 대동상업고등학교 학생은 등교 후 삐라 300매를 써서 약속 장소인 종로 입구에 나왔다고 했다. 데모 동기는 "대한민국의 헌법을 지키기 위해서"라고 했다.[27]

야간 학생은 밤에 학교를 다니고 낮에 일을 했다. 주로 사무 보조원, 신문 배달, 우편 배달, 행상 등을 했다. 부모를 잃은 한 야간 중학생은 '학비난으로 피눈물 나는 생활을 계속하고 있는데 양자로 삼아줄 분은 없는지' 호소하기도 했다.[28] 이처럼 경제적으로 하층에 속한 부류가 많았다. 이들은 일정한 직업이 없이 떠도는 '부랑 청소년'이나 일용직 노동 청년과 매일 만나 일상을 공유했을 것으로 보인다.

야간 학생은 1960년 2월 '이승만 정부에 대한 저항운동의 필요성'에서 '대한고학생협심회'를 결성했다. 주로 학도호국단 행사로 자주 만나 유대 관계를 유지했던 간부 학생이 중심이었다. 주간 학생도 있었지만 야간 학생이 주류였다.[29] 이들은 정치 민주화와 함께 자신들의 열악한 경제 상황을 벗어날 수 있는 실제 조치를 원했다. 1950년대 '전국고학생총연맹', '고학생동지회', '제대고학생회' 등 고학생 단체가 조직됐던 것은 자신들의 사회경제적 요구를 해결하려는 절박함 때문이었다.[30] 이들이 시위에 적극적이었던 것은 민주주의를 실현하기 위해서였을 뿐만 아니라 열심히 노력해도 나아지지 않는 현실에 대한 불만 때문이었다. 4월혁명에 적극적으로 참여한 학생 가운데 직업 학생이 많았던 것은 이를 말해준다.[31]

4월 19일 성북경찰서 앞에서 데모에 참여했다가 다친 한 학생의 기록은 당시 야간 학생의 처지와 상황을 잘 보여준다(〈표 23〉).

시위 참가자 중에 학교를 중퇴한 청소년도 상당수였다. 전체 규모를 알 수 없지만, 부상자 실태 보고서에는 이들의 면면을 짐작할 수 있는 기록이 있다. 중퇴생은 가족의 생계를 책임지며 경제활동을 하는 사람이 대부분이었다. 경제적 처지는 야간 학생이나 일반 노동 청소년과 비슷했지만, 사고와 언어(사태에 대한 인식, 구호, 자기 행동에 대한 정당화 등)는 무학 청소년과 달랐다.

야간 학생이 학교별로 집단적인 데모에 참여했던 것과 달리, 중퇴생은 특정 집단에 소속돼 있지 않았기 때문에 홀로 시위에 참여했다. 이들이 독자적으로 삐라나 플래카드를 만들기는 어려웠을 것이다. 주로 시위대에 섞여 구호를 외치고 행진을 하거나 돌팔매질에 가담했다.

시위에 자발적으로 참여했다고 밝힌 한 고등학교 중퇴생은 "민주주의 국가로서 올바른 정치와 내가 흘린 피가 헛되지 않기를 바라는 마음"이라고 소감을 밝혔다.[32] 남대문 근처에서 데모에 참가한 또 다른 중퇴생은 "데모로 인하여 민주 대한에 민주주의가 소생함에 매우 통쾌함을 느꼈"다고 했다.[33] 이들은 '민주주의와 국민 주권 회복'이 시위에 참여한 이유라고 했다.

교육 경험이 있는 중퇴생의 시위 이유가 일반 학생과 다르지 않다는 사실은 크게 이상할 게 없다. 학교를 그만두고 생계활동을 하는 중

〈표 23〉 야간 학생의 신상 기록

연령	만 18세	성별	남성
직업	사원	학교	배문고등학교 야간 2학년
경제 상태	하	가족	어머니, 형, 여동생 2
가정에서 본인 위치	경제적 책임자	장래 희망	실업가
학교 환경	적극적	교외 활동	보통
정치 관심	온건적	부상 장소	성북경찰서 앞
부상 당시 모습	부상 당시 주변에 시체와 부상자가 많았고 비참했다.	부상당한 물건	기관총
경로	4시 30분: 직장에서 퇴근함 5시 05분: 데모에 참가(소화동) 6시 10분: 데모 중 구호반에 참 7시 20분: 동대문구에서 성북구로 향발 8시 30분: 성북서 앞에서 부상자 운송 중 부상(성북서 앞)	부상 당시 심정	분하고 억울하여 죽고만 싶었다.
현재 심정	올바른 정치가가 나서서 국민의 심정을 수습하고 하루빨리 나라를 평화롭게 하여 주었으면….	데모 이전 모습(동기)	정치적 불만
자발적인가	yes	친구 권유인가	no
데모할 때 본인 주장	국민의 자유와 생활의 고민을 풀기 위함	데모할 때 구호	이승만 정부 물러가라.
데모할 때 본인 위치	보통 대원	죽을 각오	유(有)
부상 실태	중상	맞은 부분	하퇴부
시민은 어떻게 했나	기쁨과 슬픔을 억누르고 데모대에 끝없이 박수를 보냈다.	또 무엇을 보았나	국민학교 학생들이 스크럼을 짜고 시내를 행진한 모습
본인 소감	민주국가를 세우기 위함이니 기쁘다.	기타	하루빨리 국민의 평화와 안전과 민주국의 토대를 빨리 삼아 정치로나 모든 경제로 다른 나라 못지않게 되기를 원할 뿐이다.

출전: 민주화운동기념사업회, 《4월혁명 사료총집 7책: 사상자 기록, 수습 활동》, 2010, 551~552쪽.

〈표 24〉 중퇴생의 신상 기록

연령	만 17세	성별	남성
학교	고등학교 중퇴	부친 직업	무
경제 상태	하	가족	아버지, 형 1, 남동생 1, 여동생 1
가정에서 본 인 위치	경제적 책임자	장래 희망	자선사업
교외 활동	적극적	참가 단체	무
정치 관심	온건적	부상 장소	내무부 앞
부상 당시 모습	소방차로 승차 내무부 앞을 통과하자 차바퀴에 총을 쏘자 한편 내무부 안 담 위에서 약 30명가량의 경찰관이 일제히 소방차에 사격을 했다.	부상당한 물건	총
경로	8시경: 집에서 아침밥을 먹고 친구 집에서 12시까지 놀다가 중앙청 쪽에서 총성이 울리기에 광화문으로 가니 내 앞에 연막탄이 날아왔다. 연막탄에 못 이겨 종로 3가로 왔다. 2시경: 중앙대학생 데모대에 끼여 을지로 3가를 지나 충무로로 동화백화점에서 소방차에 승차 4시경: 시내를 돌아다니다가 내무부 앞까지 도착했다.	부상 당시 심정	총을 맞아서 괴로운 한편 눈을 떠보니 병원에 누워 있었다. 몹시 아팠다.
현재 심정	민주주의 국가로서 올바른 정치와 내가 흘린 피가 헛되지 않기를 바라는 마음	데모 이전 모습(동기)	정치적 불만
자발적인가	yes	친구 권유인가	no
데모할 때 본인 주장	민주정치	데모할 때 구호	협잡선거 물리치자, 3·15선거 다시 하자.
데모할 때 본인 위치	보통 대원	죽을 각오	유(有)
부상 실태	중상	맞은 부분	가슴 관통, 옆구리, 배, 팔목 (네 개의 총탄)

시민은 어떻게 했나	우리 데모대에 박수와 환호를 던져주었다.	또 무엇을 보았나	무지한 경찰관의 야만 행동을 보았다.
군인들은 어떠했나	병원에 입원 후이므로 보지 못했으나 현재 위문해주신 군인들은 다정했다.	본인 소감	참고 참았던 울분이 터져 나와 국민의 주권을 찾으려는 힘의 대항

출전: 민주화운동기념사업회, 《4월혁명 사료총집 7책: 사상자 기록, 수습 활동》, 2010, 448~449쪽.

퇴생이 많은 점으로 보아 야간 학생과 마찬가지로 경제적 불만도 작용했을 것이다. 하지만 야간 학생과 다른 점도 있었을 것이다. 도로를 가득 메운 학생 시위대를 보면서 이들은 무얼 느꼈을까? 자기도 뛰어들어 그들과 함께함으로써 다시 '학생 됨'을 느끼고 싶지 않았을까?

시위 문화와 혁명의 언어들

학생의 시위 양상과 그들이 선택한 언어는 4월혁명의 문화정치학을 보여준다. 이는 4월혁명을 더 '두껍게' 이해하게 해준다. 문화는 사회 구성원이 공유하는 의미이므로, 거리 시위에 나타난 여러 문화적 상징은 시위 주체의 내면으로 들어갈 수 있는 통로를 제공한다.

흔히 근대 사회에서 '거리의 정치'는 민주정치의 구성 요소로 간주된다. 대중의 직접 행동으로 이루어진 거리의 정치는 '제도정치나 민주주의 대의제의 결함에 대한 반응'이다. 이는 정당정치와 의회정치의 대척점에 있기 때문에 흔히 '비정상'으로 인식되기도 한다.[34] 그러나 거리의 정치는 직접민주주의의 또 다른 가능성을 상상하게 해준다. 문학연구자 천정환은 이를 의미 있는 정치적 실천으로 보아야 한다면서 다음과 같이 설명했다.

첫째, 거리의 정치에서는 대중이 스스로 선택하고 만든 표상이 중요한 역할을 한다. 그것은 집단 무의식과 도덕 감정의 발로이면서 동시에 이데올로기의 수행과 맥락을 결정해준다. 둘째, 거리의 정치에도 언어(담화)와 그 수행성이 중요하다. 또 깃발과 의례, 패션과 동작을 포함한 신체성, 색깔과 이미지 등 시각적인 것이 강렬한 기능을 수행한다. 셋째, 거리의 정치에서는 집단의 파토스(감정)와 윤리적 감각도 중요한 요인이다. 거리의 정치를 통해 다중적 욕망-도덕과 집단의 윤리적 (무)의식은 좀 더 직접적으로 나타난다. 넷째, 거리의 정치에 사용된 문화정치의 도구와 표상은 이미 존재하던 문화 체계로부터 운반된 것이며, 동시에 새롭게 탄생한 것이다. 거리의 정치의 형상, 망탈리테(집단무의식), 음경音景 등은 현존하는 문화 체계를 바꿀 재료가 된다. 다섯째, 거리에서 생산-사용된 문화적 표상은 해방기의 문학 및 문화 전체와 연관되어 그 질료를 제공한다. 시, 소설, 영화, 가요 등은 해방기 거리의 정치로부터 직접 영향을 받고 또 그것을 '형상화'하거나 전유한 것이다.[35]

거리의 정치에서 또 하나 중요한 것은 도시문화의 발달과 함께 새롭게 열린 '광장'이라는 공간이다. 4월혁명기 학생과 대중이 장악한 광장은 '시민민주주의적 참여와 학습의 장'이었다.[36] 집합적 군중의 자기 의사 표현과 문화정치적 실천은 도시의 광장이 없었다면 가능하지 않았을 것이다. 특히 제한된 형태로나마 자신들의 생각을 표현할수 있는 지식인이나 정치인과 달리, 학생과 도시 하층 노동자에게 거리는 유일한 의견 표출 통로이자 미디어 플랫폼이었다.

이러한 거리 정치의 문화적 의미를 고려하면서 4월혁명기 시위 문화의 특징을 살펴보자. 먼저, 학생 시위에서 자신들의 요구를 표출하는 데 가장 많이 활용된 것은 삐라와 플래카드였다. 플래카드는 다른수단에 비해 비용과 시간이 많이 들어 삐라를 더 많이 활용했다. 3월1일 서울학생시위는 '삐라사건'으로 불릴 만큼 많은 삐라가 뿌려졌다. "대구 학생을 돕자"라는 삐라를 뿌린 혐의로 고려대학교 학생 외2명이 연행됐는데, 시위 주체로 보아 고등학생도 이에 가담했을 것으로 보인다. 선거일 전 광주에서는 "광주 학생도 대구 학생과 합심하라"라는 내용의 삐라가 거리에 나부꼈다.[37]

3월 7일 부산에서 동아고등학교를 비롯해 시내 고등학생 16명이시위를 모의하다 발각돼 연행되는 사건이 발생했는데, 그 직후 이와관련된 삐라가 발견돼 학생이 연행되고 삐라 300매가 압수되었다.학생 2명이 '공명선거호소학생위원회' 명의로 살포하려 했던 삐라는"학원에 자유를 달라, 부정선거는 학생의 피를 보게 한다, 공명선거사수하여 민주주의 수호하자"라는 내용이었다. 또한 이 호소문을 각학교 대표가 준비하던 중 경찰에 연행되었다는 사실을 알리고, "공명선거 호소가 불법이냐, 그들을 즉시 석방하라"라고 외쳤다.[38] 그 뒤

동래 지역에서도 '민권수호전국
학생투쟁회' 이름으로 "학원에
자유를 달라, 교직원은 정치에 관
련 말라, 학도들이여 피로써 민
주주의를 사수하자, 우리 세대의
민주주의를 위하여 현실의 부정
에 항쟁하자, 민권 수호의 선봉에
서라"라는 내용의 삐라가 뿌려졌
다.[39]

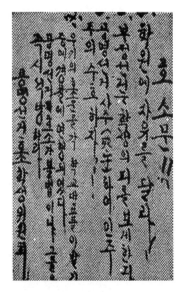

〈그림 77〉 3월 초 부산에서 발견된 학생
삐라(《동아일보》 1960년 3월 9일)

제1차 마산시위가 일어난 뒤
인 3월 17일, 서울 영등포에서 성
남고등학교 학생 200여 명이 "경
찰은 자숙하라", "정의를 위해 싸
우는 학생을 구타하지 말라", "경찰은 학생 사살 사건을 책임지라",
"체포한 학생을 석방하라"라는 구호를 적은 삐라를 뿌리며 데모를 했
다.[40]

다음으로, 학생은 시위에서 구호와 함께 노래를 불러 자신들의 의
사를 표현하고 유대감을 강화했다. 시위 현장에서 학생이 불렀던 노
래는 〈애국가〉, 〈삼일절 노래〉, 〈학도호국단가〉 등이었다. 특히 "전우
의 시체를 넘고 넘어"로 시작하는 〈전우야 잘 자라〉는 가장 많이 불렀
던 노래다.

당시 '운동가요'가 따로 없었기 때문에 국가 행사에 사용하던 노래를 주로 불렀다. 이런 노래는 국민적 일체감을 표현하는 상징으로 계급, 성, 나이, 학력, 사회적 지위, 지역 등을 넘어 시위대를 '애국적 국민'으로 결집하는 구심력으로 작용했다.[41] 같은 '동포'라는 민족적 일체감과 애국심은 시위를 이끈 원동력이었다. 한편으로 〈학도호국단가〉처럼 학원의 자유를 억압하고 학생을 통제하는 노래가 거꾸로 저항의 노래로 불렸다는 점은 매우 흥미롭다.

시위대는 간혹 〈해방의 노래〉도 불렀다. 이는 조선음악동맹이 노랫말을 쓰고 김순남이 작곡한 것으로 주로 노동자 집회에서 자주 불렀다. "조선의 대중들아 들어보아라/ 우렁차게 들려오는 해방의 날을/ 시위자가 울리는 발굽 소리와/ 미래를 고하는 아우성 소리// 노동자와 농민들은 힘을 다하여/ 놈들에게 빼앗겼던 토지와 공장/ 정의의 손으로 탈환하여라/ 제 놈들의 힘이야 그 무엇이랴"라는 가사는 다른 노래보다 선동적이고 저항성이 강했다.

〈조 박사 조가〉처럼 야당 지도자를 추모하는 노래를 부르기도 했다. 선거를 앞두고 급서한 민주당 대통령 후보 조병옥을 기리는 이 노래는 황망함과 비감悲感이 흐르는 곡이다. 이 노래는 신익희에 이어 정부통령선거를 코앞에 두고 사망한 조병옥을 추모하는 것이자 희망이 사라진 3·15선거에 대한 추모곡이었다. 또 야당 후보가 상징하는 '반독재'나 '민주주의'와 궤를 같이하는 것이기도 했다.

가련다 떠나련다, 해공 선생 뒤를 따라

장면 박사 홀로 두고, 조 박사는 떠나간다

가도 가도 가망 없는, 당선 길은 몇 굽이냐

자유당에 꽃이 피네, 민주당에 비가 오네

세상을 원망하랴, 자유당을 원망하랴

춘삼월 15일에, 조기 선거 웬 말이냐

천리만리 외국 땅에, 객사 죽음 웬 말이냐

저름 어린 신문 들고, 백성들이 울고 있네

또 하나 학생의 시위문화에서 눈에 띄는 점은 '연합 시위'와 '원정 투쟁'이다. 각 지역에서 학교 단위의 독자 시위보다 연합 시위가 많았다. 초기부터 학생은 주변 학교와 연대해 공동으로 시위를 계획하고 결행했다. 이는 특히 고등학생 시위에서 두드러지게 나타나는 특징이다. 대표 학생은 시위 전에 서로 만나 성명서와 플래카드, 전단 등을 준비했고, 집결 장소와 시간 등을 정해 공동 행동을 모색했다. 빠르고 신속하게 학생 대표가 모일 수 있었던 것은 평소 지역 학도호국대로 학생 조직이 연결돼 있었기 때문이다. 이 밖에 교회, 연합 서클, 동네 선후배 등 사적 네트워크가 활용됐다.

또 대도시 학생이 주변 도시로 가서 원정 투쟁을 했다는 사실은 매우 흥미롭다. 4월 26일 서울의 중·고등학생과 대학생 700~800여 명은 수원에 가서 경찰서와 자유당 시 당부를 파괴하고 시위를 했다.[42] 또 서울 학생 데모대 100여 명은 인천에 가서 데모를 했다. 대학생이 주도했지만 함께 참여한 고등학생도 있었다. 이들은 민간 트럭을 탈취한 뒤 인천에 도착해 트럭에 확성기를 달고 거리를 누볐다.[43]

같은 날 부산에서는 대학생, 중고생, 하층 직업 소년 등이 버스와 트럭 20대에 나눠 타고 마산으로 원정 데모를 갔다. 이들은 마산시청의 서류를 불태우고 경찰서의 기물을 파괴했으며[44] 신마산역을 비롯해 도심에서 격렬하게 시위를 했다. 당시 상황을 보자.

오후 8시 30분경 마산에 들어온 원정 데모대는 연변에 도열한 시민의 환호와 박수갈채를 받으면서 무학국민학교에 집결했다. 마치 축제의 가장행렬과 같은 원정 데모대의 장사진은 시가를 누비면서 무학국민학교로 흘러갔다. 순경 옷을 입은 학생, 순경 모자를 쓰고 칼빙 총을 거꾸로 멘 청년, 탄대를 두르고 소총을 든 소년들이 버스 지붕 위에 올라 앉아 만세를 고창했다. 오후 10시경 마산지역에 계엄사령부는 비상계엄을 선포하였다 (…) 원정 데모대가 파출소를 파괴하고 동양주정, 형무소, 은행 등을 파괴할 기세를 보이게 되자, 마산시민들은 자위 태세를 갖추어 원정 데모대의 행동에 가세하지 아니했으며, 시내 고등학교 학생위원장 학생들과 권투 구락부의 박장춘 씨, 각 정당 소장파 등은 트럭에 분승하여 무학국민학교의 출구를 봉쇄하고, 원정 데모대에 "이 이상 관공서를 파괴하는 것은 우리 국가의 손해이다. 새 정부가 들어서면 우리의 세금으로 다시 공공건물을 만

〈그림 78〉 마산경찰서를 지키는 마산의 고등학생(국가기록원 소장)

〈그림 79〉 신마산역 앞에서 시위하는 부산원정대(국가기록원 소장)

들어야 하지 않는가? 파괴는 이미 끝났다. 이승만은 하야했다. 남은 것은 무정부상태의 혼란을 한시바삐 수습하는 것이다!"라고 백의의 용사가 트럭 위에서 호소했다. 학생들도 목이 터지라고 '이성을 회복하여 의거에 피 흘린 마산시민을 괴롭히지 말 것'을 역설했다.[45]

마산시민은 처음에 원정 데모대를 환영했으나 점차 과격한 양상으로 치닫는 것을 보고 이들을 저지했다. 마산시내 고교생은 무기고 약탈을 막기 위해 마산경찰서 앞을 밤새 지켰다. 이날 밤 시위와 충돌로 부산과 마산 출신 사망자 4명을 비롯해 사상자가 발생했다. 다음 날 아침 계엄사령부가 마련한 임시 열차 편으로 데모대가 부산으로 귀환한 뒤 사태는 마무리 됐다.[46]

원정 투쟁이 집단적 형태로만 전개됐던 것은 아니다. 지역 학생이 개별적으로 대도시에 가서 시위하는 사례도 적지 않았다. 서울에서 발생한 사망자와 부상자 명단에는 지역에서 온 학생이 끼여 있었다. 이처럼 다른 지역에 가서 시위를 벌인 원정 투쟁은 집단적 이동이냐, 개인적 이동이냐에 따라 그 의도가 달랐을 것이다. 전자는 자기 지역에서 물리적으로 '승리감'을 느낀 데모대가 주변 지역을 '지원'해 저항의 분위기를 확산하려는 것이었고, 후자는 더 규모가 크고 격렬한 도심 한가운데로 나가 직접 현장성을 체험하면서 정의감을 실천하려했던 것으로 보인다.

학생 시위에서 또 한 가지 주목되는 점은 폭력 양상이다. 중고생 시위는 비폭력을 앞세우며 정당성을 확보하려 했다. 대구의 2·28학생시위는 간디를 내세워 '평화적 저항'을 시사했고, 그 외 각종 선언문과 결의문도 비폭력을 행동 원칙으로 내걸었다. 일부에서는 투석전 대신 횃불을 들기도 했다.[47] 그러나 실제 시위 과정을 보면 대학생 시위보다 중고생 시위가 폭력 양상을 띠었다. 제1차 마산시위에서 학생과 하층 노동 청년이 참여했던 밤 시위는 매우 '일탈적'이고 '비평화적'이었다. 경찰이 폭력적으로 진압하면서 시위는 거세졌다.

소방차의 불빛에도 공포에도 군중은 해산할 줄 몰랐다. 투석과 욕 소리, 걷잡을 수 없는 함성이 우레와 같이 들려왔다. 마치 전쟁터와 시가전을 방불케 했다. 이때 군중 가운데는 하나둘 쓰러지는 광경이 소방차의 불빛에 환히 드러났다. 군중은 쓰러지는 사람을 두세 사람이 업고 도망치고 있었다. 근처에 있는 인가와 남전 마산지점 건물 유리창이 날아든 돌멩이에 깨어지면서 금속성 소리를 내며 메아리쳤다. 공포와 최루탄과 실탄이 쏟아지고 차츰 군중과 경찰진과의 거리가 더 가까워져갔다. 몇몇 청소년들이 붙들려 시청 아래층 세무과로 연행되고 있었다. 이때 군중 속에는 "전우의 시체를 넘고 넘어"라는 군가가 울려나왔다.[48]

대표적인 '무력 행동'은 돌을 던지는 것이었다. 여학생은 돌을 깼고 남학생은 돌을 던졌다. 4월 22일 인천에서 학생 100여 명은 스크럼을 짜고 인천교육청으로 몰려가 휴교 조치를 철회하라며 돌을 던져 교육

〈그림 80〉 불에 그을린 반공회관(국가기록원 소장)

〈그림 81〉 파괴된 관공서와 시내 모습(국가기록원 소장)

청 건물과 지프차 유리창이 깨졌다. 또 4월 23일 인천 자유공원에 모인 시내 중학생과 청소년 200여 명은 "우리는 형제가 죽어가는 것을 앉아서 볼 수만 없다", "경찰은 학원에서 손을 떼라"라는 구호를 외치며 경찰차에 돌을 던져 유리창이 깨지고 경찰관 두 명이 다쳤다. 같은 날 학생 200명은 배다리 창영동파출소에 돌을 던져 파출소 유리와 거울을 깨뜨렸다.[49]

3월 24일 오전 부산 학생 데모대는 마산사건 국회조사단 일행이 탄 차를 향해 돌팔매질을 하고 삐라를 살포했다.[50] 4월 19일 서울, 부산, 광주 등 전국에서 파출소와 자유당사, 신문사를 습격했고, 일부 건물에 불을 질렀다. 부산에서는 오전 경남공업고등학교와 부산상업고등학교 학생 데모에서 큰 사건이 없었으나, 오후 데모에서 경남공업고등학교와 데레사여자고등학교 학생이 경찰의 실탄 발포에 격분해 경찰서에 돌을 던지고 방화를 했다. 광주 도심 시위에 모인 학생도 물을 뿌리는 소방차에 돌을 던지며 행진하다가 충장로 5가 파출소 등 여러 곳을 파괴했다.[51] 청주농업고등학교 학생 600여 명은 학교 조회 도중 괭이, 삽, 쇠스랑 등 농기구를 가지고 거리로 나가 경찰과 대치하면서 투석전을 벌였다.[52] 돌팔매 공격을 가장 많이 받은 곳은 지역 경찰서였다.

물론 폭력 주체가 모두 학생이었다고 볼 수는 없다. 건물 습격, 방화, 무기 탈취 등 격렬한 시위가 이루어졌던 곳에는 도시 하층 청소년이 많았다. 겉모습부터 학생과 구분됐던 이 청소년 군상은 학교 교육을 통해 근대 규율을 내면화했던 학생과 여러모로 달랐다. 이들은 특정 규범에 따라 행동하지 않고 자신들의 분노와 요구를 거리낌 없이 표출했다.

언론은 4월혁명 과정에서 나타난 학생과 하층 청소년의 행동을 '비폭력 대 폭력'으로 대비했다. "중·고등학교 학생 및 대학생 데모는 질서 정연하게 끝났으나 이날 밤 구두닦이 등 일부 불량 청소년들은 트럭, 택시 등 차량을 빼앗아가지고 거리를 휩쓸면서 대전경찰서 및 열 개 파출소와 자유당 사무소 등을 파괴했다"며 '순수한' 학생의 '의거'와 '불량' 청소년의 '폭동'을 분리했다.[53]

그러나 폭력 시위에서 하층 청소년과 학생을 엄밀하게 구분하는 것은 불가능하다. 실제로 학생이 돌을 던지고 방화한 사례는 매우 많다. 부유층과 공무원 자녀가 많은 명문 학교 데모에서도 "학생들이 흥분한 나머지 제지하던 경찰관에게 투석 또는 장작으로 대항하는 등 폭력 행위"가 있었다.[54]

그런데 시위 이후 평가는 사뭇 다르다. 언론은 시위에서 폭력성을 제거하는 방식으로 자유민주주의의 가치를 재확인했다. 근대 자유민주주의가 폭력에 의존하지 않고 사회적 갈등을 해소하기 위해 고안된 것이라는 믿음에서 폭력성을 배제했다.[55] 시위 주체가 정당성과 명분을 얻기 위해서는 '비폭력적'이어야 했던 것이다. 이에 "한때 우리 학생들은 울분을 참지 못해 흙덩이를 집어던지기도 했으나, 12년 동안 배운 학생들의 이성은 흙이나 돌을 계속 던지는 것을 용서하지 않았

다.”라며 순간적으로 저지른 ‘비이성적’ 행동을 반성했다.[56]

학생이면서 동시에 노동자인 경우가 많았기 때문에[57] 학생과 청소년 노동자의 행태를 비폭력 대 폭력으로 이분하는 시각을 재고해야한다.[58] 학생과 시민 희생자가 나오고 피를 부르는 정국이 계속되면서부터 거리에서 폭력은 더 이상 평화와 반대되는 의미가 아니었다. 학생은 시위 현장에서 폭력과 비폭력을 넘나들었고, 청소년 노동자나 중퇴생과 분리되지 않았다.

혁명 공간에 등장했던 수많은 언어는 학생의 지향을 반영하고 있었다.[59] 학교 대표가 작성한 선언문은 대체로 민주주의와 비폭력·무저항을 내세웠다. 4월혁명 중 등장한 학생의 주요 구호, 선언문, 결의문 등을 살펴보면 다음과 같다.

인천 제물포고등학교 선언문[60]

먼저 피를 흘리고 쓰러져간 학도들의 명복을 빕니다. 우리 700 제물포고등학교 학도들은 현재 전국에서 야기된 불평과 슬픔과 과오를 시정하려고 평화적이요, 무저항적인 ‘데모’를 감행하려고 합니다.

– 공약 삼장 –

1. 우리의 ‘데모’는 어디까지나 평화적이요, 무저항적이어야 한다.

2. 우리의 의사를 충분히 발표하고 관철하기 위하여 한 사람의 이탈자도 없이 행동하여야 한다.

3. 우리의 ‘데모’는 일시 감정적인 일이 아니요, 오직 정의의 옹호를 위하

여 감행하는 것이다.

- 1960년 4월 24일, 인천제물포고등학교 700명 학도 일동

동포에게 호소하는 글[61]

동포여 잠을 깨라! 일어나라!

짓밟힌 민주주의를 위해 일어나라! 내일의 조국 운명을 위해 일어나라! 하늘에 부끄럽고, 광복 위해 피 흘려 돌아가신 선열들에 부끄럽고, 공산 적 수로부터 강토를 구해준 민주 우방에 부끄러운 이 추태를 보고만 있겠는 가! 바로 지금 온 겨레가 땅을 차고 통곡해야 할, 비참하고도 하늘 밑 그 어느 곳에서도 찾아볼 수 없는 기막힌 변을 겪은 우리는 아직도 억울한 가 슴의 상처를 부둥켜안고 엎드려 있어야만 한단 말인가.

학도들은 일어섰다. 우리가 단군의 자손인 이상 우리는 죽지 않고 살아 있 다. 우리에게도 눈, 코, 귀, 입이 있다. 우리더러 눈을 감으라 한다. 귀를 막 고 입을 봉하라고 한다. 공부나 하라고 한다. 그러나 그러기에는 가슴속에 한 조각 남은 애국심이 눈물을 흘린다. 우리는 상관 말라고 한다. 왜 상관 이 없느냐. 내일의 조국 운명을 어깨에 멘 우리들이다. 썩힐 대로 썩힌 후 에야 물려주려느냐? 우리더러 배우라고 한다. 그러나 무엇을 배우라! 국 민을 기만하고 권모술수 부리기와 민주주의를 오용하는 그 추태를 배우란 말이냐!

국민이여 잠을 깨라!

우리는 국가의 주인이다. 주인이 가져야 할 귀중한 열쇠들을 우리에게 고

용당한 하인에게 하나하나 빼앗기고 있다. 피 흘려 돌아가신 선열들의 혼을 위로하자.

마산사건에 억울하게 희생된 혼들을 위로하자. 왜놈과 공산도배와 싸울 때 흘렸던 학도들의 귀중한 피다! 오늘날 나라 찾은 이날 우리는 왜 민주경찰의 총부리 앞에서 피를 흘려야 하느냐! 구속된 학생들을 즉시 석방하라. 그들을 투옥하려거든 100만 학도를 모두 투옥하라. 3000만 겨레를 모두 투옥하라.

동포여 잠을 깨라! 가슴에 손을 얹고 생각하라! 무엇 때문에 우리는 피 흘려 싸워왔던가. 귀를 기울이라! 선열들의 통곡 소리가 들리지 않느냐!

- 전 부산 학생 대표 김승, 1960년 4월 19일

동성 데모 결의문[62]

1. 우리는 오늘, 민주주의 학도로서의 엄숙하고 정당한 권리 행사를 정연한 질서 아래 데모함을 결의한다.
2. 오늘날 우리 학생들은 민주국가의 최대 최고 주권 행사인 정부통령선거의 부정을 목격했다.
3. 학생의 정당한 데모 행위에 대한 경찰의 방해를 항의하며 전 한국 지성인의 분기를 촉구하고, 방관자를 배척한다.
4. 오늘날 우리의 민주주의는 위기에 봉착해 있다. 오직 우리 청년 학도만이 3·1정신으로서 민주주의의 위기를 구출해야 한다.

- 결의 -

① 우리의 데모는 무저항, 평화주의이다.

② 동성 학생의 석방을 즉시 요구함. 더불어 모든 국민의 평화적 데모의 자유를 요구함.

③ 민주주의의 옹호 전선에서 용감히 싸우기를 결의한다. 우리 학생만이 힘이다/ 모든 애국·지성인/ 모든 청년 학도는 분기하라/ 자유와 민주 승리는 투쟁으로서!

〈표 25〉 학생의 구호

날짜	주체	구호 내용
2월 28일	대구 경북고 등학교	학생의 인권을 옹호하자/ 민주주의를 살리고 학원 내에 미치는 정치권력을 배제하라/ 횃불을 밝혀라! 동방의 빛들아!/ 일요일에 학생을 등교시키는 사실을 사회에 폭로하자/ 우리는 비겁하지 않다
	대구고등학교	학생을 정치 도구화하지 말라/ 우리에게도 인류애를 달라
	경북대학교 사범대학부속 고등학교	일요 등교를 해명하라/ 일요 등교 명령자 엄벌하라/ 학원의 자유를 보장하라/ 감금당한 학생을 즉시 석방하라
3월 8일	대전고등학교	학원의 정치 도구화를 배격한다/ 자유로운 학생 동태를 감시 말라/ 〈서울신문〉 강제 구독을 단호히 배격한다/ 진리를 탐구하는 신성한 학원에 여하한 사회적 세력의 침투를 용납할 수 없다/ 우리의 거사는 오로지 정의감과 자발적 의사에서 나온 것임을 밝힌다/ 오늘을 기하여 거행함은 다만 학생들의 사기가 왕성한 때문이다/ 우리의 주장이 관철되지 않을 때는 동맹휴학도 불사한다/ 우리의 말을 억제하지 말라
3월 10일	대전상업고등학교	학원의 자유를 보장하라/ 면학 분위기를 해치는 학생 동태 감시 말라/ 구속 학생 석방하라/ 오늘의 거사는 순수한 정의감의 분출이다
	수원농업고등학교	학원 내의 간접적인 선거운동을 배격한다
	충주고등학교	민주주의 만세/ 학원의 자유를 달라/ 학원을 정치 도구로 삼지 말라

3월 12일	부산 해동고등학교	공명선거 이룩하자/ 학원의 자유
3월 13일	오산고등학교	학원의 자유를 달라/ 우리는 좌시할 수 없다/ 우리가 앞서서 이 나라 민주주의를 바로잡자
	문경고등학교	선량한 농민들이여 협잡선거에 속지 말라/ 공정선거 실행하여 민주국가 이룩하자
3월 14일	부산시내 고등학교	우리는 공산당 식의 테러를 배격한다/ 우리 선배는 썩었다/ 우리가 민주 제단을 지키자/ 학도여 일어나라 우리의 피를 보이자/ 학도는 살아 있다 민주국가 세우자/ 학원에서 강제 선거운동을 하지 말라
	인천 송도고등학교	학도여 일어나라/ 학원의 자유를 달라/ 공명선거 실시하라
	포항고등학교	학원의 자유를 달라
	원주농업고등학교	수호하라 인권/ 취소하라 3인조/ 실시하라 공명선거
3월 15일	인천고등학교	정부는 우리에게 손을 떼라
3월 17일	성남고등학교	정부는 마산 학생 일곱 명을 죽인 책임을 져라/ 왜놈들의 총칼에 선열들이 쓰러진 자리에 우리 학생들은 우리 경찰의 손에 죽었다/ 우리의 이런 행동이 곧 공산 괴뢰의 선전 자료가 되며 나라의 위신을 떨어뜨릴 것을 모르지 않으나 언제까지 앉아 있을 수만은 없다
3월 24일	부산고등학교	경찰은 마산 학생 사살 사건에 책임을 져라/ 비겁한 자여 너의 이름은 방관자니라/ 평화적인 시위는 우리의 권리다/ 협잡선거 물리치고 공명선거 다시 하자/ 구속된 학생들을 석방하라/ 학원의 자유를 달라/ 학생들을 구속하려거든 백만 학도들을 전부 구속하라
3월 25일	부산 동성중학교	동포여 민주주의 정치를 위해 일어나라/ 협잡선거 물리치고 공명선거 다시 하라/ 경찰은 학생 학살 사건을 책임지라/ 방관자는 비겁한 자다/ 평화적인 시위는 우리의 권리다/ 경찰은 학생 데모대를 감금하지 말라
4월 18일	부산 동래고등학교	피로 찾은 민주주의 정의로써 사수하자/ 평화적인 데모는 우리의 자유다/ 경찰은 학원에 간섭 말라/ 경찰은 마산사건을 책임져라/ 부정선거 규탄하고 공명선거 다시 하자
	청주시내 고등학교	3인조 부정선거는 불법이다/ 경찰은 학원에 간섭 말라/ 정당한 데모를 방해하지 말라

4월 19일	서울 대광고등학교	학생은 평화적 데모의 자유가 있다/ 경찰은 학원에 간섭 말라/ 민주 대한을 위하여 학도는 일어서라
	강문고등학교 (현 용문고등학교)	경찰 정치를 배격한다/ 살인 경찰을 엄중 처단하라
4월 22일	인천 중고등학교	정부통령선거 다시 하라/ 학생에게 자유를 달라
4월 23일	인천여자중학교	3·15선거는 불법 무효이다
	인천공업고등학교, 인천고등학교	학원의 무기 휴학을 즉시 해제하라/ 학생의 데모는 폭력이 아니다/ 정부는 4·19 살인 사건을 책임져라/ 계엄령을 즉시 철회하라/ 피 흘려 찾은 인권 총칼로서 뺏지 말라
4월 25일	춘천고등학교	구속 학생 석방하라/ 고문 경관의 처단/ 홍창섭 도지사는 물러나라
	인천고등학교	이승만 정부는 과거 12년간의 모든 실정을 책임지라, 물러가라
4월 26일	대전시내 중·고등학교, 충남대학교	쓰러진 국민주권 바로잡자/ 한희석을 처단하고 최인규를 체포하라
	서울시내 초등학교	우리 부모와 형님들에게 총부리를 대지 말라/ 우리는 민주 정의를 위해 싸운다/ 어린이들의 죽음을 시민들은 방관하려는가

출전: 학민사 편집실, 《(4월혁명 자료집) 4·19의 민중사》, 학민사, 1984, 42~47쪽; 김선미, 〈4월혁명 시기 부산 지역 고등학생의 현실 인식과 실천-시위 참가자를 중심으로〉, 《한국민족문화》 55, 2015; 기타 신문 기사.

학생이 발표한 담화와 혁명의 언어는 몇 가지 특징이 있다. 첫째, 거의 모든 구호와 선언문에서 민주주의를 강조했다. 자유, 민주, 권리, 인권, 주권과 같은 근대 민주주의의 기본 원리와 개념을 많이 사용했다. 학생에게 투표권이 없을지라도 부정선거는 자신들의 주권을 침해하는 행위로 인식했다. 선거운동 기간 내내 자유당의 부정선거 움직임에 분개했고, 3·15선거를 '민주의 길'이냐, '반민주의 길'이냐를 가름하는 분수령으로 인식했다. 학생은 민주주의를 의심 불가능한 정치이념이자 체제로 인식했고 그를 내면화했다. 희생이 따르더라도 '선한 국가'를 만들기 위해 수호해야 하는 절대가치로 받아들였다.

둘째, 민족주의와 관련된 표현이 많다. 부산 학생 서승의 호소문에 '동포', '겨레', '단군의 자손' 등의 표현이 보인다. 대구 경북고등학교의 출정 선언문에 "횃불을 밝혀라! 동방의 빛들아!"라는 구절이 있는데, 이는 타고르의 시 〈동방의 등불〉을 인용해 민족의 고난을 극복하려는 의지를 담은 것이었다. 학생은 민족에 대한 자긍심과 번영을 내세우며 민족주의를 중심 가치로 천명했다.[63] 경북고등학교 선언문에 나오는 '우리는 민족을 사랑하고 민족을 위하여 누구보다도 눈물을 많이 흘릴 학도'나 '이 민족애의, 조국애의 피가 끓는 학도의 외침'이라는 표현을[64] 보면 학생의 정의로운 열정이 조국애와 민족애로 표현되고 있음을 알 수 있다.

셋째, 학원 자유를 요구하는 주장이 많다. 이는 학생의 자율성을 인정하지 않는 억압적인 교육에 대한 반발이다. 또한 학원의 정치 도구화를 반대하는 구호는 반독재 투쟁의 성격을 갖는다. 이승만 정권기 내내 학교에서 자행된 반민주적 행태는 강제적인 정치 동원과 학원 통제였기 때문이다. 학생을 정치 도구화하지 말라는 구호는 일견 '탈정치적'으로 보이지만, 사실은 독재를 반대하는 매우 정치적 구호였던 셈이다.

넷째, 각종 슬로건과 구호는 저항의 계보를 보여준다. 학생은 자신들의 저항의 뿌리를 일제의 식민 통치에 반발한 3·1운동에서 찾았다. 광주 지역 학생은 반정부 데모를 '광주학생운동'의 계승으로 인식했다. 독립운동뿐 아니라 한국전쟁 때 인민군과의 혈투도 저항의 계보에 포함되었다. '왜놈이나 공산도배와 싸울 때 흘렸던 학도의 귀중한 피'와 같은 표현이 자주 등장했다. 사실 4월혁명 기간 반공주의 구호와 슬로건이 적지 않았다. 이는 그리 놀라운 일이 아니다. 정부수립과 전쟁을 거치면서 공산주의는 독재와 파시즘으로, 반공주의는 (자유)민주주의를 수호하는 이념으로 이해됐다. 반공주의를 확고히 하는 것이 민주주의를 수호하는 길이며, 민주주의를 실현하는 것이 반공주의를 구현하는 길이라는 정서가 있었다.[65] 학생이 학도병 경험을 저항의 계보에 올려놓은 것은 당시의 반공 감성과 맞닿아 있었던 것이라 하겠다. 이러한 계보 설정은 행위의 정당성을 확보하고 통합력을 발휘했을 것이다.

다섯째, 많은 구호에서 엘리트 의식이 엿보인다. 민족과 국가의 미래를 책임져야 할 집단은 '지성인'인 학생밖에 없다는 사명감과 자부심이 보인다. "오직 우리 청년 학도만이 3·1정신으로서 민주주의의 위기를 구출해야 한다"라는 선언은 학생의 소명의식을 잘 보여준다. 대학생조차 기성세대로 비판하며 순수하게 조국의 미래를 책임질 계층은 중고생밖에 없다는 인식이 밑바탕에 깔려 있다. 당시 고등학생은 대학생의 소극적 태도에 불만을 가졌고, 이들을 예비 기득권층으로 인식했다. 지역의 대학은 보수적 분위기가 지배적이었고, 대학생은 초기 학생 데모에도 방관하는 듯 보였다.[66] 이에 진정성과 순수함을 가진 중고생만이 위기의 민주주의를 구할 수 있다는 인식이 널리 퍼져있었다. 또 농촌 지역 고등학생은 지역민을 계몽하는 구호를 외치기도 했다. "선량한 농민들이여 협잡 선거에 속지 말라"는 구호는 정부나 학교를 향한 외침이 아니라 지역 농민을 대상으로 한 것이었다. 이는 학생이 지역 사회를 선도하고 계몽하는 위치에 있다는 자각에서 비롯한 것이었다.

2

혁명 이후의
혁명 열기

혁명 '영웅'과 위문의 문화정치학

4월 26일 이승만 대통령이 하야하고 난 뒤 학생은 학교로 돌아갔다. 하지만 혁명의 열기는 쉽게 식지 않았다. 학교로 돌아와 일상으로 복귀한 후 책임자 처벌 요구와 사태 수습을 위한 사회 각계의 논의의 장에 참여했다. 또 희생된 학생을 추모하고 부상자를 위문했다. 이는 한동안 지속됐다. 이러한 움직임은 사회의 민주화 분위기와 무관하지 않다는 점에서 혁명의 연장이었다. '미완의 4·19'는 '미완'이 아닌 또 다른 방향으로 전개되고 있었다.

학교로 돌아간 학생은 제일 먼저 책임자 규명과 처벌을 요구했다.

김천에서 4월 26일 경찰 발포로 학생 한 명과 시민 한 명이 사망한 사건의 진상을 밝히기 위해 학생과 시민이 진상 규명 청원서를 관계 당국에 제출했다. 이들은 김천 발포 사건이 경찰의 소행이 틀림없는데도 끝까지 "악랄한 간계를 부리는 것은 아직도 경찰국가의 근성을 버리지 못한 것"이라며 그 진상이 밝혀질 때까지 투쟁할 각오라고 했다. 이에 "김천 발포 사건의 진상을 철저히 규명하여 발포 명령자와 발포자를 색출하고 엄단에 처할 것"을 요구했다.[67]

또 지역사회와 함께 수습 방안을 논의했다. 마산에서는 각 학교 학생 대표, 교사, 경찰서장이 모여 의견을 교환했다. 학생의 주장은 '학생을 함부로 연행하지 말며, 연행 시에는 학교장의 허락 밑에 연행하고, 가급적 학교 내에서 조사할 것', '앞으로 데모를 하지 않겠다, 선생님을 괴롭히지 마라', '빨갱이를 잡기 전에는 데모대원을 빨갱이로 몰지 말 것', '경찰은 학생을 증오의 대상으로 생각지 말 것' 등이었다.[68]

4월 28일 전주에서 전라북도 내무국장, 문교사회국장, 경찰국장, 향토사단 부사단장 등이 수습 방안을 논의하는 자리에 학생 대표가 참여했다.[69] 또 4월혁명에 참여했던 고등학생은 여명동지회를 조직해 시내 청소, 모금, 봉사 활동 등을 하고 추모 문학 행사, 시화전 등을 개최했다.[70] 부산에서는 대학생과 함께 관내 파출소와 경찰서에 배치되어 교통질서 준수와 파괴 행위 방지에 힘을 보탰다. 또 파손된 관공서와 거리를 청소하고 치안 유지 활동을 했다.[71] 이는 '혁명의 급진성'을 순화하는 것이기도 했다.

〈그림 82〉 4·26 후 거리를 청소하는 학생들(민주화운동기념사업회,《4월혁명 사료총집 8: 사진기록》,
2010)

시국 관련 좌담회에도 참여했다. 1960년 10월 26일 경남공업고등
학교에서 여러 학교 학생이 함께 모여 좌담회를 개최해 시위 과정을
돌아보고 토론했다.[72] 또 언론사 주최 시사 좌담회에도 참석해 정국
방안을 논의했다. 1960년 5월 3일 잡지《사상계》에서 주최한 좌담회
에 대학생 열한 명과 고등학생 두 명이 참석해 정치사회 전반에 대해
토론을 했다. '자유민주주의적 부르주아 혁명 과정으로서 그치느냐
또는 경제사회 면에서 좀 더 심각한 변혁을 이룰 수 있느냐' 하는 4월
혁명의 성격을 묻는 심오한 대화도 오갔다.[73] 대학생이 발언을 주도했

지만 묵직한 주제에 고등학생도 답변을 피하지 않았다.

학생은 3차 개헌 뒤 새로 치르는 7·29총선에 큰 관심을 보였다. 옛 자유당 출신 인물이 출마한 경우 '반혁명 세력'을 용납할 수 없다고 거세게 반대 운동을 했다. 7월 19일 예산농업고등학교 학생 300명과 예산중학교 학생 500명은 시내를 다니며 "반혁명 세력 물러가라", "기성 정치인은 반성하라" 등의 구호를 외쳤다. 또 천안시내 남녀 중고생 1500명은 "사퇴하라, 한희석! 사퇴하라, 김종철!", "부정 원흉들에게 〈보안법〉을 적용하라" 등을 외치며 예산까지 행진했다.[74] 삼천포중고생은 일부 시민과 함께 독재 잔재 세력을 규탄하는 데모를 했다. 창녕에서는 유학생연합회 주최로 4월 19일 서울에서 사망한 창녕군 출신 서울상업고등학교 학생의 위령제를 지낸 뒤 자유당계 정치인의 출마를 규탄했다. 고성중고등학교 학생 100여 명도 시위대의 선두에서 반혁명 세력 규탄 데모를 했다. 울산농림고등학교 학생 70여 명은 지역 중고생의 호응을 얻어 반혁명 세력이 입후보한 지역에 원정 가서 지프차에 마이크를 달고 규탄 방송을 했다.[75]

일부 민주당 정치인은 학생을 찾아가 '혁명 영웅'으로 추켜세운 뒤 정치 선전에 나서줄 것을 요청했다. 제1야당이었던 민주당은 이승만 하야 뒤 학생의 피의 대가에 무임승차해 정국의 주도권을 잡았다. 7·29총선에서 민주당의 압도적인 승리가 예상됐지만, 각 지역에서 무소속으로 나온 옛 자유당 인사나 혁신계 정치인과 대결해야 했다. 이들은 시위를 주도했던 고등학생을 선거 홍보에 활용했다.

이렇게 정권이 무정부상태가 되는 거 아니에요? 4월 26일 이후는. 아무도 없는 거예요. 그러니 뭐 대통령도 없죠, 부통령도 없죠. 아무 국회의원도 없고, 아무것도 없는 이런 상태에서 이제 4·19를 성공한 사람은 학생인데, 광주는 우리가 했단 말이죠. 야당 했던 분들이 우리한테 찾아오는 거예요. 그래가지고 매일 라디오 방송에 가서 좌담회하고, 어떻게 혁명을 했고 어떻게, 뭐 경위가 어떻고, 이런 데에 가서 시간 보내고. – 조철희

나가서 토론도 하고, 라지오도 하고(라디오 출연), 이런 식으로 시간을 보내고. 그 사람들은, 야당 사람들 와가지고 자기 세상 된 거예요. 자유당은 안 되는 거니까. "뭘 줄거냐, 너희들한테?" 주고 싶지. 우리가 무슨 국회의원을 나온 것도 아니었죠. 연령도 되지 않지만은. 정치를 한 것도 아니고. 그러나 엄청나게 그 사람들은 행운을 갖다 준 거니까. "돈을 줄거냐?", "장학금을 줄거냐?", "책을 사줄거냐?" 우리가 뭐 그런 걸 바라고 한 것도 아니야. 인제 그 5월 달에 선거가 확정이 돼가지고 7월 29일 날 국회의원선거를 하게 됐는데, 7·29선거. 그런데 우리는 그때 그 정치판에 가서 뭐 얘기를 하는 거예요. 4·19 주역으로서. 찬조 연설도 하게 되고 말야.

일부 학생은 정치권의 반혁명 움직임에 제동을 걸었다. 1960년 10월 8일 '부정선거 원흉'에 관대한 판결이 내려지자 부상 학생은 의사당 안으로 들어가 혁명입법을 태만히 한 국회를 규탄했다. 대학생이 중심이 됐지만 시위에 고등학생도 참여했다. 한 신문은 이를 두고 "헌

〈그림 83〉 제2공화국 수립 경축 행사에 참여한 여고생(국가기록원 소장)

정사상 초유의 의사당 점거 사건은 4월혁명의 미온적인 수습에 대한
분격이 최고조에 달했음을 표시하는 세계적 사건"이라고 평했다.

이날 의장석에 몰려든 학생들은 옷가슴을 풀어헤치고 가슴을 치면서 만세
를 부르더니 의석을 향하여 이렇게 비통한 외침을 계속했다. "당신들이 총
칼 앞에 겁이 나 벌벌 떨고 있을 때 우리는 맨주먹으로 싸웠다, 피를 흘렸
다. 그리고 무수한 우리 학우는 조국의 민주주의를 염두하면서 죽어갔다!"
"당신들은 무엇 하러 이곳에 나와 앉았느냐! 혁명 있은 지 반년이 넘었는

데 그동안 당신들이 한 게 무엇이 있느냐!" (…) 약 25분간을 의사당 내에서 고함과 울부짖음을 터뜨리던 학생들은 의장단과의 협의를 조건으로 11시 50분경 의사당을 철수하여 밖으로 나갔다. 이때 국회 앞 태평로 거리에는 정복正服 정모正帽를 쓴 중·고등학생들이 묵묵히 연좌데모를 계속했고 수많은 남녀 시민들이 몰려들고 있었는데.[76]

또 장면 정권이 통일운동을 주도하는 세력을 탄압하려고 〈반공법〉과 〈데모규제법〉을 추진했는데, 일부 중고생은 대학생과 행동을 같이하며 반대운동에 나섰다. 부산에서는 대학생 중심의 반민주악법반대 경남학생공동투쟁위원회에 참여해 악법 반대 시위를 했다. 1961년 3월 23일과 4월 13일 악법반대성토대회에 수천 명의 고등학생이 참여했다. 3월 23일에는 경남상업고등학교 학생이 야간 시위를 벌였으며, 24일에는 부산상업고등학교 전교생 1000여 명이 지프차를 타고 "4월혁명 재판再版 전에 장 정권은 각성하라"라는 플래카드를 들고 "2대 악법 철회하고 빵 문제나 해결하라"라는 구호를 외치며 데모를 했다.[77] 학생이 정치에 관여하는 모습을 일부에서 '영웅심'의 발로라고 우려했다.

이미 2·28에 이어 4·19혁명이 완수되어 제2공화국이 세워진 이 땅에서 과거의 영웅심을 일소하고 새 나라를 건설하고 발전시키는 데 기여할 수 있는 마음으로 무장되어야 한다. 영웅심은 필요할 때 발휘해야만 영웅이

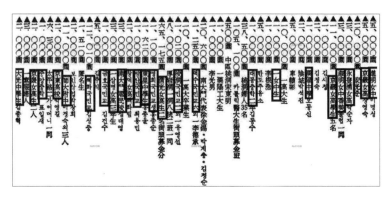

〈그림 84〉 시위희생자 위문금 기탁자 중 학생 명단(《동아일보》 1960년 4월 24일)

〈그림 85〉 모금활동을 하는 '소녀모금대' (민주화운동기념사업회, 《4월혁명 사료총집 8: 사진기록》, 2010)

되는 것이지, 결코 필요 없을 때 나타내면 도리어 이로 인해서 자멸을 자초하게 된다. 그러니 너 나 할 것 없이 냉정한 양식으로 돌아가 맡은 바 일에 매진할 것뿐이다.[78]

수습 국면에서 또 하나 주목할 점은 학생이 적극적으로 혁명을 기념하고 추도했다는 사실이다. '학생의거'를 기념하기 위해 교내 백일장을 개최하거나 기념비를 건립하는 행사가 많았다. 경기고등학교 학생회는 희생자 네 명을 기억하고 추도하기로 결의한 뒤 1960년 7월 29일 본관 옆에서 '4·19의거학생기념비'를 착공했다.[79]

부상자를 위문하는 데 학생이 적극 나선 것도 독특한 문화 현상이다. '따뜻한 동지애'라는 신문 기사 제목이 말해주듯 이는 강한 연대의식의 표출이었다. 학생은 시내 병원에 입원한 환자를 찾아가 위문하고 위로금과 과자 등 위문품을 전달했다.[80] 또 거리를 돌아다니며 위문금을 모집했고 신문사가 주최한 위문금 모금에 적극 동참했다. 시위 참여자를 위한 위문금과 위문품 모집 상황을 보면 초·중·고생의 참여가 가장 두드러졌다.

'부상자실태조사서'는 가족 외에도 부상자 간호를 돕거나 위로 방문을 했던 사람이 적지 않았음을 보여준다. 위문객은 대학생, 중고생, 일반 시민이었는데, 고등학생 방문객은 환자마다 수십 명에 달했다. 부상자가 많이 입원한 대형 병원에는 위문객이 줄을 서는 풍경도 벌어졌다. 어느 여학생은 아는 친척이라도 있느냐는 기자의 질문에 "아는 이는 없으나 위문은 해야지요"라며 위문을 하는 것이 당연하다는 태도를 보였다.[81] 전혀 모르는 사람이지만 부상자는 타인이 아니었다. 특히 시위 경험이 있는 학생은 자신이 그 처지가 됐을 수도 있다는 생각에 아픈 이에 더 공감했다.

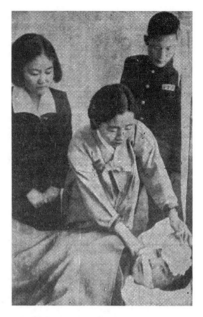

〈그림 86〉 부상자를 위문하는
학생들(《동아일보》 1960년 4월 24일)

어린 학생 환자에게는 위문객이 더 모여들었다. 한 중학생 부상자에게 고등학생 300명이 다녀갔다.[82] 학생은 위문단을 조직해 가족이 옆에서 돌봐줄 형편이 못 되거나 보호자가 없는 부상자를 돌아가면서 간호했다. '부고 위문단'의 간호를 받았던 대학생 부상자는 대학생 약 120명, 사회인 약 50명, 고등학생 약 200명이 다녀갔다고 했다.[83] 어떤 부상자는 "학생들의 간호에 나는 탄복했음. 가슴엔 눈물이 감돌고 있다"고 소감을 밝혔다. 다친 학생조차 "내가 부상당하여 다른 사람에게 위문을 못 가서 매우 섭섭하다"라고 했다.[84]

부상자 위문과 간호는 4월 19일 이후 시작되어 5~6월에 절정을 이루었다. 위문 활동은 '혁명의 주체이자 피해자'인 부상자에 대한 공감에서 비롯됐다. 전국적으로 널리 확산된 위문문화는 대통령이 하야한 뒤에도 피해를 가시화함으로써 지속적으로 권력의 폭력성을 환기했다. 이는 '탈정치적 위로'가 아니라 문화적인 정치 행위였다.

비리 교장 퇴진하라, 학내 민주화운동

4월혁명의 여파로 각 학교에서 학도호국단이 해체되고 새로운 학생 조직이 탄생했다. 1960년 5월 3일 국무회의는 학도호국단의 해체를 결의했다. 이에 전국 학교에서 학도호국단을 해체하고 학생자치회를 조직했다. 학도호국단 간부 선임이 임명 방식이었던 것과 달리, 자치회는 직접선거로 대표를 선출했다. 4월혁명 과정에서 시위를 주도했던 학생이 새로 학생회장에 선출되는 일이 많았다.[85]

경기고등학교는 5월 3일 사태 수습을 위한 학생회 모임을 가졌다. 학생 대표는 그동안 학생회가 학도호국단 산하에 있어 4·19에서 지도 역할을 하지 못했다며 즉시 해산할 것을 결의했다. 그 뒤 학생에게 신임받는 새 대의원으로 자치단체를 구성했다.[86]

4·26 뒤 정국 수습 국면에서 전국 중·고등학교는 학내 민주화운동을 전개했다. '반민주 교직자 축출운동'을 벌여 교장과 교사의 퇴진을 요구했다. 이것은 일부 지역에 국한된 것이 아니라 전국적인 현상이었다.[87] 학생 입장에서 볼 때 일부 교장과 교감, 교사는 이승만 독재

체제를 지탱해온 반민주 세력이었다. 실제 3·15선거 때 정부는 각 학교에 지침을 보내 선거운동에 교사를 동원했다. 당시 교사의 구술은 이를 잘 보여준다.

그해 3월 초순에 모든 학교로 지침이 내려왔습니다. 자기가 담임하는 학생 부모를 만나서 자유당이면 동그라미를 하고 민주당이면 가위표를 해서 써 내라는 명령이었습니다. 가정방문을 마치고 전 직원이 교장실에 모였습니다. 교장실에 가니, 교감이 교장 자리에 앉아서 그동안 가정방문을 어떻게 진행했냐고 물었지요.[88]

반민주 교직자 축출운동은 학생이 교장과 교사의 선거 개입에 책임을 묻는 행위였다. 4월 시위 때 이를 막은 교사에 대한 반발도 거셌다. 학생뿐 아니라 교사 내부의 비판과 자성의 목소리도 높았다. 경기고등학교 교무회의는 시위 참여를 막았다는 이유로 교직원 71명의 연서로 김원규 교장의 사임을 요구했다. 새로 구성한 학생자치회도 이에 찬성했다. 새로 취임한 교장은 '강력한 권한의 자치회 인정'을 요구하는 학생의 요구를 수용하고 희생 학생을 위한 기념탑 건립을 약속했다.[89]

일부 학교는 비리 교장과 교사의 퇴진을 요구하며 동맹휴학을 감행했다.

학내 분위기라는 것은 이제 우리는 불행하게도 교장 축출운동을 했었어요. 이 학교에 60명의 그때 교사 분이 계셨는데, 거기에 일부 선생님들이 그것도 아주 유능한 선생님들이 제가 알기로는 "교장을 축출해야 된다. 저 교장 가지고는 광주고등학교가 명문으로서 유지할 수가 없다. 어용 교장으로서 정부 측에 가깝게 하면서 어떤 정치색을 가지겠냐?" 이래가지고 상당히 곤혹을, 학교가 교장을 몇 번 그분을 몰아내고, 몰아내고 또 다른 교장을 불러오고. 또 안 되겠고, 다른 교장을 불러오고. - 조철희

우리 3학년 때 4·19가 일어났었는데, 학교마다 선생님 내쫓는다고, 교장 선생님 내쫓는다고, 그게 유행처럼 돼버렸어요, 전국적으로. 그래가지고 그냥 시작하면 교장선생님 나가라야, 데모가. 4·19 후에 여파로 학생들 데모가 굉장히 심했어요. 그래가지고 그게 우리 수원여고에도 온 거예요. (…) 이 선생님이 뭐 부정이 있었다는 둥, 이런 식으로 뭐 해가지고 우리가 데모를 한 거예요. 일주일 동안 학교를 안 나간 거예요. 그때만 해도 학도 호국단의 선배들 말이라면 애들 다 들었거든. 그래가지고 우리가 "나오지 말아라!" 그랬더니, 전교생이 다 안 나온 거야, 일주일을. 그래가지고 선생님들이 우리들 잡으러 다니는 거야. 아이고. 그때 괴롭고, 일주일 동안 막, 그 고민은 말도 못 하지. - 차재연

학내 민주화운동은 학교 설립 반대, 교장 전임 반대 등으로 확산됐다. 1961년 4월 23일 인천 제물포고등학교와 인천중학교 학생 2000

여 명은 교실에서 철야농성을 했다. 문교부가 학교 발전에 공헌한 교장을 다른 학교로 전임할 것이라는 소식에 불만을 터트린 것이다. 학생은 문교부가 이를 취소할 때까지 함께 행동하기로 결의했다. 1961년 봄 부산고등학교 학생은 친일파이자 자유당 관련자를 교장으로 발령한 것에 반발해 경남도지사를 찾아가 결의 사항을 전달했다. 자신들의 의견이 관철되지 않자 동맹휴학을 단행하고 전교생이 단식농성을 해서 결국 교장 지명을 철회하게 만들었다.[90]

학내 민주화운동은 교사의 적극적인 참여가 있었기에 가능했다. 1960년 4월 29일과 30일 인천고등학교 교사 40여 명이 학교가 4월 혁명을 제지하여 학교의 명예와 교원의 위신을 손상했다는 이유로 교장의 사퇴를 요구했다.[91]

이러한 분위기는 대한교원노동조합연합회(나중에 한국교원노동조합총연합회로 개칭) 결성과 맞물려 전개됐다. 1960년 5월 22일 서울대학교 운동장에서 교원노조가 결성식을 치렀다. 전국 조직을 갖춘 노조에 20퍼센트가 넘는 교사가 참여했다. 교사는 학교에 만연한 부정부패를 막기 위해 교원노조가 필요하다고 생각했다. 교장이 교사에게 가정방문을 시켜 학생 가정의 정치 동향을 파악하게 하거나, 중간 수수료를 받은 참고서를 담임에게 배당해 학생에게 강매하는 등 비리를 노조를 통해 막겠다고 다짐했다.[92] 학생은 이에 동조하여 교원노조를 지지하는 단체행동을 서슴지 않았다.

학교 교실에서 하룻밤을 굶었습니다. 지지한다고. 왜 지지했느냐? 선생님들에게 힘을 실어주기 위해서. 왜냐하면 어용 교사가 더 이상 안 생기도록 하려면은. 선생님들이 바른 마음으로 학생들한테 지도할 수 있도록 그렇게 하겠다는데 우리가 선생님 뜻을 받들어야 할 것 아니냐. 그런데 그때나 지금이나 교육행정 쪽에서는 못하게 하고, 선생님들은 하겠다 그러고. 이게 밀고 땡기고 할 때인데 전국에서 드물게 우리는 학생들이, 친구들이 전부 다 지지하는 단식을 하자, 이래가지고 했습니다. - 홍성태

경북 교원노조는 간부에 대한 부당한 인사발령과 국회의 노동법개정안 제출에 항의하기 위해 1960년 9월 26일부터 단식투쟁을 전개했다. 경북고등학교와 경북여자고등학교 학생도 동조 단식을 했다. 그 반면 학부모는 항의 글을 신문에 게재했다. "학부형은 학원을 문란케 하는 교원노조는 반대한다", "학생들이여, 국가 백년대계를 짊어진 학생들이여, 감정을 억제하고 이성으로 돌아가라. 단식농성을 철폐하라", "단식 중인 학생들이여, 자녀를 사랑하는 부모의 심정을 알아다오" 등을 주장하며 농성을 풀 것을 요구했다.[93]

이상에서 살펴본 것처럼, 학생은 혁명의 수습 국면에 학교로 돌아가 '혁명적 실천'을 이어갔다. 대통령이 물러났지만 그에 만족하지 않았다. 학교의 민주화를 위한 요구는 '반이승만'적인 것부터 교육 주체의 의사를 무시하는 비민주적 절차를 개혁하려는 것까지 다양하게 나타났다. 친정부 교장과 교사 축출은 학내 민주주의 질서 수립과 관련

된 문제였기에 양자는 분리되지 않았다. 이는 정치에 대한 문제 제기이면서 동시에 일상에 대한 문제 제기였다. 통제와 규율에 익숙했던 학생이 일상의 정치성을 제기한 것은 4월혁명의 장이 거리에 국한되지 않았음을 보여준다.

3

10대의 정치와 일상,
10대의 혁명과 감성

일상을 포획한 정치, 정치를 횡단한 일상

그것은(4·19) 처음엔 투쟁과 승리를 그들에게 보다 많이 의미했습니다. 그러나 그들은 그 4·19를 지내고 나서도 근원적인 문제, 즉 최종적인 것의 최종적인 쟁취는 이루어지지 않은 채 또 다른 선택 앞에 서게 된 것을 발견했던 것입니다. 그 최종적인 것이 획득되지 않은 한 미완의 투쟁과 승리는 의미를 잃어버립니다. 결국 4·19는 그들에게 정세의 급변 이상의 의미를 지니지 못하게 되어버렸고, 그것은 이들에게 보다 신중하고 재치 있는 선택을 생각하게 했거나 적어도 새로운 선택을 생각하도록 요구했습니다.[94]

'4·19는 실패'라는 함석헌의 단언처럼, 4월혁명은 '최종적인 것의 최종적인 쟁취'를 하지 못했다. 하지만 그렇다고 해서 '정세의 급변 이상의 의미를 지니지 못했던' 것은 아니다. 흔히 4월혁명은 민주당 정권의 반혁명적 태도로 퇴색되고 5·16군사쿠데타로 좌절된 것으로 인식되지만, 이런 결과가 그 모든 의미를 집어삼키는 것은 바람직하지 않다. 수많은 학생이 목숨을 걸고 위험천만한 거리로 쏟아져 나왔던 것을 좀 더 풍부하게 설명할 필요가 있다. 학생은 투표권이 없는데도 왜 그렇게 정치적이고 결사적이었을까? 10대 학생에게 정치는 무엇이고, 그것은 일상과 어떻게 연결돼 있었을까?

학생에게 정치와 일상이 만나는 접점은 학교다. 학교는 국가와 가정을 연결하는 일상적이면서도 정치적인 공간이다. 흔히 학교를 탈정치적 곳이라고 생각하기 쉽지만, 학교는 국민을 교육하고 형성하는 '이데올로기적 국가기구'다. 그렇기 때문에 학생의 정치의식과 정치 감각은 학교에서 행해진 정치 행사와 무관하지 않다.

관제 데모와 학도호국단 활동은 정권 유지와 '체제 수호'를 위한 가장 정치적인 행사였다. 앞서 살펴본 것처럼, 이승만 정권은 학도호국단과 관제 데모 등 각종 정치동원을 통해 학생을 정부 정책과 정치 선전의 하위 수행자로 만들고자 했다. 이런 환경에서 학생은 그에 대한 동의 여부를 떠나 '정치 과잉'의 상황에 놓이게 됐다.

그런데 흥미로운 사실은 이것이 '의도하지 않은 비의도의 결과'를 낳았다는 점이다. 학생은 '2세 국민'으로서 권력에 순응하는 듯했지만 늘 충실한 수행자였던 것은 아니다. 학교의 정치 행사는 불의한 권력을 고스란히 느낄 수 있는 계기였다. 관제 데모가 계속되면서 불만이 누적됐고 어느 누구도 자유롭게 불만을 얘기하기 어려웠기에 저항심은 더 커졌다. 스튜어트 홀s. Hall의 표현을 빌리면, 이들은 주어진 현실을 '저항적으로 독해(oppositional reading)'했다.

> 워낙 (관제 데모가) 일상화되어 있으니까 아주 조소하는, '또 이 짓 하는구나'(라고 생각했죠.) (관제 데모에) 가도 그냥 욕지거리 비슷하니, 불만이 논리를 가지고 표출하는 게 아니고 희화화되거나, 안 그러면 욕설 비슷하게 나오는 거, 그런 정도의 불만이지. 격렬하게 이게 잘못됐다, 이게 잘됐다, 이런 토론을 하는 건 아닙니다. 왜냐하면 어른들 사회에서 이미 그런 비판이 봉쇄되어 있는 시대니까. 아이들도 다 눈치는 있잖아요? 함부로 말은 안 하는 거죠. '기분이 나쁘다, 인마들 나쁜 놈이다', 이런 생각을 가지고 그런 식으로 표출하는 거지. - 홍성태

각종 관제 데모에 학생을 동원한 정부가 부정선거를 반대하며 거리로 몰려나온 학생에게 '학생은 정치에 간섭하지 말라'고 한 것은 도무지 이해할 수 없는 처사였다.[95] 학생이 격분한 것은 당연했다.

일상에서 느낀 반감은 저항의 화살을 반대로 돌렸다. "2·28이란 게 관제 데모에서 배워가지고 그게 자발적인 데모가 된 거"(홍성태)라는 회고는 동원 정치의 아이러니를 담고 있다. "4월혁명은 바로 독재

정권에 의해 그들의 이익을 위해 이용된 것을 그 데모에 의해 성취한 것"이라고 평한 것도[96] 동일한 맥락이다.

학도호국단이 학교 간부를 모아 정기적으로 훈련을 시켰던 것이 학교 간 네트워크의 토대가 됐다는 점도 흥미롭다. 학도호국단은 학생 통제 조직이었지만 4월혁명에서 연합 시위를 가능하게 한 조직적 기반이 되었다는 사실을 부인할 수 없다. 학생 간부는 타교생과 함께 시위 모의를 할 때 학도호국단 네트워크를 활용했다. 이런 이유로 시위를 주도했던 학생 가운데 학도호국단 간부가 가장 많았다.

> 저는 사실은 학도호국단 쪽이었고, 어떻게 보면은. 학도호국단 활동을 했기 때문에 정부 쪽에 가차웠는데(가까웠는데), 전혀 다른 쪽(정부를 비판하는 쪽)에서 일을 하게 된 거죠. 그래서 (나를) 의심을 안 했지. 그러니까 기억이 나는 건, 4·19 때 딱 끌구, 학생들을 끌구 쫙- 교문으로 가니까 그 선생님들이 "조철희! 너마저 그러냐?"고. (웃음) 내가 그럴 때 참 얼굴 빨개질 정도로 (무안했어요). - 조철희

학생의 정치의식은 학생의 위치성(positionality)과도 깊은 관련이 있다. 국가와 사회가 학생에게 어떤 역할을 부여하고 어떻게 사회화했는지는 학생의 정치의식과 자기 인식(self-perception)에 영향을 미쳤다. 근대국민국가 프로젝트에서 아동은 2세 국민으로서 '미래적 존재'였다. 해방 후 아동과 학생은 새 나라를 건설하는 주체로 호명됐

다. "우리가 생존한다 함은 그 누구를 위함도 아니요, 나 자신, 더 나아가서는 내 민족의 번영을 위해서 생존해 있는 것"이라는 주장처럼,[97] 개인의 생존 이유를 민족의 번영에서 찾는 일이 많았다. 학교에서 공부하는 것조차 개인의 발전이 아니라 국가 건설과 민족 번영을 위한 사명으로 이야기됐다. 이는 "애국애족을 온몸으로 뜨겁게 실천하는"[98] 주체를 탄생시켰다. 이들에게 자신과 주변의 현실은 국가와 민족의 현실로 치환됐다.

이 나라가 과연, 못사는 이런 가난하고 좌절된 이런 나라, 분단된 나라, 이게 과연 제대로 된 나라로서 먹고살고 제대로 사람답게 바른 말도 하고 이런 인간으로서 품격을 지닐 수 있는 그런 나라가 과연 되겠느냐? 어떻게 하면 그런 나라 만들 것인가? 우리는 커서 당최 어떤 일을 해야 제대로 될 건가? 그런 걸 많이 (학교 친구들과) 얘기했죠. - 홍성태

대지에 엎드려 귀와 가슴을 대어보라! 진정 그들의 외침이 무엇인가를 알 것이다. 진정으로 현하 내 조국 대한민국이 외치는 애원이 무엇인가를 똑똑히 들을 수 있을 것이다. 밭에는 일꾼을 달라! 산에는 나무를 달라! 거리에는 건물을 달라! 아내를 달라! 남편을 달라! 실로 헤아릴 수도 없는 목 타는 피의 외침이 가슴에 벅차게 들려오고 있다. 오늘 이와 같은 내 조국의 비탄과 호소의 번민 속에서 오직 이 중대한 부름에 호응할 자는 과연 누굴까?[99]

이 주체는 개인의 운명보다 조국의 운명을, 개인적 소망보다 국가와 민족에 대한 사명감을 우선시했다. 이렇게 막대한 임무를 짊어진 학생은 조국의 현실이 정상 궤도를 이탈하는 것을 방관할 수 없었다.

부정과 불의의 불순한 환경 속에서 자라나는 이 나라의 제2세 학도들은 기성세대들의 일거수일투족을 주시했던 것이다. 그러나 주시하면 할수록 시원한 구석은 보이지 아니하고 조국의 운명은 나날이 암담해 가고만 있었던 것이다. 이러는 동안 감수성이 많고 현실에 예민한 '틴에이저'의 우리 고등학생들로서 반항 의식은 더욱 강렬하게 끓어올랐던 것이며, 기성 정객들의 거취 및 그날그날의 정치 현상에 어느 누구보다도 관심이 컸으며 또한 우리의 사회 환경은 우리 젊은이로 하여금 정치에 관심을 가지게끔 만들었던 것이다.[100]

나는 학교에서 옳은 것을 배우는 학생이다. 투표일에 내가 듣고 본 것은 너무나 부정이었으며 진리와는 거리가 먼 것이었다. 이렇게까지 국민의 주관이 무시되고 이 무슨 민주주의라 할 수 있는가. 나는 분연 데모에 참가해서 민주주의를 외쳤다.[101]

학생이 부조리한 현실을 알고 듣고 인식할 수 있었던 것은 당시 신문과 잡지 덕분이었다. 특히 반정부적이라 알려진 《대구매일신문》이나 일부 야당 성향 신문 그리고 잡지 《사상계》는 비판의식과 정치의식을 높였다. 함석헌과 장준하는 가장 인기 있는 필자였다. 학내외 서클에 참여한 학생은 잡지를 교과서 삼아 서로 돌려보고 토론을 했다.

때로 학생의 토론과 고민은 깊은 데까지 나아갔다. 국내 정치 현실뿐 아니라 한반도에 미치는 미국의 영향력에 회의를 품기도 했다. 문예반 친구와 많은 책을 읽고 《사상계》나 반정부 성향의 지역 신문을 자주 보았던 한 학생은 "미국의 정의가 반드시 세계의 정의가 아니라"고 생각했다. 이를 반미주의로 보기는 어렵지만 학생의 다양한 인식과 고민의 깊이를 보여준다는 점에서 흥미롭다.

내가 고등학교 때 무슨 특별한 반미감정이라든지 이런 건 있었는 건 아닌데. 그때부터 사회관이 싹트는 건 틀림없는 겁니다. 우리 집안이 몰락해가지고 이렇게 살아가고 있는 거, 그다음에 이 사회가 형편없이 그 당시에 어려워졌는데 이런 절망적인 상황이 과연 극복이 될 건가? 내가 이 학교를 공부해서 나오면 희망을, 과연 나를 포함해가지고 우리 어려운 사람들, 우리 국가에 희망을 줄 수 있는 사람이 될 건가? 이런 생각을 굉장히 많이 했죠. (그런 생각을) 많이 하면서 **미국이란 나라가 반드시 고마운 나라만은 아니다. 그리고 미국의 정의가 반드시 세계의 정의가 아니라는 것을 그때 많이 생각했죠.** - 홍성태

그때는 학교에 다니면서 이런저런 독서도 하고 신문도 읽어보면서 미국이 우리를 도와주는 것이, 전쟁에서 물론 도와준 것은 사실이지마는, 그러나

우리가 2차 대전에 미국이 승리했으면서도 일본은 온전한 독립 나라가 되고 우리는 분단국가가 돼가지고, 이런 것들이 이론적으로 내가 분명하게는 다 설명은 못해도 뭔가 미국이 석연치 않은 문제들(을 가지고 있다고) 생각을 하고 있었죠. 우리가 그 당시에는 친구들끼리 토론도 많이 하고 그랬습니다.

관제 데모에 대한 반감, 학생의 정치사회적 위치, 독서와 서클활동 등을 통해 학생은 민주주의가 무엇인지 고민했고 정치의식을 키웠다. 이들은 때로 정치권력이 의도한 대로 규범을 내면화했지만 때로는 권력의 의도를 비켜갔다.

학생의 정치의식에 대해 다른 접근도 가능하다. 정부에 대한 반감은 강압적인 동원 체제뿐 아니라 일상에 편재한 소문과 웃기는 농담에 의해서도 고양되었다. 가정에서 어른이 쏘군대는 반정부적 푸념, 비판, 농담 등도 학생의 정치의식에 영향을 미쳤다고 볼 수 있다.

해방 후 학생은 좌우 이데올로기 대립과 국대안반대운동, 9월총파업, 10월항쟁, 단독정부수립반대운동, 4·3항쟁, 한국전쟁 등 정치적 격변기를 고스란히 겪었다. 물론 4월혁명기 중고생은 해방 직후의 정치 사건을 직접 경험하진 않았지만, 부모나 친지의 이야기를 통해 간접적으로 체험했다. 학생은 집에서 어른들이 정치 현실을 비판하는 이야기를 심심찮게 들었다.

그 당시에는 (집안에서) 어른들이 굉장히 정치적인 토의를 많이 했습니다. 많이 했는데, 늘상 조심하죠, 찍힐까 싶어서. 조심하는데, 보면은 그런(반정부적인) 의식을 많이 가지고 있고, 특히 그게 나중에 우리가 깨달은 거지만, 대구 쪽 정서가 특히 더 심했다는 걸 알고 있죠. - 홍성태

일찍이 학생운동 세대와 부모 세대의 관련성이 논의된 바 있다. 1960년대 미국의 학생운동 세대는 대공황과 파시즘 투쟁을 거친 부모 세대의 정치 성향에 영향을 받았다고 한다. 한국의 1960년대 학생운동 주도자 가운데서도 부모가 월북하거나 좌익이었던 사례가 있다.[102] 그 관련성을 엄밀히 실증하기는 어렵지만 가능성은 추측해볼 수 있다.

일상적으로 부모가 내뱉는 정부에 대한 비판, 푸념, 조롱, 무언의 행동 등을 통해 학생은 부모와 정치의식을 공유했을 것으로 보인다. 2·28학생시위가 일어난 대구는 1956년 정·부통령선거에서 이승만이 진보당 대통령 후보 조봉암에게 참패한 곳으로 '한국의 모스크바'로 불렸던 곳이다. 이런 점을 고려해 보면, 부모 세대의 정치의식과 학생의 그것이 무관하다고 할 수 없다.

가정에서 부모형제에게 들은 이야기는 교실로 이어졌다. 출처가 불분명한 소문도 곳곳에 떠돌았다. 학생은 신문을 보거나 주변에서 들은 이야기를 학교에서 친구와 공유했다. 교실에서 교환되고 부풀려진 소문은 '4·19의 징조'였다.

소문은 그 어떤 대중매체보다 빠르고 파급력이 컸다. 정치 소문을 금지하는 정부의 통제에도 불구하고, '소문의 시학'이 학생 사이에서 발휘하는 힘은 컸다.[103] 시위를 주동한 학생이나 엘리트 학생은 대부분 책과 잡지, 신문 등을 읽으며 정치의식을 형성했지만, 나머지 학생은 주로 소문을 통해 세상 소식을 접했다. 일반 학생에게는 논리적인 글이나 신문 기사보다 드라마적 요소로 가득한 소문이, 의미가 고정된 정갈한 글보다 종잡을 수 없이 떠도는 말이 더 '현실감' 있게 다가왔다. 대구에서 학생이 일요 등교를 거부하며 시위를 했다는 사실도, 행방불명됐던 김주열이 어느 연못에 빠져 있을 것이라는 이야기도, 4월 19일 모 학교 학생이 벌써 거리로 나왔다는 소식도, 이기붕 일가의 최후도 모두 소문을 통해 들었다. 당시 분위기에 휩싸여 시위에 참여했던 한 여고생에게 4월혁명에 대한 기억은 처음부터 끝까지 주변 사람을 통해 귀로 들은 '소문'과 '말'로 가득했다.

친구들이 신문을 (보고 와서), 그런 얘기를 학교 와서 모두들 얘기를 (했지). **그 시대에 그냥 웅성웅성웅성 하는, 아침에 모이면 그런(정국에 대한) 얘기들을 하지 모두. 그러니까 4·19가 나기 전에 징조는 있었지.** - 김혜선

(다른 지역 학생들이 시위했다는 소문을) 들었지. 그때 당시는 다른 지역에서는 시위를 부산에서도 하고 마산에서도 일어나고 그랬다더라. 그럼 우리는, 광주는 지금 그때까지는 조용했었거든. 조용했었는데 어느 날, 그

4·19 날 아침에 애들이 교실에를 전부 안 들어가고 전~부 운동장으로 모인 거야.

(4월 19일에 운동장에 모이게 된 것은) 그날 하여튼 누가 소식을 들었든 거야. 이런 거를 주동하게 되면 무용반 애들이나 학교 학생회장이나 이런 3학년 애들이 먼저 주동을 하거든. (…) 인제 1, 2학년생들은 거기 따라만 가고. 그 4·19 날 아침에, 우리 옆에가 광주공고가 있었어, 공업고등학교. 공고가 있었는데 '공고에서 먼저 교문을 뛰쳐나갔다더라' 소식이 우리가 들은 거야. 그러면 '우리도 나가자' 이렇게 돼서 대문을 뛰쳐나간 건데, 달리다 보니까 내가 앞에 섰던 거야. (웃음) 막 소리치면서 나가다 보니까 내가 앞에 서 있어. 그니까 덜컥 겁이 나서 쪼금 속도를 줄이고 뒤쪽으로 빠져버린 거지.

광주고등학교도 멀고, 공고가 가까웠어. 그니까 공고가 먼저 나가고 광주여고가 나가고, 그다음에 전남여고가 아마 나갔을 거야. 우리가 두 번째로 나갔어. (두 번째로 나갔다는 것은) 다 소문에 알지, 소문에.

(학교에서) 이기붕 일가에 대해서, 그전에 아들이 총살이 있었잖아. 인제 그런 거에 대해서 말들이 있었지. '이기붕 집에선 겨울인데도 수박이 나왔다더라.' 그게 인제 허물이야. (웃음) 그런 게 철 아닌 음식이 있었고, 박마리아 여사가 이기붕을 부통령 자리에 올려놨다더라. 뭐 이런 식으로. 그런 말 하는 거지, 그런 말.

소문, 풍설, 유언비어는 사실과 다를지라도 어떤 일면의 진실을 내포하고 있다. 이것이 학생의 심리와 교실 분위기를 반영한다는 점에서 그렇다. 학생은 이를 생산하고 공감하고 공유하고 유통하고 확산시킴으로써 반이승만·반독재에 동참했다. 소문과 유언비어라는 '말'은 하나의 사회적 실천이자 행동이었다.

이상의 사실을 통해 볼 때, 학생이 민주주의를 배우고 학습한 공간을 학교로 한정하는 것은 매우 일면적이다. 학생은 (자유)민주주의의 원리와 사상을 교과서에서 원칙적으로 배웠지만, 민주주의가 오/작동하는 현실은 신문과 잡지를 통해 배웠다. 또 가정에서 부모와 친지가 은밀하게 흘리는 탄식과 농담을 통해 민주주의를 학습했고, 교실에서 친구와 주고받는 수다를 통해서도 그것을 감지했다. 학교, 가정, 대중매체는 학생이 민주주의를 '체험'하는 공간이었다.

이승만 정권은 학교를 통해 정치권력을 행사하며 학생의 일상에 깊이 개입했고 그들의 일상을 포획했다. 하지만 학생의 일상은 정치권력에 포획된 현실을 넘어섰다. 권력의 지배망에 한편으로 포섭되면서도 그것에서 벗어날 수 있었던 힘은 일상에서 수행한 문화적인 실천에 있었다. 정치 동원에 불만 표시하기, 국가의 학교통제 조직인 학도호국단을 학생 중심으로 재질서화 하기, 반정부 신문과 잡지 읽기, 권력을 조롱하는 소문을 소비하고 유포하기 등은 일상이 비일상-혁명으로 비약하는 문화적 힘이었다.

혁명을 촉발한 감성, 감성을 내장한 혁명

사회적 감정과 집단 심성의 차원에서 혁명을 이해해보면 어떨까? 그동안 4월혁명 연구는 주로 정치나 경제 구조를 분석해 그 원인을 규명하는 차원에서 이루어졌다. 여러 정치 이론을 도입한 분석은 혁명에 대한 합리적인 설명을 제공했고 혁명에 가담한 주체의 증언은 이를 더 풍부하게 했다. 이미 많은 성과가 축적된 만큼 다른 경로로 접근해보는 것도 혁명을 다층적으로 이해하는데 도움이 될 것이다.

니체는 "지금까지 실존에 색채를 부여한 모든 것은 아직도 역사를 갖고 있지 않다. (…) 어디에서 사랑과 탐욕과 질투와 양심과 경건함과 잔인함의 역사를 찾을 수 있을 것인가?"라며 감정의 역사가 부재함을 지적했다.[104] 흔히 인간의 감정은 자연적이고 초역사적인 것으로 이해되지만, 사실 그것은 사회역사적이고 문화적으로 구성된다.[105] 감정은 외부 자극에 대한 본능적이고 감각적인 반응이 아니라, 사회적 의미를 담는 일종의 '해석 활동'이기 때문에 문화론의 관심 대상으로 부상했다. 문화론에서 감정은 '비록 만질 수는 없지만 언어, 몸짓, 표정, 감각 등을 통해 구체적인 사회 환경에서 실행되거나 수행될 때 우리가 감지하는 것의 총체'로 정의된다. 감정은 개인과 공동체를 만들고 집단의 관행과 신념을 구성하므로 개인적인 동시에 집합적이다.[106]

문화학자 레이먼드 윌리엄스Raymond Williams는 '감정의 구조(structure of feeling)'라는 개념을 한 시대의 문화로 이해했다. 이는 모든 공동체에 심층적이고 광범위하게 퍼져 있는 것으로 의사소통이 의존하는 기반이다. 새로운 세대는 그 나름의 감정 구조를 가진다.[107] 그러면 4월혁명을 촉발한 학생 세대의 감정은 어떤 것이었을까?

학생의 감정 구조는 여러 힘이 작용한 결과로 보아야 할 것이다. 그런 점에서 국가가 국민의 감정을 통제하는 전략과 무관하지 않다. 국가권력이 권력의 효과를 극대화하고 통치력을 행사하기 위해 감정을 동원한 사례는 매우 많다. 히틀러Adolf Hitler의 대중동원 전략이 그러했고, 이승만의 반공주의 전략도 크게 다르지 않았다. 이들은 국가 이데올로기와 신념을 관철하기 위해 논리보다 감정과 심리에 호소했다. 이승만 정권의 반공주의는 국가가 감정을 동원하는 전략을 수립해 국민의 감수성을 규율하고 통제하려 했던 일종의 심리전(프로파간다)이자 감정 정치였다.[108] 애국심과 민족애는 반공주의와 마찬가지로 일상에서 작동하는 규율 감정으로 볼 수 있으며, 이는 학생의 집단 감정에 영향을 미쳤을 것이다.

아래로부터의 '대항 감정'도 때로는 이성적인 논리보다 대중의 신념을 강화하고 집단행동을 촉발한다. 하지만 눈으로 볼 수 없고 만질 수 없는 감정에 대해 논하는 것은 매우 어렵다. '대항 감정'은 더욱 그렇다. '실재'하지만 실체를 '증명'하기 불가능한 감정에 접근하기 위해 몇 가지 우회로를 선택해보자. 감정과 관련된 어휘 빈도와[109] 그에 대한 담화를 살펴보는 것이다.

먼저, 어휘 빈도를 통해 대중의 감정 상태를 살펴보자. 1945년부터

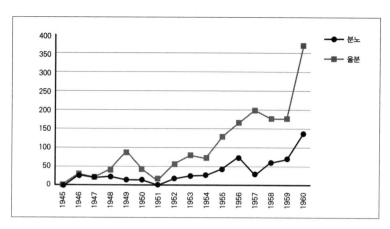

〈그림 87〉 '분노' 관련 어휘 수 변화(1945~1960)

1960년까지 《경향신문》과 《동아일보》 기사에 나타난 주요 감정 관련 어휘를 검색해보면 흥미로운 결과가 보인다.[110]

먼저 '울분'이나 '분노'와 같은 저항감을 읽어낼 수 있는 어휘의 변화가 눈에 띈다. '울분'은 1945년 4건, 전쟁이 발발한 해인 1950년 15건, 정·부통령선거가 있었던 1956년 73건이었는데, 1960년 135건으로 늘었고, 다시 1961년 51건으로 떨어졌다. '분노'는 1950년 43건, 1956년 165건 1957년 198건, 1958년 176건, 1959년 175건, 1960년 368건이었다. 1960년의 368건 중 '분노'와 '학생'이 연계된 기사는 단순 검색만으로도 119건이었다.

물론 이러한 분노 감정의 발원지가 학생만은 아니다. 신문에서 추출한 감정 관련 어휘에는 다른 변수가 개입될 여지가 있고 발화자도 다양하다. 다만 분노 감정 어휘가 4월혁명과 큰 관련이 있다는 사실만은 부정하기 어렵다. 이러한 저항적인 민심의 변화는 부정으로 얼룩진 선거의 투표 결과보다 더 많은 진실을 담고 있다. 이는 '실재하는' 대중 감정의 일면을 보여준다.

분노는 주로 인간이 옳다고 믿는 가치나 도덕률이 공격을 받을 때, 그리고 자신에게 모욕을 준 상대가 부당하다고 느낄 때 발생한다.[11] 이승만 정부의 부도덕성에 대한 반감과 분노는 학생이 거리로 나선 가장 중요한 배경이다. 자유당이 '깡패', '부정선거', '야당 탄압' 등의 상징이었던 만큼 그에 대한 도덕적 비판과 반감이 컸고 이는 저항으로 이어졌다. 그 도화선이 된 것은 역시 김주열이다. 김주열의 실종, 실종 기간 퍼진 루머, 수색, 시신 발견, 부검 등 일련의 과정에서 불신이 거듭됐고, 누구도 국회조사와 경찰 발표를 믿으려 하지 않았다. 이승만 정권 기간 내내 쌓였던 반감은 눈덩이처럼 불어났다. 부검 결과보다 눈으로 본 참혹한 시신이 더 많은 진실을 입증했다. 20여 일 동안 돌에 매달려 바다 속을 떠돌던 소년이 마산 앞바다에 떠올랐을 때 사회를 뒤덮었던 것은 이성적인 논리가 아니라 분노였다.

3월 15일 제1차 마산시위에서 중앙중학교 2학년 김용호를 비롯해 사망자가 발생한 사실이 알려졌지만, 사회적 분노가 걷잡을 수 없이 확산된 계기는 4월 11일 소문으로 떠돌던 김주열의 시신이 발견된 직후였다. 실종자 명단에 있던 그의 신원이 확인되자 대중의 격앙된 감정은 저항감으로 옮겨갔다. 폭력의 희생자가 '순수'를 상징하는

학생이라는 점이 대중의 분노
를 폭발시켰다. 무엇보다 시신
이 '익사자'의 모습이 아니라
타살에 의해 훼손된 상태였다
는 사실은 사람들을 더욱 흥분
하게 했다.

〈그림 88〉 마산 앞바다에 떠오른 김주열의
시신

'김주열'이란 소년이 행방불명
인 채 소식을 모르다가, 스무닷새 만에야 바다에서 시체로 끌어냈다. 그리
고 김 군의 눈엔 쇳덩이를 틀어박아, 그것이 뒷목덜미까지 뚫고 나왔다는
흉참지극凶慘至極한 모습이란, 소름이 끼칠 지경이다. 이것이 바로 제2, 제3
데모의 발단인 듯하다.[112]

그런데 집단 분노가 목숨까지 던질 각오로 연결됐던 것에 대해서
는 또 다른 설명이 필요하다. 당시 학생의 도덕적인 감정은 민주주의
를 '고귀함'의 반열에 올려놓은 것과 관련이 있어 보인다. 신문 기사
에서 관련 어휘를 추출해보면, '정의감'은 1945년 4건, 1956년 37건
이었는데, 1960년 69건으로 증가했고 1961년 38건으로 낮아졌다. 신
문 기사에서 '죽음보다 강한 정의감' 등의 제목이 눈에 띈다. '고귀함'
은 1945년 1건, 1950년 37건, 1956년 73건, 1960년 237건, 1961년
126건이었다. '민주주의를 위한 고귀한 피의 승리', '고귀한 민주 투

쟁', '고귀한 학생의 피' 등을 제목으로 한 기사가 많았다.

학생은 민주주의를 목숨을 걸고 지켜야 하는 것으로 배웠다. 민주주의를 위한 '죽을 각오'는 숭고하고 고귀한 행위이기에 기꺼이 선택할 수 있었다. 특히 민주주의는 학교에서 배운 근대 정치사상의 하나일 뿐만 아니라 최고로 '이상적인 가치'이기도 했다. 당시 "어떤 바람직하다고 생각하는 이상이나 가치에 대해 모두 민주주의라고 이해하고 민주주의를 이상화하는" 분위기가 팽배해 있었고, 여러 이질적인 가치가 민주주의로 수렴되는 일이 흔했다.[113] 이런 환경에서 학생은 민주주의를 다른 어떤 것으로도 대체 불가능한 최고의 가치로 여겼고 '피로써' 지켜야 하는 것으로 인식했다. 시위에 참여하기 전에 쓴 한 학생의 유서에서 이러한 정서가 엿보인다.

'민주주의를 지키기 위하여 우리는 목숨을 걸고 싸워야 한다.' 이 말은 우리들이 배우는 공민 교과서에 있는 한 구절이며, 너무나 귀에 못이 간 말이다.[114]

시간이 없는 관계로 어머님 뵙지 못하고 떠납니다. 끝까지 부정선거 데모로 싸우겠습니다. 지금 저의 모든 동무들 그리고 대한민국 모든 학생들은 우리나라 민주주의를 위하여 피 흘립니다. 어머님, 데모에 나간 저를 책하지 마시옵소서. 저는 아직 철없는 줄 압니다. 그러나 국가와 민족을 위한 길은 알고 있습니다. 저 고함소리 지금도 들립니다. 지금 저의 마음은 너무

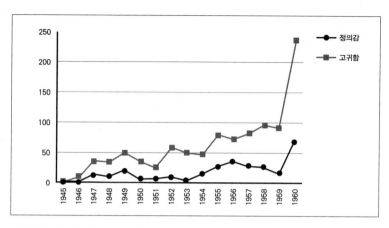

〈그림 89〉 '정의감' 관련 어휘 수 변화(1945~1960)

도 바쁩니다. 저의 모든 학우들, 죽음을 각오하고 나간 것입니다. 저는 생
명을 바쳐 싸우려고 합니다. 데모하다 죽어도 원이 없습니다. 어머님, 저를
사랑하시는 마음으로 무척 애통하게 생각하시겠지만, 온 겨레의 앞날과
민족의 해방을 위하여 기뻐해주세요.
이미 저의 마음은 거리로 나가 있습니다. 너무 조급해서 손이 잘 놀려지지
않는군요. 부디 몸 건강히 계세요. 거듭 말씀드리지만 저의 목숨은 이미 바
칠려고 하였습니다. 시간이 없는 관계상 이만 그치겠습니다. - 진영숙(한성여
중 2학년)[115]

이러한 분위기에서 민주주의는 정의와 등치되는 개념이었고 그 기
준이었다. 대구 2·28학생시위의 결의문은 이러한 정의감을 전면에

내걸었다.

백만 학도여, 피가 있거든 우리의 신성한 권리를 위하여 서슴지 말고 일어서라. 학도들의 붉은 피는 지금 이 순간에도 뛰놀고 있으며 정의에 배반되는 불의를 쳐부수기 위해서는 이 목숨이 다할 때까지 투쟁하는 것이 우리들의 기백이며 이러한 행위는 정의감에 입각한 이성의 호소인 것이다.[116]

언론에 보도된 학생의 모습은 "총 개머리판에 의한 구타에도 쉽게 굴하지 않는" 정의감 넘치는 투사의 모습이었으며, "순결무구한 가슴속의 피"가 끓는 존재였다. 4월혁명을 재현한 것에는 늘 정의감과 용감함이 핵심 표상으로 등장했다.

상식을 벗어나 기형성을 여지없이 노정하고 만 3·15정부통령선거전은 드디어 감수성이 빠르고 정의감에 불타는 청소년 학생들의 순결무구한 가슴속의 피를 끓게 하고야 만 것이다. 경찰의 제지를 무릅쓰고 물불 가리지 않으며 일어선 학생들의 용지勇志는 총 개머리판에 의한 구타에도 쉽게 굴하지 않았다. 오히려 이들 학생들의 반발은 투표일이 가까워옴에 따라 더욱 치열화해지고 있으며 갖가지의 선거 부정사건 발생에 울분을 참지 못하는 일반 유권자들의 분개심과 정비례하여 한층 백열화하여가는 듯한 느낌을 주고 있다.[117]

독재의 탄압과 부패된 정치에 반기를 든 젊은 거상들! 과연 그들은 용감했었다. 정의 앞에는 굴함이 없이 오직 초지일관하여 꿋꿋이 잘 싸웠다. 그 결과 우리 앞에는 제2공화국이란 새로운 체제가 형성되지 않았는가? 건설도 학생들이 이루어놓았다.[118]

한편, 학생이 표출한 정의감은 대학생을 포함한 기성세대가 비겁하다는 인식에서 비롯됐다. 이는 이승만 정권의 폭력과 불의에 대한 저항 감정이면서 동시에 기성세대의 비겁함에 반발해 형성된 감정이었다. 불의에 분노하는 정의감은 인간의 본성이기도 하지만, 그 당시 역사적 감정으로서 학생의 정의감은 이러한 맥락에서 형성된 것이다.

관청에서 일하는 우리 형님 아버지들은 모가지와 밥통이 겁이 나서 자유당의 하는 짓이 불의인 줄 번연히 알면서도 불의를 추종하지 않으면 안 될 얄궂은 운명에 가로놓여 있었던 것이다. (…) 이러한 부정과 불의의 불순한 환경 속에서 자라나는 이 나라의 제2세 학도들은 기성세대들의 일거수일투족을 주시했던 것이다. (…) 그리하여 고등학생들의 청신한 가슴속엔 한 가닥 조국을 위해 싸우려는 투지와 눈물겨운 민족의식을 콸콸 솟는 젊은 피와 더불어 고이고이 간직한 채 불의에 대한 무언의 반항 의사가 통일되어 있었고 불의에 반항 의식은 기성세대들의 캐캐 썩어 나자빠진 무리들 속에 끼어 극렬히 불꽃을 튀기며 자라나고 있었던 것이다.[119]

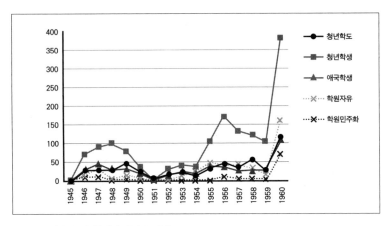

〈그림 90〉 '학생·학원' 관련 어휘 수 변화(1945~1960)

　4월혁명기 빈출 어휘를 보면, '청년'과 '학생' 관련 어휘가 눈에 띤다. 빈출도가 높은 것은 '청년'이었는데,[120] 각종 청년 단체가 난무했던 해방기보다 1960년에 더 많았다. 1945년 43건, 1946년 492건, 1947년 782건, 1948년 710건, 1949년 849건, 1950년 428건, 1951년 113건, 1952년 426건, 1953년 478건, 1954년 480건, 1955년 772건, 1956년 1027건, 1957년 890건, 1958년 1190건, 1959년 1088건, 1960년 1400건이었다.

　'청년 학생'은 1956년 170건이었지만 1960년 380건으로 두 배가 넘게 늘었다가 1961년 다시 185건으로 줄었다. '애국 학생'은 1948년 34건, 1956년 37건이던 것이 1960년 111건으로 늘었다. 또 '학원 자유'는 1955년 48건이었는데 1960년 160건이었고, '학원 민주화'는 이전 시기에 5건 내외였는데 1960년 70건으로 늘었다.

4월혁명기 학생과 청년 관련 어휘가 급증한 것은 물론 그들이 거리로 나온 것을 기사화했기 때문이지만, 그것은 상호적인 면이 있었다. 사회가 청년 학생, 청년 학도, 애국 학생을 호명하는 가운데 학생은 민주주의를 외치는 것이 자신들에게 부여된 국가사회적 책무를 다하는 길이라고 여겼다. 이는 학생의 분노와 정의라는 사회적 감정이 높아지는 계기로 작용했을 것이다.

많은 역사적 사건이 그렇지만 '4·19가 각별히 시적 순수성의 오라aura를 짙게 드리운다'는 지적은[121] 옳다. '시적인(poetic)' 것은 상징을 동원하기 때문에 시의 기표가 내세우는 것 이상으로 두꺼운 내포가 있다. 이 시기 학생의 '시적 순수성의 오라'를 읽어내기 위해서는 그것에 대한 '두꺼운 독해'가 필요하다. 하지만 시적인 것을 문학적인 것으로만 좁게 이해해서는 안 된다. 문학적 감성뿐만 아니라 역사적 감성도 당시 학생의 심리 세계를 구성했기 때문이다. 4월혁명기 학생의 감정 세계는 문학적 감정과 역사적 감정이 섞여 있었다.[122]

학생이 쓴 각종 선언문이나 회상기에는 문학적인 낭만성이 짙게 배어 있었다. 시위를 앞두고 떨리고 긴장되는 순간에도 학생은 창밖의 파란 하늘과 붕붕 떠가는 비행기를 보며 주변 세계를 서정적으로 인식했다. 혁명적 상황에서 주변을 관조하고 감상적으로 인식할 수 있었던 것은 문학을 최고의 교양으로 배웠던 학생에게 익숙한 감정이었을 것이다. '민주주의 수호'라는 비장한 결의는 문학적 낭만성과 뒤

섞여 혁명적 열정을 높였다. 다음은 대구 2·28학생시위를 주도했던 학생의 '거사' 전 감상이다.

우리는 가슴이 터지는 듯한 울분을 안고 집으로 돌아왔다. 나는 허둥지둥 내 방으로 들어가서 책가방을 집어던지고 한참 동안이나 책상에 엎드려서 마음을 진정시키려고 애를 썼다. 그러나 화산처럼 폭발하려는 마음은 좀처럼 가라앉지를 않았다. 서녘 하늘의 저녁놀은 한결 붉게 타고 있었고, 창 너머로 바라보이는 한 조각 푸른 하늘조차 짜증스럽기만 했다.[123]

창밖에는 파란 하늘이 드리웠고 이따금 붕붕 하고 떠올라가는 비행기들의 모습이 보인다. 전망하기 좋은 자리에 높이 세워진 본교이기에 바깥 풍경을 내다보는 재미란 여간 좋은 것이 아니었다. 때마침 앞산 밑 골짜기마다 흰옷 입은 동민들이 장사진을 이루어 동장들의 인솔 아래 일로 시내 쪽으로 들어가고 있었다. 실로 근래에 보기 드문 많은 사람들이었다.[124]

4월혁명기 거리에 나선 학생의 감정 중에 전통과 역사에 대한 '자부심'도 보인다. 학생이 외친 구호나 선언문은 3·1정신과 항일 정신을 독재 정권에 대한 항거 정신으로 연계한 것이 적지 않다. '3·1독립만세'나 '피 흘려 쓰러진 선열'이라는 표현의 밑바탕에는 민족적 저항 전통에 대한 자부심이 깔려 있다.

이제 학도들은 겨레의 선두에서 역사를 이끌어 나가기를 시작하였던 것이다. 그러나 학도들의 이 역사적 과업은 결코 이것이 처음은 아니다. 선례를 더듬어볼 때 누구나 서슴지 않고 3·1운동과 6·10만세가 그것이었고, 광주학생의거 또한 그것이라 하겠다. (…) 이와 같이 빛나는 3·1정신은 30년 후인 이날 4·19를 기하여 또다시 온 민족의 가슴속에 깊이 타올랐던 것이다. (…) 우리는 지금 정치적 근대화, 즉 참다운 민주주의 체제로의 거보를 내딛고 있는 것이다. 이리하여 3·1운동의 고귀한 정신과 그것이 끼쳐준 교훈은 이 4·19를 통하여 또 한 번 우리 겨레의 혈관 속에 피어올랐던 것이다.[125]

이런 분위기가 강했기 때문에 거리에서 시위를 벌이는 학생의 모습은 같은 학생의 눈에 3·1운동의 투사와 같아 보였다.

(데모대를 처음 보았을 때 당신이 그 당시 느낀 기분) 배우는 학생으로서 나라 일에 걱정한 나머지 학도의 손으로 나라의 정세를 바로잡으려고 하는 그 헌신적인 정신이야말로 3·1정신 당시의 투사적인 느낌.[126]

학교 전통에 대한 자부심이 시위를 촉발하기도 했다. 특히 오랜 역사를 가진 '명문' 학교 학생은 학교의 전통과 정신을 계승해야 한다는 생각이 강했다. 평소 명문 학교 학생이라는 자부심은 학생의 정체성을 구성하는 데 큰 영향을 미쳤다. 이들은 늘 선배에게 부끄럽지 않은 후배가 되어야 하며, 명문 학교 학생으로서 다른 학생을 지도해야 한다고 생각했다.

우리는 세계 어느 나라 학생들 중에서도 그 예를 볼 수가 없는 학생 독립운동의 선봉자인 거룩한 우리 선배들의 후계자로서 떳떳하고 모든 학생들의 모범이 되어야 하는 광주제일고등학교 학생인 우리들인 것이다. 그러므로 우리들은 우리들 자신이 스스로가 타 학생을 리드-해야 하고 그러기에 앞서 먼저 우리들 자신을 정돈해야 하는 것이다. 이미 우리들에게는 다음 세대의 주인공이 될 열쇠가 쥐여져 있으며 지금 사회는 우리들이 다음 세대의 주인공이 되기를 바라고 있고 그것이 현 불안정한 사회의, 아니 우리 민족의 희망인 것이다.[127]

이러한 전통에 대한 자부심은 4월혁명기 자신들이 솔선수범해 부도덕한 정권에 저항해야 한다는 사명감으로 나타났다. 이는 곧 선배의 저항정신을 계승하고 학교의 위신과 자존심을 지키는 일이었다.

광주학생사건을 봉기했던 선배들의 뒤를 따르자.[128]

불사신의 민족혼 – 대구고보의 전통을 이어받은 전통적 항거 정신이야말로 끊임없이 성장해왔던 것이다.[129]

전국의 명문고로 손꼽히는 대전고 학생들도 시위를 일으켜 학교의 위신을 세워야 한다는 주장이 제기되고 있었다.[130]

장면 정권 출범 뒤 사후 평가에서도 이런 인식이 이어졌다. 시위를 주도했던 지역 명문 학교는 학생의 저항을 "민족을 살리고 고향을 빛내고 모교의 지위를 높인" 것으로 해석했다. 교지에 실린 교사의 평가지만 학생의 의식도 이와 크게 다르지 않았을 것으로 보인다.

4월혁명의 발상지는 경고(경북고등학교)인 것이다. 2월 28일 경고 학생들이 학원의 자유와 민주 수호를 절규하고 봉화를 든 것이 발단이다. (…) 그 이름 높은 경고의 이대우 군을 비롯한 경고 학생위원은 민족을 살리고 고향을 빛내고 모교의 지위를 높인 훌륭한 학생들인 것이다. (…) 과연 경북고등(구 대구고보)은 민족사에 빛나는 두 개의 대혁명을 선구한 희귀한 학교다. 경북은 경북고등을 가졌다는 명예를 천하에 자랑할 수 있을 것이다. 경고는 이미 움직일 수 없는 관록과 전통을 가진 한국에 빛나는 학교다.[131]

중고생은 가장 먼저 일어나 혁명을 촉발했고 수습 정국에 바로 학교로 돌아갔다. 학생의 처지에서 정권 타도나 사회변혁을 위한 정교한 기획이 있을 리 만무했다. 그 후 사회운동의 중심이 대학생으로, 또 노동자로 이동했기 때문에 더 이상 중고생이 변혁을 추동하는 태풍의 눈으로 등장하지 않았다.

하지만 4월혁명기 학생은 자신들의 구호처럼 '피로써' 항거했고, 같은 또래인 10대 청소년과 함께 격렬하게 싸워 가장 많은 희생자를 냈다. 이는 폭력에 대한 분노, 불의에 눈감을 수 없다는 정의감, 민주주의 수호에 대한 책무감, 기성세대에 대한 불신감, 독립운동과 학교 전통에 대한 자부심, 학교 간 연대의식과 소속감 등이 작용한 결과였다. 이런 감정은 '학생 의거'를 촉발했고, 학생은 동일한 감정을 공유함으로써 '저항의 공동체'가 됐다. 감정의 수행성(performativity)에 주목해야 하는 이유는 이 때문이다.

맺음말

해방과 정부 수립 후 교육 분야는 큰 변화를 겪었다. 무엇보다 제헌헌법에서 "모든 국민은 균등하게 교육을 받을 권리가 있다. 적어도 초등교육은 의무적이며 무상으로 한다"라는 교육의 기회 균등과 의무교육 조항을 명시함으로써 교육인구가 크게 확대됐다. 천황제 파시즘을 부정하고, '홍익인간의 이념 아래 민주국가 발전에 봉사하며 인류 공영의 이상 실현에 기여하는 것'을 교육의 기본 목적으로 삼았다. 그러나 일제강점기의 유산이 청산되지 못한 채 상당 부분 지속됐고, 이는 교육 현장에 매우 큰 영향을 끼쳤다. 하지만 그 틈새에서 학생 주체는 자기 목소리를 내는 새로운 세대로 성장했다.

물론 한 세대의 경험은 단일하거나 균질하지 않다. 같은 공간, 같은 시간대에 겪은 경험조차 동일하지 않다. 따라서 이들을 'ㅇㅇ세대'로 확정 짓는 것은 크게 유의미하지 않다.

해방 후 교육을 받은 학생의 경험을 살피는 작업은 특정 시대, 특정 집단을 정형화하려는 것이 아니라, 개인이 사회화되는 맥락과 그 의미에 주목하려는 것이다. 이 책에서는 사회 구조와 주체의 행위, 정치와 일상을 통일적으로 이해하고자 했다. 학생의 일상에 개입하는 주요한 힘이자 경험의 장으로 '국가-학교-가정'에 주목했고, 그 속에서 형성된 학생의 경험을 가시화하려 했다. 이 책은 두 가지 면에서 학생문화에 접근했다.

첫째는 '위로부터'의 방법이다. 이 시기 학생은 식민 지배, 해방, 분단, 정부 수립, 전쟁, 독재, 혁명 등 극심한 정치사회적 격변기를 겪었다. 생존의 절박한 위기와 극단적 정치 대립 속에서 '비일상'이 일상처럼 반복되는 경험을 했다. 학교교육은 이러한 사회 변화와 연동돼 있었다. 그렇기 때문에 학생의 경험을 정치사회적 변동에서 따로 떼어내는 것은 불가능하다. 이러한 사회적인 맥락을 벗어난 '순도 100퍼센트의 학교'는 상상할 수 없다. 이 책에서 국가의 교육 방침을 살펴보고 정치의 변동에 따른 교실 분위기의 변화를 추적한 것은 이 때문이다. 이와 관련해서 근대교육의 규율 주체(근대 주체) 생산에 주의를 기울였다.

둘째는 '아래로부터'의 방법이다. 정치사회적 변화에 따른 학교 교육의 변화뿐 아니라 매일 반복되는 학생의 일상을 재구성했다. 이 글에서 일상은 '비정치적인 별세계'가 아니다. 인간의 행위를 모두 제도와 정책의 결과로 이해하는 태도는 지양하지만 일상을 관통하는 정치성을 규명하는 작업은 일상사의 주된 문제의식이다. 구조와 체제에 묻혀 있는 인간의 행위를 드러내면서 동시에 미시적인 일상에서 작동하는 정치성을 드러내는 것은 일상사의 미덕이다. 이 책은 일상의 층위에서 학생의 역사를 재구성했으며, 그 시대를 경험한 이들의 구술을 통해 이를 '아래로부터' 살피려 했다. 직접 구술자를 심층 면접해 구술 텍스트를 생산했고 기존에 출간된 구술 자료집, 회고록, 자전적 문학 작품 등을 참고했다. 또 교지에 실린 학생의 발언에 귀기울였다. 이를 통해 경험 당사자의 '목소리'를 적극 드러내려고 했다.

이 책에서는 '문화'를 탐구의 대상이자 방법으로 활용하여 역사 지식을 생산하는 관행인 문헌 분석에만 의존하지 않았다. 기존의 역사 서술에서 관심을 기울이지 않았던 독서, 취미, 언어, 저항 의례, 감정 등에 주목하여 해방 후 학생의 일상과 문화를 '해석'했다(문화는 해석하는 것이다!).

해방 후 학생은 강압적인 정치 동원과 통제, 규율에서 자유롭지 못한 주체였다. 그러나 민주주의 체제가 정상적으로 작동하지 못했음에도 학생 사이에서 민주주의에 대한 기대는 높았다. 역설적으로 이승만 독재가 민주주의에 대한 관심을 높였다고 할 수 있다. 왜냐하면 학생이 민주주의를 배우고 인식하는 경험의 장이 학교만은 아니었기 때문이다. 학생은 반정부 지식인의 글과 신문 기사를 읽고, 집과 교실에서 떠도는 정부에 대한 불신을 접하면서 역으로 민주주의의 이상을 꿈꿨다. 많은 학생은 억압적 현실을 그대로 수용하기보다 이를 저항적으로 독해했다. 관제 데모는 정부에 대한 반감을 키웠고, 교실 안팎(학교, 가정, 대중매체 등)에서 배운 민주주의는 주권 의식과 정의감을 키웠다. 이러한 일상의 경험은 한국 현대사에서 최초로 중고생이 혁명에 나서게 된 문화적 토양을 제공했다.

근대 민주주의가 수호의 대상이 아니라 성찰의 대상이어야 한다는 목소리가 높은 오늘날, 이 역사적 경험이 시사하는 바는 자못 크다.

머리말

1 1960년 2월 28일 대구 경북고등학교 학생의 2·28결의문.

2 이유재·이상록, 〈국경을 넘는 일상사 – 한국과 독일 일상사의 만남〉, 《일상사로 보는 한국근현대사: 한국과 독일 일상사의 새로운 만남》, 책과함께, 2006, 28~29쪽.

3 클리퍼드 기어츠 저, 문옥표 역, 《문화의 해석》, 까치, 1999, 11~47쪽.

4 피터 버크 저, 조한욱 역, 《문화사란 무엇인가》, 도서출판 길, 2008, 18~20쪽.

5 필자는 해방~1960년대 초기 중·고등학교에 다녔던 구술자를 섭외해 심층 인터뷰를 진행했다. 2012년 국사편찬위원회 구술 사업, 2012년 수원시사편찬위원회 구술 사업, 2015년 국사편찬위원회 구술 사업 등에 참여해 모두 열 명을 면담했고, 구술 텍스트를 생산했다. 구술자(가명)에 대한 간략한 정보는 다음과 같다. 구인희(1942년 생, 동구여자중학교, 수원여자고등학교), 김혜선(1943년생, 야학, 광주여자고등학교), 박신철(1940년생, 광주서중학교, 광주고등학교), 박영대(1936년생, 대구상업중학교, 경북고등학교), 신희선(1940년생, 수원여자중학교, 수원여자고등학교), 양희동(1944년생, 경북중학교, 경북고등학교), 조철희(1942년생, 화순중학교, 광주고등학교), 차재연(1943년생, 수원여자중학교, 수원여자고등학교), 차은선(1933년생, 수원여자중학교, 수원여자고등학교), 홍성태(1943년생, 경상중학교, 경북고등학교)

1. 의무교육 시대의 겉과 속

I   해방 직후 각 정파의 교육정책은 다음 논문에 자세하게 정리되어 있다. 정재선, 〈해방·국가재건기(1945~1959) 의무교육정책의 추이와 초등교육의 강화〉, 서울대학교 석사학위논문, 2014, 4~13쪽.

2   김형목, 〈자강운동기 한성부민회의 의무교육 시행과 성격〉, 《중앙사론》 9, 1997, 64~78쪽.

3   황승흠, 〈제헌헌법 제16조 교육 조항의 성립 과정에 관한 연구〉, 《법학논총》 23-2, 2011, 552쪽.

4   황민화 정책과 교육제도의 긴밀성에 대해서는 다음을 참조. 미야다 세쓰코 저, 이형랑 역, 《조선 민중과 '황민화' 정책》, 일조각, 1997, 107~119쪽.

5   1946년 초 공보국 여론조사에서 교사의 94퍼센트(521명 중 518명)와 학생 전원 (2542명)이 의무교육이 필요하다고 응답했다. 의무교육 기간에 대해 교사와 학생 모두 9년이 적절하다고 응답한 사람이 28퍼센트로 가장 많았다. 이길상, 〈해방 전후 초등교육의 변화〉, 《20세기 한국 교육사: 민족, 외세 그리고 교육》, 집문당, 2007, 272쪽.

6   《자유신문》 1945년 12월 24일.

7   《동아일보》 1946년 1월 25일; 《자유신문》 1946년 1월 29일.

8   근대 일본의 교육제도는 중등교육부터 복선형을 택했다. 중학교→고등학교→제국대학으로 이어지는 엘리트 양성 경로와 고등소학교나 실업학교로 이어지는 노동자 양성 경로로 나뉘었다. 일본 교육제도가 변형을 거쳐 도입된 식민지 조선 교육제도는 민족과 젠더에 따라 차별적으로 학제를 구성한 복선형 학제였다. 오성철, 〈총론: 한국인의 교육열과 국가〉, 《대한민국 교육 70년》, 대한민국역사박물관, 2015, 26~31쪽.

9   《자유신문》 1945년 12월 24일.

10   《관보》 1호, 1948년 9월 1일, 1쪽.

11   국회사무처, 〈헌법기초위원회의 보고 및 헌법안(제1독회)〉, 《국회속기록》 1회 17호, 1948년 6월 23일, 9쪽.

12   《관보》 호외, 1949년 12월 31일, 1~6쪽.

13   《자유신문》 1950년 6월 7일.

14 1941년 조선총독부가 공포한 〈국민학교령〉에 의해 초등교육기관을 국민학교로 불렀고, 1996년 초등학교로 바꾸기 전까지 계속 사용했다. 초등학교는 황국신민을 양성하는 교육기관이라는 뜻이므로 옳지 않은 명칭이지만, 이 책에서는 당시 역사적 맥락을 중시해 초등학교로 표기한다.

15 문교부, 《문교개관》, 1958, 49쪽.

16 《동아일보》 1957년 6월 19일.

17 《동아일보》 1957년 3월 1일.

18 해방 직전 초등교육을 받지 못한 사람은 남자 840만여 명, 여자 1120만여 명이었고, 학령기 아동 중 미취학 아동은 160만 명 이상이었다. 이길상, 〈해방 전후 초등교육의 변화〉, 《20세기 한국 교육사: 민족, 외세 그리고 교육》, 집문당, 2007, 271~275쪽.

19 문교40년사편찬위원회, 《문교40년사》, 문교부, 1988, 153쪽.

20 강인철은 국민 통합을 가능하게 한 사회적 기제로 국민개병제도와 의무교육제에 주목했다. 그에 따르면 학교는 다음 세대에게 국가 이념을 체계적으로 주입시키기 위한 가장 좋은 장이다. 국가는 학교와 군대를 통해 냉전 반공주의와 같은 국가 이념을 안정적·체계적으로 교육할 수 있었고, 학교와 군대를 경험한 이들은 국민적 가치관의 전도사로 역할했다. 강인철, 〈한국전쟁과 사회의식 및 문화의 변화〉, 《한국전쟁과 사회구조의 변화》, 백산서당, 1999, 207쪽.

21 《조선왕조실록》에 보이는 '국민國民'이라는 용어와 그 의미에 대해서는 학자 사이에 이견이 있다. 박명규는 근대 이전 '국민'의 용례가 근대 이후 번역어로 등장한 국민 (nation)과 유사한 의미라고 파악했다. 국민 개념의 형성에 대해서는 다음을 참조. 박명규, 《국민·인민·시민 - 개념사로 본 한국의 정치 주체》, 소화, 2009, 51~121쪽.

22 최근 단일성을 속성으로 하는 '국민'을 대체하는 주체 개념이 모색되고 있다. 국경이나 기존의 집단 정체성을 초월하는 주체-네트워크가 주목받는 것도 이런 맥락에서 이해 가능하다.

23 피에르 부르디외 저, 김현경 역, 《언어와 상징권력》, 나남, 2014, 41~42쪽.

24 일제강점기 근대적 규율 주체의 탄생에 대해서는 다음을 참조. 김진균 외, 《근대 주체와 식민지 규율권력》, 문화과학사, 2003.

25 국회사무처, 〈초등교육 시설 확충에 관한 건의안〉, 《국회속기록》 1회 115차 본회의, 1948년 11월 28일, 4쪽.

26 《동아일보》 1949년 3월 12일.

27 《동아일보》 1949년 1년 9일.

28 문교부, 《문교개관》, 1958, 54쪽.

29 《동아일보》 1957년 5월 23일.

30 《동아일보》 1960년 10월 28일.

31 김태웅, 〈신국가건설기 교과서 정책과 운용의 실제〉, 《역사교육》 88, 2003, 80쪽.

32 《동아일보》 1959년 9월 24일.

33 《동아일보》 1951년 5월 4일.

34 《동아일보》 1949년 4월 12일.

35 《동아일보》 1959년 9월 24일.

36 고영환, 〈문교 당국에 요망함〉, 《새교육》 2-1, 1949, 64쪽.

37 전주여자고등학교동창회, 《전주여자고등학교80년사: 1926~2006》, 2006, 217쪽.

38 《동아일보》 1946년 11월 24일.

39 《동아일보》 1946년 11월 24일.

40 《동아일보》 1950년 4월 6일.

41 국회사무처, 〈의무교육재정평형교부금법(안)〉, 《국회회의록》 27회 5차 본회의, 1958년 2월 11일, 10쪽.

42 문교부, 《문교개관》, 1958, 59~60쪽.

43 《동아일보》 1957년 6월 2일.

44 《경향신문》 1960년 12월 9일.

45 미군정기 교육 개혁에 대한 연구 성과로 다음을 참조. 한성진, 〈미군정기 한국 교육 엘리트에 관한 연구〉, 연세대 석사학위논문, 1986; 이상록, 〈미군정기 새교육운동과 국민학교 규율 연구 - 일제 말기 국민학교 규율과의 비교를 중심으로〉, 《역사와 현실》 35, 2000; 이강훈, 〈신국가건설기 '새교육운동'과 '생활교육'론〉, 《역사교육》 88, 2003.

46 이길상, 〈우리 민족의 교육민주화운동〉, 《20세기 한국 교육사: 민족, 외세 그리고 교육》, 집문당, 2007, 190~191쪽.

47 서구 지향의 교육론과 민족전통에 기반을 둔 교육론의 대립은 이 시기 처음 등장한 것이 아니다. 일본 메이지 시대 초기 교육정책의 방향을 둘러싼 논쟁도 이와 유사했

다. 이명실, 《논쟁으로 보는 일본 근대교육의 역사》, 살림터, 2017, 89~105쪽.

48 이들은 미군정의 적극적인 협력과 지지를 받으며 성장했고, 이후 한국의 교육 이론과 행정을 주도하는 세력이 됐다. 이길상, 〈우리 민족의 교육민주화운동〉, 《20세기 한국 교육사: 민족, 외세 그리고 교육》, 집문당, 2007, 219쪽.

49 오천석, 《한국신교육사》, 현대교육총서출판사, 1964, 409쪽.

50 오천석, 《한국신교육사》, 현대교육총서출판사, 1964, 410~411쪽.

51 이길상, 〈우리 민족의 교육민주화운동〉, 《20세기 한국 교육사: 민족, 외세 그리고 교육》, 집문당, 2007, 210~211쪽.

52 김한종, 《역사 교육과정과 교과서 연구》, 선인, 2008, 101~102쪽.

53 부산사범학교, 〈남녀공학에서 얻은 문제〉, 《문교월보》 6, 1953년 8월, 15~18쪽.

54 강일국, 〈해방 후 초등학교 현장의 교육과정 개혁 – 새교육운동 주도 학교를 중심으로〉, 《교육과정연구》 20-3, 2002.

55 심태진, 《교육의 단상》, 한국중등교육연구협회, 1971, 53쪽.

56 안호상은 1929년 독일 예나대학에서 박사학위를 받았고, 보성전문학교 교수와 서울대학교 문리대학 교수를 지냈다. 해방 후 대표적 우익 청년 단체인 민족청년단의 수원훈련소 교수로 활동했다. 경향신문사, 《내가 겪은 20세기》, 1974, 129쪽.

57 안호상의 일민주의에 대한 연구로 다음을 참조. 서중석, 〈이승만 정권 초기 일민주의와 파시즘〉, 《1950년대 남북한의 선택과 굴절》, 역사비평사, 1998; 박찬승, 〈20세기 한국 국가주의의 기원〉, 《한국사연구》 117, 2002; 연정은, 〈안호상의 일민주의와 정치·교육활동〉, 《역사연구》 12, 2003.

58 안호상, 《민족의 소리》, 문화당, 1949; 《일민주의의 본바탕 – 일민주의의 본질》, 일민주의연구원, 1950; 《세계신사조론》, 일민출판사, 1953; 《민주적 민족론》, 대한교과서, 1961.

59 오천석, 《한국신교육사》, 현대교육총서출판사, 1964, 470~471쪽. 인용문에서 강조는 필자가 한 것임.

60 안호상, 〈우리 교육의 진로와 문교 행정의 지향〉; 문교부, 《교육연감》, 1954, 107쪽에 재수록.

61 심태진, 《교육의 단상》, 한국중등교육연구협회, 1971, 53쪽.

62 손진태, 〈민주주의 민족교육의 이념〉, 《새교육》, 1949년 2월, 12쪽; 이길상·오만석,

《근현대사 자료총서10: 한국교육사료집성(현대편) Ⅰ》, 선인, 2002, 326쪽에 재수록.

63 손진태, 〈민주주의 민족교육의 이념〉, 《새교육》, 1949년 2월, 10~11쪽; 이길상·오 만석, 앞의 책, 2002, 324~325쪽에 재수록.

64 이병규, 〈민주주의 민족교육에 입각한 학생훈육론〉, 《새교육》, 1949년 2월, 26쪽; 이 길상·오만석, 앞의 책, 2002, 340쪽에 재수록.

65 강일국, 〈해방 후 한국 교육의 특징〉, 《대한민국 교육 70년》, 대한민국역사박물관, 2015, 109~112쪽.

66 김은경, 《1950년대 가족론과 여성》, 숙명여대 박사학위논문, 2007, 63~72쪽.

67 공민公民은 《현종실록》 9권에 등장한다. "밭은 공전公田이고 백성은 공민公民인데 관가에서 손도 대지 못하고(田是公田, 民是公民, 而官家不得下手)"라는 구절로 보아 당시 공민은 국가에 세와 지대를 납부하는 공전을 경작하는 농민이라고 할 수 있다. 《현종실록》 9권, 5년(1664년 11월 3일) 두 번째 기사.

68 정상호, 〈동아시아 공민公民 개념의 비교 연구〉, 《동북아연구》 27-1, 2012, 8~12쪽.

69 이인기·민병태, 《중등공민 (1)》, 박문출판사, 1956, 124쪽. 인용문에서 강조는 필자 가 한 것임.

70 이재훈, 《중학교 사회생활과: 공민 (Ⅰ)》, 동국문화사, 1955, 10쪽. 인용문에서 강조 는 필자가 한 것임.

71 박명규, 《국민·인민·시민: 개념사로 본 한국의 정치 주체》, 소화, 2009, 29~30쪽, 232쪽.

72 피에르 노라는 공적 기억의 주재소로서 '기억의 장소'라는 개념을 사용했다. 이는 물 질적, 상징적, 기능적 의미를 갖는 것으로 전사자의 기념비, 국립기록보존소, 제도적 으로 공인된 성지, 교과서 등을 포괄한다. 피에르 노라 외, 김인중 외 역, 《기억의 장 소 1: 공화국》, 나남, 2010, 55~57쪽.

73 1950년 4월 29일 대통령령 제336호로 〈교과용 도서 검인정 규정〉이, 대통령령 제 337호로 〈국정교과용 도서 편찬 규정〉이 제정됐다. 이로써 수시 검정에서 일괄 검정 으로 검정 방식이 바뀌었다. 또 1950년 12월 21일 대통령령 제423호로 〈교과용 도서 검인정 규정〉을 개정하여 "저작자, 저작권자가 발행자로 반국가적 또는 비인도적 행 위를 감행하여 학생에게 교육상 좋지 못한 영향을 미친다고 인정될 때는 검인정을 취 소한다"라고 했다. 전진성, 〈교과서 검·인정에 대하여〉, 《새교육》 1-3, 1948; 총무처,

〈교과용 도서 검인정 규정(대통령령 제336호)〉,《관보》340호, 1950년 4월 29일; 총무처, 〈교과용 도서 검인정 규정 중 개정(대통령령 제423호)〉,《관보》419호, 1950년 12월 21일; 허강,《한국의 검인정교과서》, 일진사, 2004, 107쪽.

74 허강 외,《한국의 검인정교과서 변천에 관한 연구》, 한국교과서연구재단, 2002.

75 《동아일보》1948년 9월 8일.

76 고려선봉사 편,《신제중등공민교과서》, 1946; 군정청 문교부,《중등 국어 교본 (하)》, 1947.

77 이상선,《중등사회생활과: 경제생활 (공민 3년)》, 탐구당, 1949/1951, 135~138쪽.

78 제헌헌법 경제 조항의 특징과 그 후 개정을 통한 성격 변화는 다음을 참조. 신용옥, 〈제헌헌법 및 2차 개정 헌법의 경제 질서에 대한 인식과 그 지향〉,《사학연구》89, 2008.

79 《관보》1호, 1948년 9월 1일, 2~4쪽.

80 김두헌·박종홍·육지수·고병국,《공민》, 동지사, 1949/1950, 93~94쪽. 인용문에서 강조는 필자가 한 것임.

81 심태진·권상철,《중학교 사회생활과: 도덕 (Ⅰ)》, 민교사, 1956, 34쪽.

82 심태진·권상철,《중학교 사회생활과: 도덕 (Ⅰ)》, 민교사, 1956, 87쪽.

83 심태진·권상철,《중학교 사회생활과: 도덕 (Ⅰ)》, 민교사, 1956, 90~91쪽.

84 백낙준, 〈도의교육의 제창〉,《교육주보》, 1952년 1월. 인용문에서 강조는 필자가 한 것임.

85 최병칠, 〈도의교육과 수신교육〉,《문교월보》18, 1955, 22~23쪽.

86 1950년대 도의교육과 도의사상의 국가주의적 성격에 대해서는 다음을 참조. 이동헌, 〈1950년대 '도의' 교육과 국민 형성〉, 한양대 석사학위논문, 2004; 김은경, 〈한국전쟁 후 재건윤리로서의 '전통론'과 여성〉,《아시아여성연구》45-2, 2006, 10~17쪽.

87 김남수, 〈1950년대 초등학교·중학교에서의 반공교육〉, 성균관대 석사학위논문, 2003, 56~70쪽.

88 문교부,《사회생활 6-2》, 1959, 7쪽.

89 문교부,《사회생활 4-1》, 1959, 49~50쪽.

90 이임하,《적을 삐라로 묻어라》, 철수와 영희, 2012, 278~290쪽.

91 강창순, 〈한국전쟁기(1950~1953) 사회과 교육 실천에 관한 연구〉, 한국교원대 석사

학위논문, 2001, 29쪽.

92 한국교육문화협회, 〈납치되신 부모를 생각하며〉, 《반공독본 5》, 박문출판사, 1954, 23~24쪽.

93 국방부, 《정훈대계》 1·2, 청구출판사, 1956; 이임하, 《적을 삐라로 묻어라》, 철수와 영희, 2012, 267쪽에서 재인용.

94 이임하, 《적을 삐라로 묻어라》, 철수와 영희, 267~268쪽.

95 한국교육문화협회, 《반공독본 6》, 박문출판사, 1954, 26쪽.

96 김은경, 《1950년대 가족론과 여성》, 숙명여대 박사학위논문, 2007.

97 표경조·주월영, 《이상적인 가정생활 (고 Ⅲ)》, 장왕사, 1956, 254쪽.

98 〈호적법〉은 1909년 〈민적법〉과 1922년 〈조선호적령〉 제정으로 성립된 신분등록제로서 일본의 가족제도(호주 중심의 이에いえ제도)를 조선에 이식하는 과정에서 생겼다. 홍양희, 〈식민지시기 호적제도와 가족제도의 변용〉, 《사학연구》 79, 2005; 손병규, 〈명치 호적과 광무 호적 비교 연구〉, 《태동고전연구》 24, 2008; 이정선, 〈한국 근대 '호적제도'의 변천 - '민적법'의 법제적 특징을 중심으로〉, 《한국사론》 55, 2009.

99 호적에는 본적, 전 호주의 성명, 호주와 가족의 성명과 본, 출생 연월일, 호주나 가족이 된 원인과 연월일, 호주와 가족의 친생부모의 성명과 그 관계, 호주와 전 호주 및 가족과의 관계 등을 기재했다. 법률 제535호 〈호적법〉(《관보》 2480호, 1960년 1월 1일, 18~20쪽).

100 《동아일보》 1953년 11월 16일, 〈월요시평: 호적 정비에의 제언〉.

101 미야다 세쓰코 저, 이영랑 역, 《조선 민중과 '황민화' 정책》, 일조각, 1997, 95쪽.

102 일부 지방자치단체는 잡부금 미납자에게 호적 초본을 발급해주지 않아 원성을 사기도 했다. 다음 투고문은 이런 불만을 담고 있다. "제종諸種의 잡부금을 미납한 자에게는 다른 어떤 유의 서류들보다도 시간적으로 조속을 요하는 입학·취직·증명서 작성 및 기타 각종 신고용에 불가결한 호적급기류戶籍及寄留의 등본 혹은 이의 초본을 발급해주지 않고 있다. 즉 본인이 거주하고 있는 대구시에서는 국채·시채·오물세 등과 기타 제종의 잡부금 중 일종의 납부금이라도 미납한 자에게는 전기한 바의 등초본을 내주지 않고 있는 것이다. 물론 나는 이 때문에 모 회사의 취직 수속에 막대한 지장을 입었다. 생각해보건대 졸렬하기 짝이 없는 잡부금 징수 방법이 아닐 수 없으며 나아가서는 이는 분명히 비민주주의적 행정이라 아니할 수 없다. - 대구시 삼덕동의 김 모

씨"《동아일보》1956년 1월 20일.

103 《동아일보》1960년 8월 27일, 〈가정상담: 다시 취적就籍하려는데…〉.

104 《동아일보》1947년 6월 5일.

105 《경향신문》1956년 11월 27일, 〈학교와 가정의 뒷받침: 교육상담소 필요성의 일례 (상)〉.

106 《동아일보》1969년 5월 19일.

107 고아원에 있다가 대우에 불만을 품고 탈출하는 사례도 많았다.《경향신문》1953년 4월 6일.

108 《동아일보》1954년 6월 15일.

109 《동아일보》1968년 12월 16일. 인용문에서 강조는 필자가 한 것임.

110 《동아일보》1959년 3월 27일. 인용문에서 강조는 필자가 한 것임.

111 《동아일보》1953년 4월 8일.

112 사생아를 규정짓는 가장 중요한 요소는 아버지의 존재(인지) 여부였다. 이는 아버지의 핏줄만을 인정하는 부계 혈통주의의 결과였다. 아버지의 호적에 아이를 등록하고 아버지의 성을 써야 '정상성'을 획득할 수 있고, 여기서 배제된 존재는 '비정상적이고 불온한' 존재가 됐다. 홍양희, 〈'애비 없는' 자식, 그 낙인의 정치학: 식민지 시기 '사생아' 문제의 법적 구조〉,《고아, 족보 없는 자》, 책과함께, 2014.

113 《동아일보》1932년 10월 19일.

114 조선총독부는 혼인은 원적지 면장에게 신고를 함으로써 성립된다고 규정했다.《동아일보》1923년 7월 3일.

115 《경향신문》1964년 12월 16일.

116 1953년을 말한다.

117 1951년을 말한다.

118 《경향신문》1957년 12월 4일.

119 《동아일보》1957년 4월 7일.

120 《경향신문》1961년 4월 9일.

121 《경향신문》1952년 9월 22일.

122 《경향신문》1954년 8월 8일.

123 보건사회부,《보건사회부통계연보》, 1960, 404~405쪽.

124 《동아일보》 1956년 2월 28일.

125 1962년 최초로 혼혈 아동을 위한 학교로 서울영화국민학교가 설립되었지만, 아동
이 적어 2년 후 '일반 학교'로 전환했다. 《동아일보》 1962년 11월 27일; 《동아일보》
1966년 4월 28일.

126 《경향신문》 1958년 11월 11일. 인용문에서 강조는 필자가 한 것임.

127 《조선일보》 1959년 4월 18일 조간.

128 《경향신문》 1959년 3월 6일; 《동아일보》 1959년 3월 6일.

129 《경향신문》 1959년 4월 18일.

130 《관보》 23, 1948년 12월 20일, 1쪽.

131 김아람, 〈1950년대 한국 사회의 혼혈인 인식과 해외 입양〉, 《고아, 족보 없는 자》, 책
과함께, 2014, 100~101쪽.

132 하상락, 〈혼혈아 문제의 사회적 과제〉, 《신사조》 1-9, 1962, 252쪽.

133 《동아일보》 1966년 4월 28일. 인용문에서 강조는 필자가 한 것임.

134 한 조사 보고서에 따르면 전쟁 후 출생한 1세대 혼혈인 가운데 약 25.4퍼센트가 의무
교육을 받지 못했다. 김충환·국제가족한국총연합 혼혈인협회, 《혼혈인 실태조사에
따른 향후 대책 수립을 위한 공청회 자료집》, 2009, 21쪽.

135 김용호, 《일선기자수첩》, 서울신문사, 1953, 22쪽; 김아람, 〈1950년대 한국 사회의
혼혈인 인식과 해외 입양〉, 《고아, 족보 없는 자》, 책과함께, 2014, 101쪽에서 재인용.

136 《조선일보》 1959년 7월 16일 조간.

137 김충환·국제가족한국총연합 혼혈인협회, 《혼혈인 실태조사에 따른 향후 대책 수립을
위한 공청회 자료집》, 2009, 27~28쪽.

2. 정치의 파고, 학교를 휘감다

1 박영식, 〈자유도 운명도 아니더라〉, 《철학과 현실》 23, 1994, 23쪽.

2 유종호, 《나의 해방 전후》, 민음사, 2004, 111~112쪽.

3 일제강점기 마치 일본인처럼 행동했던 교장들은 동네 사람을 피해 홀연히 자취를 감
췄다. 하지만 어느 정도 시간이 흐른 뒤 다시 교직에 복귀한 사람이 많았다. 박영식,

〈자유도 운명도 아니더라〉, 《철학과 현실》 23, 1994, 24쪽.

4   유종호, 《나의 해방 전후》, 민음사, 2004, 112쪽.

5   허재영, 〈과도기(1945~1955)의 국어과 교과서〉, 《교육한글》 16·17, 2004, 61~77쪽.

6   유종호, 《나의 해방 전후》, 민음사, 2004, 127~128쪽.

7   통계청, 《통계로 본 광복 전후의 경제·사회상》, 1993, 9쪽. 다른 연구에 따르면, 1945년 8월까지 일본에서 111만여 명(73퍼센트), 만주에서 30만여 명(19퍼센트), 중국에서 7만여 명(4.6퍼센트)이 남한으로 들어왔다. 신상준, 〈주한미군정청의 해외귀환 동포 및 월남민에 대한 구호행정〉, 《복지행정논총》 4, 1994, 6쪽.

8   《조선일보》 1946년 5월 7일 조간.

9   이연식, 〈종전 후 한·일 양국 귀환자의 모국 정착 과정 비교 연구 – 포스트콜로니얼 관점에서 본 식민자와 피식민지민의 전후 실태 비교〉, 《한일민족문제연구》 31, 2016, 155쪽.

10   이현주, 〈해방 직후 인천의 귀환 전재동포 구호활동〉, 《한국근현대사연구》 29, 2004, 38~40쪽; 이연식, 〈종전 후 한·일 양국 귀환자의 모국 정착 과정 비교 연구 – 포스트콜로니얼 관점에서 본 식민자와 피식민지민의 전후 실태 비교〉, 《한일민족문제연구》 31, 2016, 168~170쪽.

11   《조선일보》 1946년 4월 28일 조간.

12   《동아일보》 1946년 5월 20일.

13   김귀옥, 《월남민의 생활 경험과 정체성: 밑으로부터의 월남민 연구》, 서울대학교출판부, 2002, 41~43쪽.

14   통계청, 《통계로 본 광복 전후의 경제·사회상》, 1993, 9쪽.

15   김귀옥, 《월남민의 생활 경험과 정체성: 밑으로부터의 월남민 연구》, 서울대학교출판부, 2002, 44~45쪽.

16   1952년 북한에서 내려온 피난민 수는 68만 5000여 명이었다. 대한민국 국방부 정훈부, 《한국전란 3년지》, 1954, D7쪽. 통계 자료별 비교 분석은 다음을 참조. 김귀옥, 앞의 책, 2002, 68~70쪽.

17   동아일보사, 《아, 살아 있었구나》, 1983, 66쪽.

18   《동아일보》 1946년 12월 28일.

19   《동아일보》 1946년 6월 20일.

20 《조선일보》 1946년 8월 31일 조간.

21 《동아일보》 1946년 7월 23일.

22 서중석,《한국현대민족운동연구》, 역사비평사, 1991, 195~201쪽.

23 김선미, 〈중구의 토박이가 기억하는 부산〉, 부산시청 홈페이지 부산역사문화대전, http://busan.grandculture.net/Contents?local=busan&dataType=01&contents_id=GC04219146 (2017년 11월 30일)

24 1945년 11월 29일 서울시연맹 결성대회에서 밝힌 강령은 다음과 같다. ① 우리 청년은 민주주의 국가 건설에 추진력이 되기를 기한다. ② 일제 잔재와 봉건적 요소 및 반동 세력의 숙청을 기한다. ③ 심신 단련, 진리 탐구, 인격의 향상을 기한다. ④ 민주제국諸國 청년과 제휴 세계평화 건설에 공헌함을 기한다. 김남식,《남로당연구 I》, 돌베개, 1984, 85~96쪽.

25 《조선일보》 1947년 6월 19일 조간.

26 중등학교 학생은 민주학련의 세포 조직에 포함되어 각종 시위, 맹휴, 삐라 살포 등의 활동을 하다가 1948~1949년 경찰의 '불온 단체' 가맹원에 대한 대대적인 사찰과 검거 작업으로 사실상 와해됐다. 1949년 2월 경복중학교 학생 30명이 한꺼번에 검거된 것을 비롯하여 서울중학교, 휘문중학교, 경기여자중학교, 경기중학교, 배재중학교, 양정중학교, 진명여자중학교, 인천여자중학교, 함안중학교 등의 중학생 수십 명이 민주학련 세포 혐의자로 잡혔다.《경향신문》 1948년 12월 18일;《동아일보》 1948년 12월 22일;《동아일보》 1948년 12월 29일;《조선일보》 1948년 12월 23일 조간;《조선일보》 1949년 2월 9일 조간;《조선일보》 1949년 2월 27일 조간;《조선일보》 1949년 4월 6일 조간.

27 미군정은 대구에서 일어난 10월항쟁에 청년 단체 일부를 활용했으며, 친미적 청년층을 양성하기 위해 민족청년단과 같은 단체를 은밀하게 지원했다. 후지이 다케시,《파시즘과 제3세계주의 사이에서: 족청계의 형성과 몰락을 통해 본 해방 8년사》, 역사비평사, 2012, 102~106쪽.

28 조국문화사,《애국삐라전집》 1집, 1946, 105~107쪽.

29 조국문화사,《애국삐라전집》 1집, 1946, 97~101쪽.

30 광주제일고등학교 · 광주제일고등학교동창회,《광주고보 · 서중 · 일고 80년사: 1920~2003》, 2003, 404~407쪽.

31 경기고등학교70년사편찬위, 《경기70년사》, 1970, 178쪽.

32 《대구시보》 1947년 2월 18일.

33 《동아일보》 1947년 2월 22일; 《경향신문》 1947년 2월 22일.

34 《동아일보》 1947년 2월 20일.

35 《동아일보》 1947년 3월 29일.

36 《경향신문》 1947년 3월 29일.

37 《동아일보》 1947년 4월 12일.

38 《조선중앙일보》 1948년 5월 21일; 《민중일보》 1948년 5월 21일.

39 김동춘, 《전쟁과 사회》, 돌베개, 2000, 159쪽.

40 《동아일보》 1948년 11월 5일.

41 《경향신문》 1948년 11월 18일.

42 경기고등학교70년사편찬위, 《경기70년사》, 1970, 181~182쪽.

43 전주여자고등학교동창회, 《전주여자고등학교80년사: 1920~2006》, 2006, 198쪽.

44 《연합신문》 1949년 2월 9일.

45 《경향신문》 1946년 12월 18일; 《동아일보》 1947년 5월 30일.

46 《경향신문》 1946년 12월 18일.

47 《현대일보》 1946년 6월 1일.

48 《경향신문》 1946년 11월 23일.

49 《경향신문》 1947년 5월 9일.

50 《연합신문》 1949년 4월 19일.

51 박완서, 《그 많던 싱아는 누가 다 먹었을까》, 웅진닷컴, 1992, 195쪽.

52 남정옥, 〈국민방위군〉, 《한국전쟁사의 새로운 연구》, 2001, 141~142쪽; 병무청, 《병무행정사》 상, 1985, 271~275쪽.

53 나종남·장성진·성연춘·김은비, 《(6·25전쟁) 학도의용군 자료집》, 국방부군사편찬연구소, 2012, 157쪽.

54 나종남·장성진·성연춘·김은비, 《(6·25전쟁) 학도의용군 자료집》, 국방부군사편찬연구소, 2012, 169~170쪽.

55 나종남·장성진·성연춘·김은비, 《(6·25전쟁) 학도의용군 자료집》, 국방부군사편찬연구소, 2012, 172~173쪽. 인용문에서 강조는 필자가 한 것임.

56 정병준, 〈한국전쟁기 북한의 점령지역 동원 정책과 '공화국 공민' 만들기 – 경기도 시
    흥군의 사례를 중심으로〉, 《한국전쟁기 남·북한의 점령정책과 전쟁의 유산》, 선인,
    2014, 225~227쪽.

57 김귀옥, 〈지역사회에서 반공 이데올로기 정립을 둘러싼 미시적 고찰 – 해방 전후
    ~1950년대 인천시 강화군 교동면의 사례〉, 《전쟁의 기억, 냉전의 구술》, 선인, 2008,
    134~136쪽.

58 《동아일보》 1953년 2월 15일. 인용문에서 강조는 필자가 한 것임.

59 대검찰청 광주고등검찰청 광주지방검찰청 목포지청 사무과, 〈각 기관 사업장 및 중등
    학교 이상 재학 중의 학도로써 병역 기피자 파면 및 퇴학 처리의 건〉, 1952, 국가기록
    원 관리번호 BA0155675.

60 병무청, 《한국병무행정사 (상)》, 1985, 507쪽.

61 육군본부, 《후방전사: 인사편》, 1956, 127쪽.

62 《동아일보》 1953년 5월 3일.

63 《조선일보》 1952년 11월 13일 조간.

64 《경향신문》 1953년 5월 4일.

65 《조선일보》 1953년 12월 28일 조간.

66 《경향신문》 1954년 1월 10일.

67 전주여자고등학교동창회, 《전주여자고등학교80년사: 1926~2006》, 2006,
    229~230쪽.

68 《부산일보》 1950년 10월 27일; 안경식, 〈한국전쟁기 임시수도 부산지역의 피난학교
    연구〉, 《교육사상연구》 23-3, 2009, 318~319쪽에서 재인용.

69 안경식, 〈한국전쟁기 임시수도 부산지역의 피난학교 연구〉, 《교육사상연구》 23-3,
    2009, 319~321쪽.

70 《동아일보》 1953년 7월 19일, 〈피난살이 3년의 발자취 (6) 교육편〉.

71 박영식, 〈자유도 운명도 아니더라〉, 《철학과 현실》 23, 1994, 27쪽.

72 《동아일보》 1951년 3월 2일.

73 '수복지구 임시행정조치법'의 수복지구 정의는 다음과 같다. "본 법에서 수복지구라
    함은 북위 38도 이북의 수복지구와 동 지구의 행정구역에 편입되는 북위 38도 이남의
    지역을 말한다." 경기도 관할의 연천군, 강원도 관할의 양양군, 고성군, 인제군, 양구

군, 화천군, 철원군, 금화군 등이 해당 지역이었다. 《관보》 1204호, 1954년 10월 21일, 1쪽.

74   한모니까, 〈'수복지구' 주민의 정체성 형성 과정 - '인민'에서 '주민'으로, '주민'에서 '국민'으로〉, 《역사비평》 91, 2010, 130~132쪽.

75   《민중일보》 1947년 9월 6일.

76   국회사무처, 〈강원도 춘천 이남 잔여 미수복지구에 대한 피난민 긴급 수복 요청에 관한 건의안〉, 《국회임시회의속기록》 11회 81호, 1951년 10월 29일, 4쪽.

77   《동아일보》 1954년 6월 29일.

78   《동아일보》 1955년 2월 4일.

79   경기도 교육청 관리국 총무과, 〈38 이북 수복지구 교육행정조치에 관한 건〉, 1954, 국가기록원 관리번호 BA0199923.

80   《동광신문》 1949년 2월 4일.

81   《연합신문》 1949년 4월 23일; 연정은, 〈감시에서 동원으로, 동원에서 규율로 - 1950년대 학도호국단을 중심으로〉, 《역사연구》 14, 2004, 206~208쪽.

82   《연합신문》 1949년 3월 5일.

83   《연합신문》 1949년 4월 23일.

84   안호상, 〈학도호국대 결성의 의의〉, 《조선교육》 3-3, 1949, 6~7쪽.

85   연정은, 〈감시에서 동원으로, 동원에서 규율로-1950년대 학도호국단을 중심으로〉, 《역사연구》 14, 2004, 209~210쪽.

86   민주화운동기념사업회, 〈4·19혁명 구술 자료〉(정병호와 호영송 구술), 민주화운동기념사업회 홈페이지, http://www.kdemo.or.kr

87   《연합신문》 1950년 3월 10일.

88   《동아일보》 1953년 6월 11일.

89   《동아일보》 1953월 6월 12일.

90   경기고등학교70년사편찬위, 《경기70년사》, 1970, 209~210쪽.

91   뮌헨을 말한다.

92   서중석, 《한국현대민족운동연구 2: 1948~1950 민주주의·민족주의 그리고 반공주의》, 역사비평사, 1996, 286~294쪽.

93   《조선일보》 1953년 4월 26일 조간.

94 《남선경제신문》1950년 2월 25일.

95 《남선경제신문》1950년 3월 24일.

96 숙명여자고등학교,《숙명》28, 1954, 139쪽.

97 전주여자고등학교동창회,《전주여자고등학교80년사: 1926~2006》, 2006, 204쪽.

98 《조선일보》1955년 9월 10일 조간.

99 《경향신문》1956년 5월 6일.

100 《경향신문》1956년 4월 17일.

101 민주화운동기념사업회,〈4·19혁명 구술 자료〉, 민주화운동사업회 홈페이지.

102 광주제일고등학교·광주제일고등학교동창회,《광주고보·서중·일고80년사: 1920~2003》, 2003, 452쪽.

103 김혜경,《식민지하 근대 가족의 형성과 젠더》, 창비, 2006, 147~157쪽.

104 장동필,〈학교 위생보건에 대하야〉,《새교육》1-2, 1948, 97쪽.

105 《관보》5491호, 소화 20년(1945) 5월 26일, 85~91쪽.

106 서울특별시교육청 사회교육체육국 학교보건과,《전국 초·중·고학생 신체검사(체질) 통계표, 1960》, 국가기록원 관리번호 DA0870270.

107 대한학교보건협회,《신체충실지수일람표》, 수문관, 1951, 149쪽.

108 대한학교보건협회,《신체충실지수일람표》, 수문관, 1951, 12~13쪽.

109 학원사,《학생연감》, 1960, 876쪽.

110 학원사,《학생연감》, 1960, 463쪽.

111 《경향신문》1959년 2월 19일.

112 《경향신문》1949년 4월 22일.

113 여원사출판부,〈불구의 소녀에게 배움의 길을〉,《여성의 인생문답》, 1961, 189~190쪽.

114 《동아일보》1959년 4월 29일.

115 총무처 의정국 의사과,〈국민학교 결식아동 급식 대책에 관한 건〉, 1952, 국가기록원 관리번호 BA0084191.

116 《동아일보》1946년 3월 15일.

117 《동아일보》1946년 3월 16일.

118 《동아일보》1948년 9월 30일.

119 《경향신문》 1959년 4월 29일.

120 보건사회부, 《보건사회통계연보》, 1960, 144~145쪽.

121 《조선일보》 1955년 2월 6일 조간; 1958년 8월 21일 조간.

122 《동아일보》 1949년 5월 4일; 《연합신문》 1950년 3월 18일.

123 《조선일보》 1956년 6월 14일 석간.

124 조선 후기부터 일제강점기까지 콜레라 발생 상황과 대책, 그 문화적 의미에 대해서
는 다음을 참조. 신동원, 《호열자 조선을 습격하다: 몸과 의학의 한국사》, 역사비평사,
2004, 18~86쪽.

125 《동아일보》 1947년 5월 28일; 1947년 11월 19일; 1957년 11월 13일.

126 《동아일보》 1954년 6월 10일; 《조선일보》 1954년 6월 11일 조간.

127 《독립신문》 1947년 11월 27일; 《한성일보》, 1948년 5월 8일.

128 《조선일보》 1959년 7월 31일 조간.

129 《민보》 1947년 4월 12일. 인용문에서 강조는 필자가 한 것임.

130 《조선일보》 1960년 6월 18일 조간.

131 《동아일보》 1956년 4월 21일.

132 《조선일보》 1956년 7월 24일 석간; 1960년 3월 10일 조간.

133 《경향신문》 1956년 6월 3일.

134 김은경, 《1950년대 가족론과 여성》, 숙명여대 박사학위논문, 2007, 96~96쪽.

135 현병진, 〈여성교육의 반성〉, 《새교육》 9-12, 1957, 40쪽.

136 김은경, 〈1950년대 여학교 교육을 통해 본 '현모양처'론의 특징〉, 《한국가정과교육학
회지》 19-4, 2007, 145~147쪽.

137 김은경, 〈1950년대 여학교 교육을 통해 본 '현모양처'론의 특징〉, 《한국가정과교육학
회지》 19-4, 2007, 147쪽.

3. 일상의 중심, 공부와 노동과 취미

1 《동아일보》 1983년 1월 10일, 〈우골탑 뒷얘기〉.

2 강인철, 〈한국전쟁과 사회의식 및 문화의 변화〉, 《한국전쟁과 사회구조의 변화》, 백산

서당, 1999, 253~255쪽.

3 《경향신문》 1959년 2월 26일.

4 《조선일보》 1955년 2월 19일 조간.

5 《동아일보》 1959년 4월 24일.

6 《동아일보》 1955년 1월 6일.

7 김은경, 〈산업화 이전 시기 한국 여성의 모성 경험과 정체성: 1940년대 중반
   ~1960년대 초반을 중심으로〉, 《여성과 역사》 21, 2014, 170~171쪽에서 재인용. 인
   용문에서 강조는 필자가 한 것임.

8 김은경, 〈산업화 이전 시기 한국 여성의 모성 경험과 정체성: 1940년대 중반
   ~1960년대 초반을 중심으로〉, 《여성과 역사》 21, 2014, 170~170쪽에서 재인용.

9 김은경, 〈산업화 이전 시기 한국 여성의 모성 경험과 정체성: 1940년대 중반
   ~1960년대 초반을 중심으로〉, 《여성과 역사》 21, 2014, 171쪽에서 재인용.

10 《경향신문》 1954년 8월 8일.

11 김은경, 〈산업화 이전 시기 한국 여성의 모성 경험과 정체성: 1940년대 중반
   ~1960년대 초반을 중심으로〉, 《여성과 역사》 21, 2014, 172쪽에서 재인용.

12 김은경, 〈산업화 이전 시기 한국 여성의 모성 경험과 정체성: 1940년대 중반
   ~1960년대 초반을 중심으로〉, 《여성과 역사》 21, 2014, 171쪽에서 재인용.

13 인용문에서 강조는 필자가 한 것임.

14 광주제일고등학교·광주제일고등학교동창회, 《광주고보·서중·일고80년사:
   1920~2003》, 2003, 460쪽.

15 《전남일보》 1957년 3월 28일; 광주제일고등학교·광주제일고등학교동창회, 《광주고
   보·서중·일고80년사: 1920~2003》, 2003, 473~474쪽에서 재인용.

16 《동아일보》 1963년 8월 14일, 〈우리의 18년간〉.

17 김용제, 〈입학지옥의 바람은 지나갔지만〉, 《새교육》 11-5, 1959, 65쪽.

18 양벽파, 〈특집: 누구를 위한 자모회냐? - 자모회의 생태〉, 《여원》 4-10, 1958, 208쪽.

19 김은경, 〈산업화 이전 시기 한국 여성의 모성 경험과 정체성: 1940년대 중반
   ~1960년대 초반을 중심으로〉, 《여성과 역사》 21, 2014, 168쪽에서 재인용. 한국전
   쟁 시기 중학교 입학금은 3000원에서 5000원 수준이었다(《경향신문》 1952년 3월 5일).
   이에 비추어볼 때 구영자가 말한 전학 수속비 300만~500만 원은 현재 물가 단위로

환산한 금액으로 추정된다.

20 《자유신문》 1950년 4월 15일.

21 성인기, 〈학부형의 일언〉, 《새교육》 11-5, 1959, 73~74쪽.

22 1960~1970년대 '치맛바람'에 대한 사회 논의와 그 문제에 대해서는 다음을 참조. 전경옥·변신원·김은정·이명실, 《한국여성근현대사 2: 1945~1980, 한국여성문화사 2》, 숙명여자대학교 아시아여성연구소, 2005, 318~323쪽.

23 표경조·주월영, 《이상적인 가정생활, 고 Ⅲ》, 장왕사, 1956, 83쪽.

24 김은경, 〈산업화 이전 시기 한국 여성의 모성 경험과 정체성: 1940년대 중반 ~1960년대 초반을 중심으로〉, 《여성과 역사》 21, 2014, 170쪽에서 재인용.

25 김은경, 〈산업화 이전 시기 한국 여성의 모성 경험과 정체성: 1940년대 중반 ~1960년대 초반을 중심으로〉, 《여성과 역사》 21, 2014, 168쪽에서 재인용.

26 양벽과, 〈특집: 누구를 위한 자모회냐? – 자모회의 생태〉, 《여원》 4-10, 1958, 206쪽.

27 박영식, 〈자유도 운명도 아니더라〉, 《철학과 현실》 23, 1994, 25쪽.

28 《동아일보》 1955년 4월 27일.

29 《경향신문》 1953년 10월 8일.

30 《동아일보》 1954년 3월 5일.

31 김교훈, 〈고학생의 단상〉, 《인창》 3, 1960, 107쪽.

32 《조선중앙일보》 1949년 6월 25일.

33 《연합신문》 1949년 2월 9일.

34 《조선일보》 1959년 8월 4일 석간.

35 전말선·이덕실, 〈고학생 실태의 일 예비조사〉, 《교육연구》 14, 1959.

36 《경향신문》 1958년 3월 17일.

37 《경향신문》 1958년 3월 15일.

38 소천 권태호 선생 기념사업회, 《음악가 권태호》, 창조와 지식, 2018, 350쪽.

39 H. C. PAE, 〈가정교사 백서〉, 《경맥》 5, 경북고등학교, 1958, 93쪽.

40 김은경, 《1950년대 가족론과 여성》, 숙명여자대학교 박사학위논문, 2007, 30~32쪽.

41 여성계 편집부, 〈전국 미망인 실태〉, 《여성계》 7-8, 1958, 76쪽.

42 《중앙신문》 1946년 1월 30일; 《현대일보》 1948년 3월 11일.

43 《한성일보》 1949년 11월 9일; 《연합신문》 1950년 3월 19일.

44 《경향신문》 1953년 8월 20일.

45 《경향신문》 1956년 12월 17일.

46 박정애, 〈여자를 사랑한 여자: 1931년 동성연애철도자살사건〉, 《20세기 여성사건사》, 여성신문사, 2001.

47 대전상업고등학교, 〈졸업생 간담회〉, 《청원》 2, 1959, 110쪽.

48 강영, 〈요양 간 S동생에게〉, 《서원》 3, 대전서여자고등학교, 1959, 78쪽.

49 경북고등학교, 《경맥》 5, 1958, 105~126쪽.

50 《경향신문》 1956년 12월 17일, 〈학생범죄에 대한 관견 (하)〉.

51 《경향신문》 1953년 1월 14일.

52 문화영화의 개념에 대해서는 다음을 참조. 이하나, 《국가와 영화: 1950~60년대 '대한민국'의 문화재건과 영화》, 혜안, 2013, 191~193쪽; 이순진, 〈대안영화에서 선전영화까지: 한국 문화영화의 역사와 쟁점〉, 《지워진 한국영화사: 문화영화의 안과 밖》, 한국영상자료원, 2014, 9~18쪽.

53 《경향신문》 1956년 12월 17일.

54 조재충, 〈생활일기〉, 《계성》 14, 계성중고등학교, 1957, 140쪽.

55 광주서중학교·광주제일고등학교, 《무등》 42, 1961, 136쪽.

56 중앙중고등학교, 《계우》 34, 1958, 95~98쪽.

57 박완서, 《그 많던 싱아는 누가 다 먹었을까》, 웅진닷컴, 1992, 211쪽.

58 이미자는 1959년 〈열아홉 순정〉으로 데뷔했다. 1963년 발표한 〈두형이를 돌려줘요〉는 실종된 조두형 군을 찾는 데 도움을 주려고 만든 곡이다.

59 《동아일보》 1959년 5월 4일.

60 《동아일보》 1961년 4월 2일.

61 《동아일보》 1958년 7월 31일.

62 《동아일보》 1958년 8월 29일.

63 주경복, 〈한·불 은어 비교를 통한 언어의 사회심리적 기능 연구〉, 《언어》 28, 1990, 316·324쪽.

64 장태진, 《한국은어사전》, 형설출판사, 1963.

65 김은경, 〈역사 서술과 여성 하위 주체의 언어들 – 기지촌 여성의 은어隱語를 중심으로〉, 제57회 전국역사학대회 발표자료집, 2014.

66 폴 윌리스 저, 김찬호·김영훈 역, 《학교와 계급 재생산: 반학교문화, 일상, 저항》, 이 매진, 2007, 51쪽.

67 권명아는 4월혁명 이후 사회질서 정상화 요구에 따라 청소년의 풍기문란에 대한 단속 과 처벌이 강화됐고, 풍기문란 단속이 단지 청소년의 풍기 문제를 넘어 소년범죄라는 새로운 범주로 구성됐다고 했다. 권명아, 《음란과 혁명: 풍기문란의 계보와 정념의 정 치학》, 책세상, 2013, 296쪽.

68 《경향신문》 1960년 11월 21일.

69 대검찰청 광주고등검찰청 광주지방검찰청 목포지청 사무과, 〈학생범죄 엄벌의 건〉, 1956, 국가기록원 관리번호 BA0155678.

70 전라남도 여수시, 〈금 하휴 중고등학생 교외생활지도위원회 조직에 관한 건〉, 1957, 국가기록원 관리번호 BA0081419.

71 《관보》 2100호, 1958년 8월 7일.

72 인천소년교도소, 《인천소년교도소사》, 1991, 39~45쪽.

73 권명아, 《음란과 혁명: 풍기문란의 계보와 정념의 정치학》, 책세상, 2013, 294~303쪽.

74 대검찰청 공판송무부 공판송무과, 1962, 국가기록원 관리번호 BA0154739.

75 《동아일보》 1954년 5월 29일.

76 법무부 교정국, 《비행소년통계, 1963》 1집, 1964, 60쪽.

77 엄요섭, 〈학생범죄를 중심으로 한 학교교육과 가정교육〉, 《새살림》, 1958년 1월, 54쪽.

78 《조선일보》 1957년 7월 4일, 〈청소년범죄와 지도 – 가정에서 어떻게 해야 하나 (상)〉.

79 《조선일보》 1959년 2월 6일.

80 《조선일보》 1958년 4월 10일, 〈중·소학교 신입생을 가진 어머니로서의 준비〉.

81 김사달, 〈가정교육과 아동보호 – 도의교육과 성교육을 중심으로〉, 《새살림》, 1957년 1월, 57쪽.

82 임경애, 〈현대어머니론〉, 《여원》, 1960, 71쪽.

83 알베르토 망구엘 저, 정명진 역, 《독서의 역사》, 세종서적, 2001, 228~237쪽, 327쪽.

84 천정환, 《근대의 책읽기: 독자의 탄생과 한국 근대문학》, 푸른역사, 2014, 32~33쪽, 46~47쪽, 358~366쪽.

85 《동아일보》 1954년 11월 18일.

86 《동아일보》 1952년 5월 3일.

87 김선미, 〈보수동 책방 골목을 지키는 사람들〉, 부산시청 홈페이지, http://busan.
    grandculture.net/Contents?local=busan&dataType=0406.

88 여학생사, 《여학생》 창간호, 1949.11.

89 《경향신문》 1948년 3월 12일.

90 장수경, 〈1950년대 구성되는 기억·아동·문학 - 『새벗』을 중심으로〉, 《현대문학이론
    연구》 52, 2013.

91 장수경, 〈『학원』의 문학사적 위상 연구〉, 고려대 박사학위논문, 2010, 55쪽.

92 《동아일보》 1954년 7월 18일.

93 김한식, 〈학생 잡지 '학원'의 성격과 의의 - 1950년대를 중심으로〉, 《상허학보》 28,
    2010, 312쪽.

94 장수경, 〈『학원』의 문학사적 위상 연구〉, 고려대 박사학위논문, 2010, 11~13쪽.

95 이상록, 〈함석헌의 민중 인식과 민주주의론〉, 《사학연구》 97, 2010; 〈4·19민주항쟁
    직후 한국 지식인들의 민주주의 인식〉, 《정의와 행동 그리고 4월혁명의 기억》, 선인,
    2012.

96 《동아일보》 1961년 6월 18일.

97 《경향신문》 1961년 4월 4일.

98 《동아일보》 1954년 3월 21일.

99 린 헌트 편, 조한욱 역, 《포르노그라피의 발명: 외설성과 현대성의 기원,
    1500~1800》, 책세상, 1996, 11~54쪽.

100 《동아일보》 1957년 7월 5일.

101 《경향신문》 1948년 12월 31일, 〈가두만필 (7) 만필의 만화 시기〉.

102 《동아일보》 1960년 10월 14일.

103 이경돈, 《문학 이후》, 소명출판, 2009, 303~304쪽.

104 문경연, 《한국 근대 극장예술과 취미 담론》, 소명출판, 2012, 29~38쪽.

105 박숙자, 《속물 교양의 탄생》, 푸른역사, 2012.

106 정창범, 〈교사 논단: 교양으로서의 문학〉, 《양정》 26, 양정중고등학교, 1960, 24쪽.

107 소영현, 《문학청년의 탄생》, 푸른역사, 2008.

108 주재천, 〈수집벽의 취미〉,《양정》26, 양정중고등학교, 1960, 95쪽.

109 《동아일보》1946년 2월 4일.

110 이경민, 〈근대 문학 속의 사진 이야기〉,《황해문화》65, 2009, 318~319쪽.

111 이서룡, 〈심원한 사색의 터전〉,《양정》26, 양정중고등학교, 1960, 93쪽.

112 김윤정, 〈일제강점기 경성부민의 여름나기 – 한강과 수영장을 중심으로〉,《일제강점기 경성부민의 여가생활》, 서울역사편찬원, 2018.

113 전주여자고등학교동창회,《전주여자고등학교80년사: 1926~2006》, 2006, 245쪽.

114 대전서여자고등학교,《서원》4, 1959.

115 무학여자중고등학교,《무학》3, 1955;《무학》4, 1956.

116 오산중고등학교학도호국단,《다섯매》2호, 1957.

117 〈교내 뉴스: 묵은 교지를 모집〉,《숙명》28, 1954, 121쪽.

118 전주여자고등학교,《거울》1, 1959; 전주여자고등동창회,《전주여자고등학교80년사: 1926~2006》, 2006, 246쪽에서 재인용.

119 이건우, 〈조국〉,《계성》13, 계성중고등학교, 1956.

120 경기고등학교70년사편찬회,《경기70년사》, 경기고등학교동창회, 1970, 185~188쪽.

121 《동아일보》1957년 11월 2일.

122 《경향신문》1954년 1월 16일.

123 박완서, 〈(각부소식) 문예부: 회고와 전망〉,《숙명》25, 숙명여자중·고등학교, 1949, 144쪽.

124 《경향신문》1960년 8월 21일.

125 《경향신문》1956년 11월 24일;《동아일보》1956년 12월 20일.

126 《동아일보》1956년 12월 20일.

4. 혁명보다 먼저 일어서다

1 4월혁명을 일컫는 용어는 4·19의거, 4·19학생의거, 4·19혁명, 4월민주혁명, 4월혁명, 4·19운동, 4·19 등 다양하다. '4·19'는 가장 흔히 쓰는 용어지만, 이는 4월 19일을 강조해 대구 2·28 학생시위나 3월 마산시위를 배제할 뿐 아니라, 서울 지역과 대

학생 중심주의를 유포한다.(이완범, 〈4·19 전조前兆로서의 1960년 초봄 지역 시민운
동 - '4·19'의 '대학생-서울' 중심사관을 넘어서〉, 《한국정치외교사논총》34-2, 2013,
37~40쪽; 정근식, 〈지역의 4월혁명 : 시각과 연구방법〉, 《지역에서의 4월혁명》, 선인,
2010, 19~22쪽). 이 책에서는 좁게는 1960년 2월 말부터 4월 26일 이승만 대통령
사임까지, 넓게는 1961년 5·16군사정변 이전까지 각계에서 일어났던 민주화운동과
정치적 변화를 '4월혁명'으로 지칭한다.

2   이강현 편, 《민주혁명의 발자취 : 전국 각급 학교 학생대표의 수기》, 정음사, 1960,
     12쪽.

3   이강현 편, 《민주혁명의 발자취 : 전국 각급 학교 학생대표의 수기》, 정음사, 1960,
     19쪽.

4   오유석, 〈서울에서의 4월혁명〉, 《4월혁명과 한국민주주의》, 선인, 2010, 183~191쪽.

5   《동아일보》 1960년 3월 14일.

6   《동아일보》 1960년 3월 15일.

7   허종, 〈대전·충남 지역 4월혁명의 발발〉, 《4월혁명과 한국민주주의》, 선인, 2010,
     94~101, 115쪽.

8   김은경·서규환, 〈인천 지역 4월혁명의 사회운동론적 양상〉, 《지역에서의 4월혁명》,
     선인, 2010, 98~99쪽.

9   《동아일보》 1960년 3월 15일.

10   《동아일보》 1960년 3월 9일.

11   민주화운동기념사업회, 《4월혁명 사료총집 5 : 선언·성명·수기》, 2010, 781쪽.

12   《동아일보》 1960년 3월 17일.

13   《동아일보》 1960년 3월 30일.

14   《동아일보》 1960년 4월 12일.

15   이은진, 〈3·15마산의거의 지역적 기원과 전개〉, 《4월혁명과 한국 민주주의》, 2010,
     166쪽.

16   민주화운동기념사업회, 《4월혁명 사료총집 5 : 선언·성명·수기》, 2010, 50쪽.

17   김은경·서규환, 〈인천 지역 4월혁명의 사회운동론적 양상〉, 《지역에서의 4월혁명》,
     선인, 2010, 104~105쪽.

18   오유석, 〈서울에서의 4월혁명〉, 《4월혁명과 한국민주주의》, 선인, 2010, 200~203쪽.

19 최근에는 서울과 대학생 중심의 4월혁명에 대한 기존 인식을 극복하려는 시도가 늘고 있다. 이에 대해 다음을 참조. 이완범, 〈4·19 전조前兆로서의 1960년 초봄 지역 시민운동 – '4·19'의 '대학생-서울' 중심사관을 넘어서〉, 《한국정치외교사논총》 34-2, 2013; 오제연, 〈4월혁명의 기억에서 사라진 사람들 – 고학생과 도시 하층민〉, 《역사비평》 106, 2014.

20 《동아일보》 1960년 3월 14일.

21 《사상계》 1960년 5월, 37쪽; 오유석, 〈서울에서의 4월혁명〉, 《4월혁명과 한국민주주의》, 선인, 2010, 196쪽에서 재인용.

22 김은하·윤정란·권수현 편, 《혁명과 여성》, 선인, 2010, 146쪽.

23 《동아일보》 1960년 3월 26일.

24 3·15의거기념사업회, 《3·15의거사》, 2004, 364쪽.

25 민주화운동기념사업회, 《4월혁명 사료총집 7: 사상자 기록, 수습 활동》, 2010, 428쪽.

26 민주화운동기념사업회, 《4월혁명 사료총집 7: 사상자 기록, 수습 활동》, 2010, 423쪽.

27 《경향신문》 1960년 3월 15일.

28 《경향신문》 1958년 12월 5일.

29 오제연, 〈4월혁명의 기억에서 사라진 사람들 – 고학생과 도시 하층민〉, 《역사비평》 106, 2014, 140~143쪽.

30 오제연, 〈4월혁명의 기억에서 사라진 사람들 – 고학생과 도시 하층민〉, 《역사비평》 106, 2014, 140~143쪽.

31 동성중고등학교 4·19백서편찬위원회, 《4·19혁명의 최선봉, 동성》, 2015.

32 민주화운동기념사업회, 《4월혁명 사료총집 7: 사상자 기록, 수습 활동》, 2010, 449쪽.

33 민주화운동기념사업회, 《4월혁명 사료총집 7: 사상자 기록, 수습 활동》, 2010, 477쪽.

34 에이프릴 카터, 조효제 역, 《직접행동》, 교양인, 2007, 38~61쪽; 천정환, 〈해방기 거리의 정치와 표상의 생산〉, 《상허학보》 26, 2009, 58쪽에서 재인용.

35 천정환, 〈해방기 거리의 정치와 표상의 생산〉, 《상허학보》 26, 2009, 64~66쪽.

36 김백영, 〈4·19와 5·16의 공간사회학 – 1950~1960년대 서울의 도시공간과 광장정치〉, 《서강인문논총》 38, 2013, 90쪽.

37 《동아일보》 1960년 3월 10일.

38 《동아일보》 1960년 3월 9일.

39 《동아일보》 1960년 3월 12일.

40 《동아일보》 1960년 3월 18일.

41 김미란, 〈'청년 세대'의 4월혁명과 저항 의례의 문화정치학〉, 《사이閒SAI》 9, 2010, 19쪽.

42 《동아일보》 1960년 4월 27일.

43 김은경·서규환, 〈인천 지역 4월혁명의 사회운동론적 양상〉, 《지역에서의 4월혁명》, 선인, 2010, 113쪽에서 재인용.

44 《조선일보》 1960년 4월 27일, 조간.

45 김태룡, 〈3·15마산의거의 역사적 고찰〉, 《마산시사: 사료집》 제1집, 1964, 391쪽; 이은진, 〈3·15마산의거의 지역적 기원과 전개〉, 《4월혁명과 한국민주주의》, 선인, 2010, 173~174쪽에서 재인용.

46 《동아일보》 1960년 4월 28일.

47 횃불시위는 4·19 이전의 관제 데모 방식에서 영향을 받은 것으로 해석되기도 한다. 1년 동안 지속된 1959년 '재일교포 북송반대시위'에는 수십만 명이 참여했고 야간 봉화시위까지 이루어졌다. 오제연, 〈4월혁명의 기억에서 사라진 사람들 – 고학생과 도시 하층민〉, 《역사비평》 106, 2014, 145쪽.

48 마산일보사, 《승리의 기록: 마산의거와 4월혁명의 성공》, 1960, 28쪽.

49 《기호일보》, 1960년 4월 24일; 《경인일보》, 1960년 4월 24~25일. 김은경·서규환, 〈인천 지역 4월혁명의 사회운동론적 양상〉, 《지역에서의 4월혁명》, 선인, 2010, 111~112쪽에서 재인용.

50 《동아일보》 1960년 3월 26일.

51 《동아일보》 1960년 4월 20일.

52 《동아일보》 1960년 4월 20일.

53 오제연, 〈4월혁명의 기억에서 사라진 사람들 – 고학생과 도시 하층민〉, 《역사비평》 106, 2014, 160~161쪽.

54 《동아일보》 1960년 3월 25일.

55 4월혁명 직전 한 고학생 실태 조사에 따르면, 조사 대상 고등학생 중 28퍼센트가 넘는 학생이 신문 배달, 구두닦이, 행상 등을 했다. 전말선·이덕실, 〈고학생 실태의 일 예비조사〉, 《교육연구》 14, 1959.

56 권보드래·천정환, 《1960년을 묻다: 박정희 시대의 문화정치와 지성》, 천년의 상상, 2012, 31~32쪽.

57 김미란, 〈'청년 세대'의 4월혁명과 저항 의례의 문화정치학〉, 《사이間SAI》 9, 2010, 21~22쪽.

58 이강현 편, 《민주혁명의 발자취: 전국 각급 학교 학생대표의 수기》, 정음사, 1960, 23쪽.

59 소설가 박태순은 4월혁명으로 "죽은 이들을 대신하여 우리는 어떠한 민주 언어를 봉헌하였는가" 물었다. 마산 외곽 '3·15의거 희생자 공동묘역'에 안치된 추모비 비문에는 다음과 같은 문구가 있다. "꽃처럼 피어나던 어린 목숨을 의거의 광장에 바치고 마침내 4·19의 횃불을 드높이 올린 민주주의의 푸른 넋들이 말없이 누워 있다." 박태순, 〈4월혁명의 기폭제가 된 김주열의 시신〉, 《역사비평》 16, 1992, 189~190쪽.

60 민주화운동기념사업회, 《4월혁명 사료총집 5: 선언·성명·수기》, 2010, 59쪽.

61 민주화운동기념사업회, 《4월혁명 사료총집 5: 선언·성명·수기》, 2010, 46쪽.

62 민주화운동기념사업회, 《4월혁명 사료총집 5: 선언·성명·수기》, 2010, 47쪽.

63 김태일, 〈4월혁명의 출발〉, 《한국정치외교사논총》 24-2, 2003, 244쪽.

64 홍종흠, 〈증언! 4·19의 전주 – 경북고·대구고·사대부고 등의 궐기와 그 뒤안〉, 《정경문화》 228, 1984, 320쪽.

65 이하나, 〈1950~1960년대 반공주의 담론과 감성 정치〉, 《사회와 역사》 95, 2012, 214~215쪽.

66 김선미, 〈4월혁명 시기 부산지역 고등학생의 현실 인식과 실천〉, 《한국민족문화》 55, 2015, 13쪽.

67 민주화운동기념사업회, 《4월혁명 사료총집 5: 선언·성명·수기》, 2010, 63쪽.

68 민주화운동기념사업회, 《4월혁명 사료총집 7: 사상자 기록, 수습 활동》, 2010, 420쪽.

69 전주여자고등학교동창회, 《전주여자고등학교80년사: 1926~2006》, 2006, 271쪽.

70 이성호, 〈전북의 4월혁명〉, 《지역에서의 4월혁명》, 선인, 2010, 299쪽.

71 김선미, 〈4월혁명 시기 부산지역 고등학생의 현실 인식과 실천〉, 《한국민족문화》 55, 2015, 24쪽.

72 김선미, 〈4월혁명 시기 부산지역 고등학생의 현실 인식과 실천〉, 《한국민족문화》 55, 2015, 14쪽.

73 〈좌담회 : 노한 사자들의 증언〉, 《사상계》(민주화운동기념사업회, 《4월혁명 사료총집 5: 선언·성명·수기》, 2010, 847쪽에서 재인용).

74 《동아일보》 1960년 7월 21일.

75 《동아일보》 1960년 7월 28일.

76 《경향신문》 1960년 10월 11일.

77 김선미, 앞의 논문, 2015, 31쪽.

78 박재철, 〈역사의 전환점 – 2·28을 중심으로〉, 《군성》(민주화운동기념사업회, 앞의 책, 2010, 597쪽 재인용).

79 경기고등학교70년사편찬위, 《경기70년사》, 1970, 237쪽.

80 《동아일보》 1960년 6월 6일.

81 《동아일보》 1960년 4월 23일.

82 민주화운동기념사업회, 《4월혁명 사료총집 7: 사상자 기록, 수습 활동》, 2010, 507쪽.

83 민주화운동기념사업회, 《4월혁명 사료총집 7: 사상자 기록, 수습 활동》, 2010, 513쪽.

84 민주화운동기념사업회, 《4월혁명 사료총집 7: 사상자 기록, 수습 활동》, 2010, 477쪽.

85 김선미, 〈4월혁명 시기 부산지역 고등학생의 현실인식과 실천-시위 참가자를 중심으로〉, 《한국민족문화》 55, 2015, 28쪽.

86 경기고등학교70년사편찬위, 《경기70년사》, 1970, 237쪽.

87 《조선일보》 1960년 5월 2일.

88 송권봉, 〈옳은 것은 옳다 말하고, 부끄러운 짓은 반성할 수 있어야 참된 일 – 4·19 교원노조 퇴직 교사 김남식〉, 《교육비평》 8, 2002, 230쪽.

89 경기고등학교70년사편찬위, 《경기70년사》, 1970, 237쪽.

90 김선미, 〈4월혁명 시기 부산지역 고등학생의 현실인식과 실천 – 시위 참가자를 중심으로〉, 《한국민족문화》 55, 2015, 26쪽.

91 김은경·서규환, 〈인천 지역 4월혁명의 사회운동론적 양상〉, 《지역에서의 4월혁명》, 선인, 2010, 121쪽.

92 송권봉, 〈옳은 것은 옳다 말하고, 부끄러운 짓은 반성할 수 있어야 참된 일 – 4·19 교원노조 퇴직 교사 김남식〉, 《교육비평》 8, 2002, 233쪽.

93 《동아일보》 1960년 10월 4일.

94 이청준, 《썩어지지 않은 자서전》, 문학과지성사, 2014, 137쪽.

95 박영작, 〈회고기: 그날의 나와 내 주위〉, 《청조》 10, 부산고등학교, 1961, 84쪽; 김선미, 앞의 논문, 2015, 11쪽에서 재인용.

96 한태연, 〈전제군주의 몰락 - 4월혁명의 역사적 의의〉, 《세계》 6, 1960, 40쪽; 오제연, 앞의 논문, 2014, 145쪽에서 재인용.

97 유혜○, 〈4·19와 나의 소고〉, 《크로바》 9, 인천여자고등학교, 1961, 159쪽.

98 이청준, 《쓰여지지 않은 자서전》, 문학과지성사, 2014, 138쪽.

99 문오장, 〈조국과 우리들의 사명〉, 《대동》 12, 대동상업중·고등학교, 1957, 27쪽.

100 이대우, 〈내일을 위한 투쟁〉, 《경맥》 7, 경북고등학교, 1960, 38쪽.

101 민주화운동기념사업회, 《4월혁명 사료총집 5: 선언·성명·수기》, 2010, 781~782쪽.

102 오제연, 《1960~1971년 대학 학생운동 연구》, 서울대 박사학위논문, 2014, 9~10쪽.

103 한스 J. 노이바우어 저, 박동자·황승환 역, 《소문의 역사》, 세종서적, 2001, 212~245쪽.

104 Friedrich Nietzsche, The Gay Science, 1882; 피터 버크 저, 조한욱 역, 《문화사란 무엇인가》, 도서출판 길, 2005, 178쪽.

105 윌리엄 M. 레디 저, 김학이 역, 《감정의 항해: 감정이론, 감정사, 프랑스혁명》, 문학과지성사, 2016.

106 이명호, 〈문화연구의 감정론적 전환을 위하여 - 느낌의 구조와 정동경제론 검토〉, 《비평과 이론》 20-1, 2015, 113~115쪽.

107 레이먼드 윌리엄스 저, 성은애 역, 《기나긴 혁명》, 문학동네, 2011, 93~94쪽.

108 이하나, 〈1950~60년대 반공주의 담론과 감성정치〉, 《사회와 역사》 95, 2012.

109 이는 커뮤니케이션 연구의 내용 분석(content analysis) 방법론에서 아이디어를 얻었다. 내용 분석은 주관적인 편향을 배제하고 계량화할 수 있는 결과를 산출하는 방법으로, 하나의 표본 안에서 분석 단위의 통계적 출현 빈도(정도)를 의미 있게 본다(앤드루 에드거 피터 세즈윅 편, 박명진 외 역, 《문화이론사전》, 한나래, 2012, 118~119쪽). 이 책에서 감정 관련 어휘 빈출도를 조사한 것은 주관적 의도를 배제하고 객관적인 데이터를 얻기 위해서는 아니다. 통계 결과를 객관적 사실로 확정하기 위해서가 아니라, 그 대략적 흐름이 사회적 감정을 이해하는 데 유의미한 지표가 될 수 있을 것이라는 판단에서 어휘 빈출도를 살펴보았다.

110 키워드 검색이 가능한 《경향신문》과 《동아일보》의 신문 기사(내용과 제목)를 대

상으로 했다. 통계 결과는 키워드를 입력해 나온 단순 수치이므로 그 가운데 일
부는 관련없는 기사도 포함돼 있다. http://newslibrary.naver.com/search/
searchByKeyword.nhn

111 권혁남, 〈분노에 대한 인간학적 고찰〉, 《인간연구》 19, 2010, 79~83쪽.

112 《동아일보》 1960년 4월 14일, 〈횡설수설〉.

113 최장집의 발언, 우찬제·이광호 편, 《4·19와 모더니티》, 문학과지성사, 2010,
127~128쪽.

114 정추봉, 《소화》 5; 민주화운동기념사업회, 《4월혁명 사료총집 5: 선언·성명·수기》,
2010, 318쪽에서 재인용.

115 민주화운동기념사업회, 《4월혁명 사료총집 5: 선언·성명·수기》, 2010, 183쪽.

116 경북고등학교, 《경맥》 7, 경북고등학교, 1960, 10쪽.

117 《동아일보》 1960년 3월 11일.

118 유혜○, 〈4·19와 나의 소고〉, 《크로바》 9, 인천여자고등학교, 1961, 158쪽.

119 이대우, 〈내일을 위한 투쟁〉, 《경맥》 7, 경북고등학교, 1960, 38쪽.

120 청년은 중·고등학생을 포함한 10대와 20대를 통칭할 때도 있고 대학생만을 지칭할
때도 있으며, 학생이 아닌 일반 직업 청소년과 성인을 가리킬 때도 있다. 일제강점기
청년 개념에 대해서는 다음을 참조. 이기훈, 《청년아 청년아 우리 청년아: 근대 청년
을 호명하다》, 돌베개, 2014.

121 권보드래·천정환, 《1960년을 묻다: 박정희 시대의 문화정치와 지성》, 천년의 상상,
2012, 28쪽.

122 조대엽은 고려대학교 학생의 4월혁명 참여와 '고대 민주주의'의 정당성 구조를 정의
성·대중성·역사성의 세 차원으로 구분했다. 또 문화적 원천을 로고스(지성주의)·파
토스(열정주의)·에토스(윤리주의)의 면에서 살폈다. 하지만 이것을 '고대 민주주의'에
한정하지 않고 혁명에 가담한 학생 행동의 문화적 토양으로 이해해도 크게 틀리지 않
다. 조대엽 〈4·18 고대행동과 한국의 민주주의〉, 《정의와 행동 그리고 4월혁명의 기
억》, 선인, 2012, 97~109쪽.

123 홍종흠, 〈증언! 4·19의 전주 – 경북고·대구고·사대부고 등의 궐기와 그 뒤안〉, 《정
경문화》 228, 1984, 315쪽.

124 이강현 편, 《민주혁명의 발자취: 전국 각급 학교 학생 대표의 수기》, 정음사, 1960,

29쪽.

125 남영선, 〈4·19의거의 교훈-앞서 가신 영령의 명복〉, 《청원》 4, 대전상업고등학교, 1961, 72~73쪽.

126 민주화운동기념사업회, 《4월혁명 사료총집 7: 사상자 기록, 수습 활동》, 2010, 373쪽.

127 김흥배, 〈움직이는 현 정세와 우리들의 자세〉, 《무등》 42, 광주서중학교·광주제일고등학교, 1961, 95쪽.

128 《동아일보》 1960년 4월 20일.

129 이대우, 〈내일을 위한 투쟁〉, 《경맥》 7, 경북고등학교, 1960, 38쪽.

130 허종, 〈대전·충남 지역 4월혁명의 발발〉, 《4월혁명과 한국민주주의》, 선인, 2010, 94쪽.

131 백기만, 〈3·1운동과 4월혁명 - 경고의 관록과 전통〉, 《경맥》 7, 1960, 20쪽.

참고문헌

자료

신문 및 잡지

《경향신문》《관보》《교육연구》《교육주보》《남선경제신문》《대구시보》《독립신문》《동광신문》《동아일보》《문교월보》《민중일보》《사상계》《새교육》《새살림》《서울신문》《신사조》《여성계》《여원》《연합신문》《자유신문》《조선교육》《조선일보》《조선중앙일보》《한국일보》《현대일보》

교지

《경맥》 5~7, 경북고등학교, 1958~1960

《계성》 13, 계성중고등학교, 1956

《계우》 34, 중앙중고등학교, 1958

《다섯매》 2, 오산중고등학교학도호국단, 1957

《대동》 12, 대동상업중고등학교, 1957

《무등》 42, 광주서중학교·광주제일고등학교, 1961

《무학》 3~4, 무학여자중고등학교, 1955~1956

《서원》 3~4, 대전서여자고등학교, 1959

《숙명》 25~28, 숙명여자중고등학교, 1949~1954

《양정》 26, 양정중고등학교, 1960

《인창》 3, 인창중고등학교, 1960

《청원》 2~4, 대전상업고등학교, 1959~1961

《크로바》제9호, 인천여자고등학교, 1960

교사 자료

《경기70년사》, 경기70년사편찬위원회, 1970

《경기여고 80년사》, 경기여자고등학교, 1988

《광주고보·서중·일고80년사: 1920~2003》, 광주제일고등학교·광주제일고등학교동창
회, 2003

《전주여자고등학교80년사: 1926~2006》, 전주여자고등학교동창회, 2006

교과서

고려선봉사 편, 《신제중등공민교과서》, 고려선봉사, 1946

군정청 문교부, 《중등 국어 교본 (하)》, 1947

김두헌·박종홍·육지수·고병국, 《공민 (3)》, 동지사, 1949/1950

문교부, 《사회생활 4-1》, 1959

문교부, 《사회생활 6-2》, 1959

심태진·권상철, 《중학교 사회생활과: 도덕 (1)》, 민교사, 1956

이상선, 《중등사회생활과 : 경제생활 (공민 3년)》, 탐구당, 1949/1951

이인기·민병태, 《중등공민 (1)》, 박문출판사, 1956

이재훈, 《중학교 사회생활과: 공민 (Ⅰ)》, 동국문화사, 1955

표경조·주월영, 《이상적인 가정생활 (고 Ⅲ)》, 장왕사, 1956

한국교육문화협회, 《반공독본 5》, 박문출판사, 1954

한국교육문화협회, 《반공독본 6》, 박문출판사, 1954

기타

국가기록원 문서

《국회속기록》

《국회임시회의속기록》

3·15의거기념사업회, 《3·15의거사》, 2004

국방부 정훈부, 《한국전란3년지》, 1954

김선미, 〈중구의 토박이가 기억하는 부산〉, 부산시청 홈페이지 부산역사문화대전

_____, 〈보수동 책방 골목을 지키는 사람들〉, 부산시청 홈페이지

나종남·장성진·성연춘·김은비, 《(6·25전쟁) 학도의용군 자료집》, 국방부군사편찬연구소, 2012

대한학교보건협회, 《신체충실지수일람표》, 수문관, 1951

도의교육위원회 편, 《도의생활지도요령》, 문교부, 1958

동성중고등학교 4·19백서편찬위원회, 《4·19혁명의 최선봉, 동성》, 2015

마산일보사 편, 《승리의 기록 : 마산의거와 4월혁명의 성공》, 1960

문교40년사편찬위원회, 《문교40년사》, 문교부, 1988

문교부, 《교육연감》, 1954

_____, 《문교개관》, 1958

_____, 《문교행정시정업적》, 1957

민주화운동기념사업회, 《4월혁명 사료총집 5: 선언·성명·수기》, 2010

_____, 《4월혁명 사료총집 7: 사상자 기록, 수습 활동》, 2010

_____, 《4월혁명 사료총집 8: 사진기록》, 2010

법무부 교정국, 《비행소년통계, 1963》 1집, 1964

병무청, 《병무행정사》 상, 1985

보건사회부, 《보건사회통계연보》, 1960

여원사출판부, 《여성의 인생문답》, 1961

육군본부, 《후방전사: 인사편》, 1956

이강현 편, 《민주혁명의 발자취: 전국 각급 학교 학생 대표의 수기》, 정음사, 1960

이길상·오만석, 《근현대자료총서 10~13: 한국교육사료집성(현대편) I ~ IV》, 선인, 2002

인천소년교도소, 《인천소년교도소사》, 1991

장태진, 《한국은어사전》, 형설출판사, 1963

조국문화사 편, 《애국삐라전집》 제1집, 1946

통계청, 《통계로 본 광복 전후의 경제·사회상》, 1993

학원사 편, 《학생연감》, 1960

한국법제연구회 편, 《미군정법령총람(국문판)》, 1971

단행본

경향신문사 편, 《내가 겪은 20세기》, 경향신문사, 1974

권명아, 《음란과 혁명: 풍기문란의 계보와 정념의 정치학》, 책세상, 2013

권보드래·천정환, 《1960년을 묻다: 박정희 시대의 문화정치와 지성》, 천년의 상상, 2012

그래엄 터너 저, 김연종 역, 《문화연구입문》, 한나래, 2011

길밖세상, 《20세기 여성사건사》, 여성신문사, 2001

김귀옥, 《월남민의 생활 경험과 정체성: 밑으로부터의 월남민 연구》, 서울대학교출판부,
      2002

김남식, 《남로당연구 I》, 돌베개, 1984

김동춘, 《전쟁과 사회》, 돌베개, 2000

김은하·윤정란·권수현 편, 《혁명과 여성》, 선인, 2 010

김진균 외, 《근대 주체와 식민지 규율권력》, 문화과학사, 2003

김충환·국제가족한국총연합혼혈인협회, 《혼혈인 실태조사에 따른 향후 대책 수립을 위한
      공청회 자료집》, 2009

김태웅, 《신식 소학교의 탄생과 학생의 삶》, 서해문집, 2017

김한종, 《역사 교육과정과 교과서 연구》, 선인, 2008

김혜경, 《식민지하 근대 가족의 형성과 젠더》, 창비, 2006

동아일보사 편, 《아, 살아 있었구나》, 1983

레이먼드 윌리암스 저, 성은애 역, 《기나긴 혁명》, 문학동네, 2011

린 헌트 편, 조한욱 역, 《포르노그라피의 발명: 외설성과 현대성의 기원, 1500~1800》, 책
      세상, 1996

문경연, 《한국 근대 극장예술과 취미 담론》, 소명출판, 2012

미야다 세쓰코 저, 이영랑 역, 《조선 민중과 '황민화' 정책》, 일조각, 1997

박명규, 《국민·인민·시민: 개념사로 본 한국의 정치 주체》, 소화, 2009

박숙자, 《속물 교양의 탄생》, 푸른역사, 2012

박완서, 《그 많던 싱아는 누가 다 먹었을까》, 웅진닷컴, 1992

서중석, 《한국현대민족운동연구》, 역사비평사, 1991

_____, 《한국현대민족운동연구 2: 1948~1950 민주주의·민족주의 그리고 반공주의》, 역

　　　　사비평사, 1996

소영현, 《문학청년의 탄생》, 푸른역사, 2008

소천 권태호선생기념사업회, 《음악가 권태호》, 창조와 지식, 2018

송찬섭, 《서당, 전통과 근대의 갈림길에서》, 서해문집, 2018

신동원, 《호열자 조선을 습격하다: 몸과 의학의 한국사》, 역사비평사, 2004

심태진, 《교육의 단상》, 한국중등교육연구협회, 1971

안호상, 《민족의 소리》, 문화당, 1949

＿＿＿, 《민주적 민족론》, 대한교과서, 1961

＿＿＿, 《세계신사조론》, 일민출판사, 1953

＿＿＿, 《일민주의의 본바탕: 일민주의의 본질》, 일민주의연구원, 1950

알베르토 망구엘 저, 정명진 역, 《독서의 역사》, 세종서적, 2001

앤드루 에드거·피터 세즈윅 편, 박명진 외 역, 《문화이론사전》, 한나래, 2012

오천석, 《한국신교육사》, 현대교육총서출판사, 1964

우찬제·이광호, 《4·19와 모더니티》, 문학과지성사, 2010

윌리엄 M. 레디 저, 김학이 역, 《감정의 항해: 감정이론, 감정사, 프랑스혁명》, 문학과지성
　　　　사, 2016

유종호, 《나의 해방 전후》, 민음사, 2004

이경돈, 《문학 이후》, 소명출판, 2009

이기훈, 《청년아 청년아 우리 청년아: 근대 청년을 호명하다》, 돌베개, 2014

이길상, 《20세기 한국교육사 : 민족, 외세 그리고 교육》, 집문당, 2007

이명실, 《논쟁으로 보는 일본 근대교육의 역사》, 살림터, 2017

이유재·이상록 편, 《일상사로 보는 한국근현대사 : 한국과 독일 일상사의 새로운 만남》, 책
　　　　과함께, 2006

이임하, 《적을 뼈라로 묻어라》, 철수와 영희, 2012

이청준, 《씌어지지 않은 자서전》, 문학과지성사, 2014

임송자, 《배움과 좌절의 갈림길, 야학》, 서해문집, 2017

정근식·권형택 편, 《지역에서의 4월혁명》, 선인, 2010

정근식·이호룡 편, 《4월혁명과 한국민주주의》, 선인, 2010

천정환, 《근대의 책읽기: 독자의 탄생과 한국 근대문학》, 푸른역사, 2014

천정환·김건우·이정숙,《혁명과 웃음》, 앨피, 2005

클리퍼드 기어츠 저, 문옥표 역,《문화의 해석》, 까치, 1999

폴 윌리스 저, 김찬호·김영훈 역,《학교와 계급 재생산: 반학교문화, 일상, 저항》, 이매진,
    2007

피에르 노라 외 저, 김인중 외 역,《기억의 장소1 : 공화국》, 나남, 2010

피에르 부르디외 저, 김현경 역,《언어와 상징권력》, 나남, 2014

피터 버크, 조한욱 역,《문화사란 무엇인가》, 길, 2008

허강 외,《한국의 검인정교과서 변천에 관한 연구》, 한국교과서연구재단, 2002

허강,《한국의 검인정교과서》, 일진사, 2004

허은,《정의와 행동 그리고 4월혁명의 기억》, 선인, 2012

홍성유,《4월혁명통사》(1-6), 천지창조, 2010

홍웅선,《광복 후의 신교육운동: 1946~1949 조선교육연구회를 중심으로》, 대한교과서,
    1991

후지이 다케시,《파시즘과 제3세계주의 사이에서: 족청계의 형성과 몰락을 통해 본 해방
    8년사》, 역사비평사, 2012

논문

강인철,〈한국전쟁과 사회의식 및 문화의 변화〉,《한국전쟁과 사회구조의 변화》, 백산서당,
    1999

강일국,〈해방 후 초등학교 현장의 교육과정 개혁 – 새교육운동 주도 학교를 중심으로〉,
    《교육과정연구》 20-3, 2002

_____,〈해방 후 한국 교육의 특징〉,《대한민국 교육70년》, 대한민국역사박물관, 2015

강창순,〈한국전쟁기(1950~1953) 사회과 교육 실천에 관한 연구〉, 한국교원대 석사학위논
    문, 2001

권혁남,〈분노에 대한 인간학적 고찰〉,《인간연구》 19, 2010

김귀옥,〈지역사회에서 반공 이데올로기 정립을 둘러싼 미시적 고찰 – 해방 전후~1950년
    대 인천시 강화군 교동면의 사례〉,《전쟁의 기억, 냉전의 구술》, 선인, 2008

김남수, 〈1950년대 초등학교·중학교에서의 반공교육〉, 성균관대 석사학위논문, 2003

김미란, 〈'청년 세대'의 4월혁명과 저항 의례의 문화정치학〉, 《사이間SAI》 9, 2010

김백영, 〈4·19와 5·16의 공간사회학 – 1950~1960년대 서울의 도시 공간과 광장정치〉, 《서강인문논총》 38, 2013

김선미, 〈4월혁명 시기 부산 지역 고등학생의 현실 인식과 실천 – 시위 참가자를 중심으로〉, 《한국민족문화》 55, 2015

김아람, 〈1950년대 한국 사회의 혼혈인 인식과 해외 입양〉, 《고아, 족보 없는 자》, 책과함께, 2014

김윤정, 〈일제강점기 경성부민의 여름나기 – 한강과 수영장을 중심으로〉, 《일제강점기 경성부민의 여가생활》, 서울역사편찬원, 2018

김은경, 〈한국전쟁 후 재건윤리로서의 '전통론'과 여성〉, 《아시아여성연구4》 5-2, 2006

_____, 《1950년대 가족론과 여성》, 숙명여대 박사학위논문, 2007

_____, 〈1950년대 여학교 교육을 통해 본 '현모양처'론의 특징〉, 《한국가정과교육학회지》 19-4, 2007

_____, 〈산업화 이전 시기 한국 여성의 모성 경험과 정체성: 1940년대 중반~1960년대 초반을 중심으로〉, 《여성과 역사》 21, 2014

_____, 〈역사 서술과 여성 하위 주체의 언어들 – 기지촌 여성의 은어(隱語)를 중심으로〉, 제57회 전국역사학대회 발표자료집, 2014

김은경·서규환, 〈인천 지역 4월혁명의 사회운동론적 양상〉, 《지역에서의 4월혁명》, 선인, 2010

김태웅, 〈신국가건설기 교과서 정책과 운용의 실제〉, 《역사교육》 88, 2003

김태일, 〈4월혁명의 출발〉, 《한국정치외교사논총》 24-2, 2003

김한식, 〈학생 잡지 '학원'의 성격과 의의 1–950년대를 중심으로〉, 《상허학보》 28, 2010

김형목, 〈자강운동기 한성부민회의 의무교육 시행과 성격〉, 《중앙사론》 9, 1997

남정옥, 〈국민방위군〉, 《한국전쟁사의 새로운 연구》, 2001

박영식, 〈자유도 운명도 아니더라〉, 《철학과 현실》 23, 1994

박찬승, 〈20세기 한국 국가주의의 기원〉, 《한국사연구》 117, 2002

박태순, 〈4월혁명의 기폭제가 된 김주열의 시신〉, 《역사비평》 16, 1992

서중석, 〈이승만 정권 초기 일민주의와 파시즘〉, 《1950년대 남북한의 선택과 굴절》, 역사

비평사, 1998

손병규, 〈명치 호적과 광무 호적 비교 연구〉, 《태동고전연구》 24, 2008

송권봉, 〈옳은 것은 옳다 말하고, 부끄러운 짓은 반성할 수 있어야 참된 일 - 4·19 교원노조 퇴직교사 김남식〉, 《교육비평》 8, 2002

신상준, 〈주한미군정청의 해외귀환동포 및 월남민에 대한 구호행정〉, 《복지행정논총》 4, 1994

신용옥, 〈제헌헌법 및 2차 개정 헌법의 경제 질서에 대한 인식과 그 지향〉, 《사학연구》 89, 2008

안경식, 〈한국전쟁기 임시수도 부산 지역의 피난학교 연구〉, 《교육사상연구》 23-3, 2009

연정은, 〈안호상의 일민주의와 정치·교육활동〉, 《역사연구》 12, 2003

_____, 〈감시에서 동원으로, 동원에서 규율로 - 1950년대 학도호국단을 중심으로〉, 《역사연구》 14, 2004

오성철, 〈총론 : 한국인의 교육열과 국가〉, 《대한민국 교육 70년》, 대한민국역사박물관, 2015

오유석, 〈서울에서의 4월혁명〉, 《4월혁명과 한국민주주의》, 선인, 2010

오제연, 〈4월혁명의 기억에서 사라진 사람들 - 고학생과 도시 하층민〉, 《역사비평》 106, 2014

_____, 《1960~1971년 대학 학생운동 연구》, 서울대 박사학위논문, 2014

이강훈, 〈신국가건설기 '새교육운동'과 '생활교육'론〉, 《역사교육》 88, 2003

이경민, 〈근대 문학 속의 사진 이야기〉, 《황해문화》 65, 2009

이동헌, 〈1950년대 '동의'교육과 국민 형성〉, 한양대 석사학위논문, 2004

이명호, 〈문화연구의 감정론적 전환을 위하여 - 느낌의 구조와 정동경제론 검토〉, 《비평과이론》 20-1, 2015

이상록, 〈미군정기 새교육운동과 국민학교 규율 연구 - 일제 말기 국민학교 규율과의 비교를 중심으로〉, 《역사와 현실》 35, 2000

_____, 〈함석헌의 민중 인식과 민주주의론〉, 《사학연구》 97, 2010

_____, 〈4·19민주항쟁 직후 한국 지식인들의 민주주의 인식〉, 《정의와 행동 그리고 4월혁명의 기억》, 선인, 2012

이성호, 〈전북의 4월혁명〉, 《지역에서의 4월혁명》, 선인, 2010

이연식, 〈종전 후 한·일 양국 귀환자의 모국 정착 과정 비교 연구 – 포스트콜로니얼 관점에서 본 식민자와 피식민지민의 전후 실태 비교〉, 《한일민족문제연구》 31 , 2016

이완범, 〈4·19 전조(前兆)로서의 1960년 초봄 지역 시민운동: '4·19'의 '대학생-서울' 중심사관을 넘어서〉, 《한국정치외교사논총》 34-2, 2013

이은진, 〈3·15마산의거의 지역적 기원과 전개〉, 《4월혁명과 한국 민주주의》, 2010

이정선, 〈한국 근대 '호적제도'의 변천 – '민적법'의 법제적 특징을 중심으로〉, 《한국사론》 55, 2009

이하나, 〈1950~1960년대 반공주의 담론과 감성 정치〉, 《사회와 역사》 95, 2012

이현주, 〈해방 직후 인천의 귀환 전재동포 구호활동〉, 《한국근현대사연구》 29 , 2004

장수경, 《『학원』의 문학사적 위상 연구》, 고려대 박사학위논문, 2010

_____, 〈1950년대 구성되는 기억·아동·문학 – 『새벗』을 중심으로〉, 《현대문학이론연구》 52, 2013

정근식, 〈지역의 4월혁명 : 시각과 연구방법〉, 《지역에서의 4 월혁명》, 선인, 2010

정병준, 〈한국전쟁기 북한의 점령지역 동원 정책과 '공화국 공민' 만들기 – 경기도 시흥군의 사례를 중심으로〉, 《한국전쟁기 남·북한의 점령정책과 전쟁의 유산》, 선인, 2014

정상호, 〈동아시아 공민(公民) 개념의 비교 연구〉, 《동북아연구》 27-1 , 2012

정재선, 〈해방·국가재건기(1945~1959) 의무교육정책의 추이와 초등교육의 강화〉, 서울대 석사학위논문, 2014

주경복, 〈한·불 은어 비교를 통한 언어의 사회심리적 기능 연구〉, 《언어》 28, 1990

천정환, 〈해방기 거리의 정치와 표상의 생산〉, 《상허학보》 26, 2009

한모니까, 〈'수복지구' 주민의 정체성 형성 과정 – '인민'에서 '주민'으로, '주민'에서 '국민'으로〉, 《역사비평》 91, 2010

한성진, 〈미군정기 한국 교육 엘리트에 관한 연구〉, 연세대 석사학위논문, 1986

허재영, 〈과도기(1945~1955)의 국어과 교과서〉, 《교육한글》 16·17, 2004

허종, 〈대전·충남 지역 4월혁명의 발발〉, 《4월혁명과 한국민주주의》, 선인, 2010

홍양희, 〈식민지시기 호적제도와 가족제도의 변용〉, 《사학연구》 79, 2005

_____, 〈'애비 없는' 자식, 그 낙인의 정치학: 시민지 시기 '사생아' 문제의 법적 구조〉, 《고아, 족보 없는 자》, 책과함께, 2014

홍종흠, 〈증언! 4·19의 전주 – 경북고·대구고·사대부고 등의 궐기와 그 뒤안〉, 《정경문화》
228, 1984

황승흠, 〈제헌헌법 제16조 교육조항의 성립 과정에 관한 연구〉, 《법학논총》 23-2, 2011

찾아보기